TÉCNICA PROCESSUAL

RONALDO BRÊTAS DE CARVALHO DIAS

Advogado. Doutor em Direito Constitucional e Mestre em Direito Civil pela UFMG. Professor Coordenador Adjunto do Programa de Pós-graduação em Direito da PUC Minas Gerais. Professor na Faculdade de Direito da Universidade de Itaúna, Minas Gerais. Membro do Instituto dos Advogados de Minas Gerais, do Instituto Popperiano de Estudos Jurídicos, do Instituto Panamericano de Derecho Procesal e do Instituto do Direito de Língua Portuguesa. Ex-Advogado Chefe Adjunto da Assessoria Jurídica Regional do Banco do Brasil S. A., em Minas Gerais. Ex-Diretor Geral da Escola Superior de Advocacia da OAB - Seção de Minas Gerais. Ex-Vice-Diretor da Faculdade Mineira de Direito da PUC Minas Gerais

E-mail: bretas@pucminas.br

CARLOS HENRIQUE SOARES

Doutor e Mestre em Direito Processual Civil – PUC/MG e Universidade Nova de Lisboa, Professor de Direito Processual Civil da PUC/MG, Professor de Pós-graduação em Direito Processual Civil do IEC-MG/PUCMinas, Coordenador de Pós-graduação de Direito Processual Civil – IEC/PUCMinas, Membro do Instituto Panamericano de Derecho Procesal, Membro do Instituto Brasileiro de Direito Processual, Membro do Instituto de Direito de Língua Portuguesa, Membro do Instituto dos Advogados de Minas Gerais – IAMG, Escritor, Palestrante, Advogado e Sócio-diretor da Pena, Dylan, Soares e Carsalade Sociedade de Advogados.

E-mail: carlos@pdsc.com.br

(COORDENADORES)

TÉCNICA PROCESSUAL

Del Rey Editora

Belo Horizonte

2015

EDITORA DEL REY LTDA.
www.livrariadelrey.com.br

Editor: Arnaldo Oliveira

Editor Adjunto: Ricardo A. Malheiros Fiuza

Editora Assistente: Waneska Diniz

Coordenação Editorial: Wendell Campos Borges

Diagramação: Lucila Pangracio Azevedo

Revisão: RESPONSABILIDADE DOS AUTORES

Capa: CYB Comunicação

Editora / MG
Rua dos Goitacazes, 71 – Sala 709-C – Centro
Belo Horizonte – MG – CEP 30190-050
Tel: (31) 3284-5845
editora@delreyonline.com.br

T255 Técnica processual. / Ronaldo Brêtas de Carvalho Dias e Carlos Henrique Soares (Coord.). Belo Horizonte: Del Rey, 2015.
xiv + 282 p.
ISBN: 978-85-384-0383-8
Colaboradores: André Del Negri, Armando Ghedini Neto, Carlos Henrique Soares, Dhenis Cruz Madeira, Ronaldo Brêtas de Carvalho Dias, Rosemiro Pereira Leal, Sílvio de Sá Batista, Ulisses Moura Dalle, Vinícius Lott Thibau.

1. Direito processual. 2. Teoria do Direito. 3. Procedimento. I. Dias, Ronaldo Brêtas de Carvalho (Coord.). II. Soares, Carlos Henrique (Coord.).

CDD: 796:34

Nilcéia Lage de Medeiros
Bibliotecária
CRB6: 1545

SUMÁRIO

PREFÁCIO

Este livro que tenho a satisfação de prefaciar, como um de seus organizadores, por designação dos demais colegas co-autores, intitulado *Técnica Processual,* versa diversos temas relativos ao direito processual, abordados, porém, em tríplice perspectiva, a técnica, a científica e a teórica, o que não é muito frequente em obras da literatura jurídica especializada.

Aliás, é a perspectiva cogitada por Rosemiro Pereira Leal, ao dissertar sobre a técnica e a ciência do direito processual, com as seguintes e inéditas considerações: *"é de se afirmar que a ciência, como atividade que tem por objeto o esclarecimento da técnica e das teorias e ideologias da técnica, busca a produção e o crescimento esclarecido do conhecimento pela testificação teorizada dos enunciados técnico-teóricos, já que, como observa Popper, 'nossa linguagem está impregnada de teorias: não existem enunciados de pura observação.' Atualmente, a ciência não é mais, como adverte Bachelard, um conjunto invariante de conhecimentos ou enunciados, porque, também na visão de Popper, 'a exigência da objetividade da ciência torna inevitável que todo enunciado científico permaneça provisório para sempre".*[1]

Em primeiro lugar, cabe assinalar que o título do livro corresponde ao nome da disciplina facultativa que leciono há alguns anos no Programa de Pós-Graduação em Direito da Pontifícia Universidade Católica de Minas Gerais (PUC Minas Gerais) e os temas nele desenvolvidos retratam pesquisas que Professores e alunos Doutorandos e Mestrandos do referido Programa vêm desenvolvendo em torno do assunto técnica e teoria processual.

Por consequência, além de ser uma oportuna e valiosa coletânea de bem elaborados textos versando temas relativos à técnica e à ciência processual, o presente livro ainda se converte em pequena amostra dos estudos desenvolvidos pelos Professores, Doutorandos e Mestrandos do mencionado Programa, de forma laboriosa e produtiva, na linha de pes-

---

1 *Teoria geral do processo*: primeiros estudos. 10. ed. Rio de Janeiro: Forense, 2011, p. 36 37.

quisa *O processo na construção do Estado Democrático de Direito* e na diretriz teórica de fiel obediência ao devido processo constitucional.

Esses estudos constantes e profícuos revelam que um dos autores a se preocupar inicialmente com a técnica processual, sem dúvida, foi Ramiro Podetti, em livro que escreveu na segunda metade do século XX, no qual esboçou as seguintes noções: *"Considero como técnica del processo civil el conjunto de procedimientos idóneos para su realización, desde la elaboración y formulación de la norma, hasta la interpretación de las normas procesales y jurídicas en general, y de los hechos probados dentro da sentencia."*[2]

Entretanto, sem desconsiderar esses importantes ensinamentos preliminares de Podetti, é certo e perceptível que os organizadores e co-autores do livro ora prefaciado, no desenvolvimento dos temas que o compõem, se inspiraram largamente nas pesquisas, ideias, reflexões críticas e lições científicas posteriormente feitas por dois notáveis processualistas da Escola Mineira de Processo,[3] Aroldo Plínio Gonçalves e Rosemiro Pereira Leal, em notáveis obras publicadas.[4]

---

2 *Teoria y tecnica del proceso civil.* Buenos Aires: Ediar, 1963, p. 303. No Capítulo X da obra colacionada, no qual apresentou tais noções, o autor também escreveu sobre técnica de elaboração, de conhecimento e da interpretação da lei processual (p. 303-333).

3 A respeito, eis as considerações feitas por Marco Félix Jobim, focalizando o que chamou *tríade contemporânea de Escolas de processo (Escola Paulista, Escola Gaúcha, Escola Mineira)*: *"Surge com grande força e competência uma Escola Mineira de processo, em contrapartida às Escolas já existentes no Brasil. A Escola, apesar de pouco difundida no resto do Brasil, assim como a Gaúcha, goza de grande prestígio dentro de seu Estado, contando com inúmeros adeptos de peso [...]. A Escola Mineira, do mesmo modo como as outras, tem preocupação alicerçada na onda da constitucionalização do processo [...]. Entre os expoentes maiores da Escola Mineira está Rosemiro Pereira Leal, cujas obras Processo como Teoria da Lei Democrática e Teoria Geral do Processo, que se encontra já em sua nona edição, abordam o processo e a teoria geral sob as perspectivas da Escola supracitada, assim como André Cordeiro Leal, Ronaldo Brêtas de Carvalho Dias, Dierle José Coelho Nunes e Flaviane Magalhães Barros" (Cultura, Escolas e fases metodológicas do processo.* Porto Alegre: Livraria do Advogado Editora, 2011, p. 66-68).

4 GONÇALVES, Aroldo Plínio. *Técnica processual e teoria do processo.* 1ª. ed. Rio de Janeiro: Aide, 1992. LEAL, Rosemiro Pereira. *Teoria geral do processo: primeiros estudos.* 10ª. ed. Rio de Janeiro: Forense, 2011.

Com efeito, Rosemiro Pereira Leal trouxe as seguintes e importantes contribuições à compreensão do tema que serve de título à obra ora prefaciada: *"Aroldo Plínio Gonçalves, no estudo do direito processual, desenvolveu pioneira pesquisa sobre a atividade técnica, lembrando que 'já há base suficiente para se afirmar que há técnicas produzidas antes da ciência' e, apoiando-se em Denis Huisman e André Verges, concluiu que 'historicamente a prática precede à teoria, a técnica precede à ciência"*. E conclui o autor citado: *"O importante é que, para efeito de racionalização, também somos inclinados a admitir, com Lalande, que a atividade técnica ou o ato técnico corresponde a procedimentos conjugados e bem orientados para produzir resultados úteis"*.[5]

A partir dessas importantes considerações, a matriz teórica seguida de perto pelos co-autores deste livro é encontrada na obra de Aroldo Plínio Gonçalves, na qual afirma: *"a noção geral da técnica é de conjunto de meios adequados para a consecução dos resultados desejados, de procedimentos idôneos para a realização de finalidades"*.[6]

Esses destaques iniciais são oportunos, lançados a título de esclarecimento aos leitores, a fim de se afastar a concepção deturpada acolhida por alguns processualistas de reconhecido e merecido prestígio, que, de forma desacertada, com a devida vênia, equiparam *técnica processual* a *formalismo processual*, e assim o fazem calcados em premissas equivocadas, a partir daí concluindo que um dos óbices ao exercício dos direitos, no processo, é o *"culto à forma e à técnica, cujas regras chegam a sobrepor-se ao próprio direito substancial"*,[7] o que suscita refutação crítica nos temas expostos neste livro.

Muito pelo contrário, como bem adverte Aroldo Plinio Gonçalves, ao apresentar a teoria do processo como procedimento em contraditório, elaborada por Elio Fazzalari,*"o procedimento jurisdicional, como atividade disciplinada por uma estrutura normativa voltada para a preparação do provimento, com a participação, em contraditório, de seus destinatários, é uma técnica criada pelo ordenamento jurídico,*

---

5 *Teoria geral do processo: primeiros estudos*, p. 35-36.

6 *Técnica processual e teoria do processo*, p. 23.

7 BEDAQUE, José Roberto dos Santos. *Efetividade do processo e técnica processual*. 3ª. ed. São Paulo: Malheiros, 2010, p. 92-95 e 100.

e trabalhada pela ciência do Direito Processual, que, em sua função de formular conceitos, categorias e institutos concernentes a toda a atividade da jurisdição, deve se esmerar em fornecer o melhor instrumental teórico para que o processo se torne a técnica mais idônea possível no cumprimento de sua finalidade". Mais adiante, ainda realça o autor, em complementação: *"aí está a grandeza do contraditório. A sua presença no procedimento que prepara o provimento possibilita que as partes construam, com o juiz, o autor do ato estatal de caráter imperativo, o próprio processo, e que, assim, participem da formação da sentença"*.[8]

Portanto, é dentro desse contexto que, nos dez capítulos que compõem o presente livro, seus autores se esforçaram em bem desenvolver temas relacionados à técnica procedimental e à ciência processual contemporânea (Rosemiro Pereira Leal), à técnica legislativa e à teoria do processo (André Del Negri), à técnica processual e à imparcialidade do juiz (Ulisses Moura Dalle), à teoria processual como técnica ideológica de julgamento (Sílvio de Sá Batista), à teoria do processo democrático e à técnica probatória (Vinícius Lott Thibau), à técnica de ajuizamento da ação (Carlos Henrique Soares e Ronaldo Brêtas de Carvalho Dias), à técnica de repressão ao abuso do direito processual (Carlos Henrique Soares), a noções de teoria e técnica do procedimento da prova (Ronaldo Brêtas de Carvalho Dias), a técnicas de argumentação oral em audiências (Dhenis Cruz Madeira) e à técnica estrutural dos atos jurisdicionais decisórios (Armando Ghedini).

Por fim, é de se acrescentar que, ao abordarem a técnica em variados setores processuais, os co-autores deste livro foram guiados pelas novas variantes científicas e metodológicas do direito processual

[8] *Técnica processual e teoria do processo*, p. 168 e 170. Em face das considerações do autor ora colacionado, passei a denominar a teoria criada por Fazzalari de *teoria estruturalista do processo* (ver BRÊTAS, Ronaldo de Carvalho Dias. *Processo constitucional e Estado Democrático de Direito.* 2ª. ed. Belo Horizonte: Del Rey, 2012, p. 90-91.

contemporâneo, percebidas, pesquisadas e estudadas após o advento da Constituição Federal de 1988, que configurou o Estado Democrático de Direito, em estágio de inacabada construção, *"espécie de projeto constitucional principiológico in fieri"*,[9] e ainda tiveram o objetivo de realçar a importância do processo constitucional na possível elaboração de uma teoria do direito processual democrático.

Ronaldo Brêtas de Carvalho Dias

[9] Ver BRÊTAS. *Processo constitucional e Estado Democrático de Direito*, p. 2.

I
CAPÍTULO
DA TÉCNICA PROCEDIMENTAL À CIÊNCIA PROCESSUAL CONTEMPORÂNEA

Rosemiro Pereira Leal[1]

1.1 INTRODUÇÃO

O **procedimento** judicial (que é historicamente prototípico de seus derivados: o administrativo e o legiferativo, inclusive os atos de gestão estatal) tem sua origem na *ACTIO* romana que, percorrendo séculos, chegou até nós na contemporaneidade por revisitações teóricas (ideológicas?!) de Bülow a Chiovenda e deste a Liebman que as divulgou no Brasil por uma visão eclética, assumindo a denominação correntia de "instrumentalismo processual"[2]. Daí, a expressão que bem caracteriza o elenco de processualistas (epígonos) que se formou em torno dessas concepções com o rótulo de Escola Instrumentalista de São Paulo, porque foi pelas fontes paulistanas[3] que o ensino pós-graduatório do processo jurídico se firmou no Brasil no século XX.

Assim, toda e qualquer incursão pela cognominada dogmaticamente "ciência processual" teria de passar pelo crivo das teses liebmanianas, o que se espalhou pela América Latina, uma vez que, a partir dos anos 50 do século XX, também outro grande processualista bülowiano se despontou no Uruguai, Eduardo Couture, que,

---

1 Doutor pela UFMG, professor efetivo da UFMG, co-fundador e professor do Mestrado e Doutorado em Processo da PUCMinas Gerais. Fundador e primeiro presidente da Associação dos Advogados de Minas Gerais e do INPEJ (Instituto Popperiano de Estudos Jurídicos). Consultor Jurídico em Belo Horizonte -MG.

2 DINAMARCO, Cândido Rangel. **A Instrumentalidade do Processo**, 4ª ed. São Paulo: Malheiros, 1994, p. 13

3 NEVES, Celso. **Estrutura Fundamental do Processo Civil**, 2ª ed. Rio de Janeiro: Forense, 1997, notas.

com Fix-Zamudio, no México, deram grande impulso ao estudo do *PROCESSO*.

No final dos anos 70, a disciplina do *Processo* ganhou horizontes técnicos mais explícitos, em razão dos estudos e ensino do jurista italiano Elio Fazzalari, cuja obra axial[4] foi traduzida pioneiramente para a língua portuguesa, em 2006, com seu assentimento expresso, pela doutora em Direito Processual pela PUC/Minas, Elaine Nassif, ex-aluna brilhantíssima do professor signatário que muito a incentivou a fazer o seu pós-doutoral em Roma (La Sapienza-Università) com o insigne processualista italiano. O importante para Minas e o Brasil é que outras perspectivas se abriram para o estudo do *PROCESSO* com esse novo elo academicamente estabelecido por Minas Gerais, através da PUC Minas, embora as Faculdades de Direito do Brasil (e do Mundo?!) ainda se verguem ante o ensino ortodoxo do *instrumentalismo processual*, com honrosa ressalva para a Faculdade de Direito da UFMG, onde se promoviam avançados estudos de *PROCESSO* por isolada iniciativa dos incomparáveis professores Aroldo Plínio Gonçalves e José Alfredo de Oliveira Baracho, este infelizmente falecido, mas autor de uma obra[5] de grande porte reflexivo que pode ser considerada como propedêutica no Brasil (e no mundo?!) dos estudos introdutórios do que atualmente se consolidou numa disciplina de ponta ("Processo Constitucional") de Universidades interessadas à compreensão do direito democrático, não tópico-retórico-ortodoxo, isto é, não como recinto de mera resolução de litígios como se estivéssemos ainda, no plano do Direito Processual, a cursar uma escola de gladiadores onde vencidos ou vencedores teriam em seus honorários de mosqueteiros, guerreiros valentes, persistentes, tenazes e combativos, o troféu de uma vida de lutas em prol de uma "justiça" só compreensível em termos míticos e eloqüentes. Para maior esclarecimento, leia-se a obra do insigne processualista mineiro, Ronaldo Brêtas de Carvalho Dias[6].

---

4 FAZZALARI, Elio. **Instituições de Direito Processual**. Trad. Elaine Nassif. 1ª. ed. Campinas: Bookseller, 2006

5 BARACHO, José Alfredo de Oliveira. **Processo Constitucional**. Rio de Janeiro: Forense, 1984.

6 CARVALHO DIAS, Ronaldo Brêtas de. **Processo Constitucional e Estado Democrático de Direito**, 2ª ed. Belo Horizonte: Del Rey, 2012.

1.2 DA VELHA GRÉCIA AOS NOSSOS DIAS

Para a finalidade de demarcação discursiva, não seria inoportuno lembrar que Aristóteles tinha fé na taxionomia[7], ou seja, acreditava que, à medida que se obtivesse a classificação mais refinada possível das idéias das coisas sensíveis ou inteligíveis (do gênero para a espécie), seria possível torná-las mais acessíveis à compreensão, o que, a rigor, é uma versão do **simples** platônico modernamente aportado pelos pensadores da filosofia analítica de Frege a Betrand Russell no final do séc. XIX e nas décadas da metade do séc. XX[8]. Segundo Aristóteles, definir é indicar o gênero próximo e a diferença específica. O gênero da *actio* romana, ao ser acolhido por lei (*legis actiones*), repartia-se em *espécies procedimentais* para resolução de conflitos de direitos que matriciavam a ordem jurídica adotada pelos romanos ao longo de sua história desde a Lei das XII Tábuas, passando pela *Lex Aebutia* e a *Lex Julia*, até o advento da era cristã em que a *ordo judiciorum privatorum* adquiriu formas interditais (autoritárias) mais ampliadas, encerrando-se no séc. III d.c[9].

Deduz-se que Fazzalari, ao acompanhar o ciclo da *ACTIO* em seu roteiro histórico que adentrou o séc. XX, concluiu que o direito de ação só se realizaria por uma *estrutura técnica* de atos jurídicos seqüenciais conforme um modelo legal (procedimento) assegurado em lei[10]. Com isso, Fazzalari preconizou que o **procedimento** era, não uma espécie, mas um gênero constituído de uma lógica estrutural que se expressava por uma técnica comum: a sequência de atos jurídicos lineares e sucessivos, a qual, se legalmente modulada pelo contraditório, mutar-se-ia na espécie **PROCESSO**. O **contraditório** é que vai ser, portanto, a peça-chave (conceito fundamental) para distinguir a espécie do gênero, porque, a não ser assim, a espécie (predicado) se diluiria no gênero (sujeito), retornando, por circularidade, às bases da *ACTIO*,[11]

---

[7] SEVERINO Emanuele. **La Filosofia dai Greci al nostro tempo (la filosofia antica e medioevale)**, 1ª ed. Milano: RES Libri S.A., 2004, p. 185

[8] GLOCK, Hans-Johann. **O que é filosofia analítica?** Porto Alegre: Penso, 2011

[9] LEAL, Rosemiro Pereira. **Teoria Geral do Processo** 11ª ed. Rio de Janeiro: Forense, 2012, p. 263-264.

[10] FAZZALARI, Elio, ob. cit., p. 500-501.

[11] LEAL,Rosemiro Pereira. **Teoria Geral do Processo**, *ob. cit.*, p. 272

que, nos seus primórdios, por ser um direito inerente (imanente) à pessoa (fundamentado na *physis*)[12], não poderia sofrer qualquer restrição em seu exercício à defesa de direitos à vida e ao patrimônio do cidadão romano, devendo ser reconhecida pela assembléia de juízes como protegida em lei escrita (*legis actiones*).

Entretanto, a teoria do procedimento de Fazzalari, embora abrisse oportunidades aos estudos do processo na contemporaneidade, deixou à margem a indagação sobre uma *teoria da lei* criadora do modelo procedimental dentro do qual, atuando o contraditório, obter-se-ia uma modalidade técnico-jurídica de afirmação ou negação de direitos fundamentais. Também não preconizou o estudo de uma teoria da técnica procedimental da produção, aplicação, modificação e extinção das leis, o que se tornou tema de maior importância nos estudos pós-fazzalarianos do *PROCESSO*. É claro que a visão entelequial de Aristóteles, em que o transcendental (*physis*) se mescla ao existencial (*corpus*) na formação do homem grego (Paidéia), colocou, para as cogitações jurídicas e morais, a sua mais alta revelação na *RATIO* (*physis-corpus*) como sistema de sentidos por uma lógica estrutural inata (ponto de partida irrecusável da analiticidade conceitual) para cumprir pela AÇÃO o dever da eticidade (o homem cônscio de sua razão-de-ser no mundo) e, no caso da civilização grego-romana, o homem predestinado a gerir a humanidade pelos desígnios de saberes sobrenaturais (transcendentais) dos quais seria ele a verdade encarnada.

Quando se diz que a *técnica* precede à *ciência* é exatamente porque é na técnica (aristotelicamente concebida) que se desvela a intimidade da lógica racional extensional a todos. É pela espécie que o gênero se desvela na taxionomia aristotélica. Assim o é em Fazzalari que, ao dar ênfase ao PROCESSO, tem-no como espécie técnica de significado "*piu ricco*"[13] do que o gênero procedimental respectivo. Com efeito, a *ciência* processual, como concebida por Bülow em 1868, assimilou concepções sincréticas (filosófico-técnico-científicas) oriundas do embate de três grandes movimentos filosóficos: o idealismo alemão (1781-1831), a filosofia analítica e a fenomenologia, nos quais se revisitaram, por sutis variáveis, as teses de Aristóteles, Kant e Hegel.

---

12 SEVERINO, Emanuele, *ob.cit.*, p. 50 e 70

13 SEVERINO, Emanuele, *ob. cit.*, p. 185

O resultado é que o predomínio do sujeito pensante sobre o objeto pensado assumiu grande relevo na afirmação da "busca de certeza" (coerência) que filósofos idealistas, realistas, empiristas, perseguiam à fundação do que se despontava como *ciência* na passagem do séc. XIX para o séc. XX. Bülow, ao definir o *processo* como relação jurídica entre pessoas: juiz, autor e réu, sobrelevou a presença dos sujeitos (juiz e partes) em suas pretensões de direitos como que direitos tivessem sido reconhecidos ou criados em leis produzidas pelo homem segundo uma **racionalidade técnica** naturalmente adquirida, ou seja, uma racionalidade que se ajustasse ao axioma da analítica aristotélica de tal sorte a entregar à autoridade[14] a escolha do melhor sentido para o destino humano.

Para isso, consciente ou não, Bülow retorna à *ACTIO* como gênero ideal de proceder da paidéia grego-romana, se "processo" é tido como um "caminhar para frente" a gerar um itinerário por uma razão objetiva aos moldes da ética aristotélica, propugnando o Bem e o Justo para todos. Depreende-se que a *Actio* é, nessa vertente, a idéia seminal e ampla do "procedimento" e este o gênero técnico-jurídico fazzalariano que se desdobra em espécies processuais, confundindo-se, em origem, processo e procedimento, estes só discerníveis pela *razão* da autoridade que os comandam em suas diversas finalidades por juízos de conveniência, adequações, ponderações, proporcionalidade, de fundo solipsista aos moldes da linha clássica (Husserl) do movimento fenomenologista que teve franca expansão no séc. XX e, por consequência, significativa aceitação pelos "processualistas" chiovendianos que, por sua vez, descendiam do ensino de Wach-Bülow.

1.3 A TAUMATURGIA DA TÉCNICA E O SABER CIENTÍFICO

Os graves problemas que atualmente afligem a gestão dos Estados de Direito, com enormes contradições e transtornos (tormentas) para todos os povos, decorrem de obscuridades cognitivas que o homem tecnológico se recusa a pesquisar. Ainda não se esclareceu de que *técnicas* deriva a *tecnologia* e como esta busca seus saberes numa

---

14 LEAL, André Cordeiro. **Instrumentalidade do Processo em Crise**. Belo Horizonte: Mandamentos, 2008.

ciência para se ampliar indefinidamente, pouco se importando com a própria sobrevivência do homem e do planeta. A denúncia simplista, como fez Habermas[15], de que *técnica e ciência* se configuram êmulos autopoiéticos de progressividade de uma sociedade sempre, para ele, historicamente pressuposta, com força transformativa das instituições, não traduz esclarecimentos sobre o que torna a *técnica e ciência* irmãs gêmeas no desmoronamento de "antigas legitimações" pela "secularização" (laicização) e o "desencantamento das cosmovisões orientadoras da ação, da tradição cultural no seu conjunto" a imporem uma "racionalização" ao reverso da racionalidade tradicionalmente admitida.

Combater a ideologia de dominação da *técnica e ciência* pela via de uma "auto-reflexão" crítica em si mesma, aos moldes kantianos, para libertar o "sujeito da dependência de poderes hipostaseados" e construir um interesse que seja "emancipatório do conhecimento", é novamente entronizar a *RAZÃO* como lugar natural de corretiva geometrização transcendental dos autênticos saberes sobre os fenômenos existenciais sem indicar a fonte de sustentação da "racionalidade" dessa prodigiosa razão. Eis por que a filosofia, mesmo a ontologia que a possa preceder e ficar sob seu controle, considerada metodologicamente sistemática, perdeu na contemporaneidade a *dignidade* (autoridade absoluta) para traçar rumos para a humanidade, uma vez que, em Habermas, os fatos desfilam seus efeitos em elos finamente costurados sem, no entanto, exibir previamente uma teoria da organização do contexto social dentro do qual ocorrem. Aliás, Habermas acha que o mundo anda para frente ou para trás por "forças" homeostáticas resultantes de uma ciranda de pessoas a se movimentarem no tempo e espaço atmosférico de sua própria contingência histórica.

Acontece que a *técnica*, como estrutura de atos seqüenciais à produção de fins, é predicativa da AÇÃO que, não mais sendo em si (*simpliciter*) comunicativa e inerente ao entendimento na recepção jurídico-discursiva, exige à sua compreensão decompô-la em atos legalmente objetivos a permitirem que os conteúdos de intencionalidade estrutural que juridicamente a determinarem como destinada à reso-

---

15 HABERMAS, J. Técnica e Ciência como Ideologia. Lisboa: Edição 70, 1997, p. 45-46

lução de "conflitos de interesses" não se façam, na contemporaneidade, pelo autorrefletir da autoridade. Assim, a *técnica* só é suscetível de desideologização, na atualidade, desgarrando-se do sentido da **TECHNE** grega (habilidade transcendental do poder reflexivo arquetípico) em que o *faber* organiza o seu proceder na idealidade antes mesmo que o objetivo de seu agir procedimental esteja presente à sua verificação. Seria como se uma decisão já fosse empreendida antes mesmo que deixasse transparecer a estrutura objetiva (procedimental) de sua construção. A desideologização da **técnica** em Direito suplica passagem pela **teorização da técnica** que é esse proceder que se estrutura por atos jurídicos seqüenciais.

A *ciência* como um **saber organizado**[16] produzido a partir das revisitações continuadas dos níveis de eficiência (desempenho) da **técnica**, com a finalidade de torná-la mais efetiva à obtenção de ganhos ressarcitórios (economicidade) de um sistema jurídico adotado, só alcançou, como veremos, *status* de conhecimento interessado na realização da *dignidade* humana à medida que assumiu epistemologicamente o encargo de propugnar um crescimento incessante em seus perfis teóricos de oportunidade de autoilustração para todos sobre os fundamentos do sistema jurídico praticado[17]. Aqui, nesse passo, a filosofia e a gnoseologia cedem lugar à **epistemologia** pós-grega, esta que se descola da busca de certeza para se dedicar ao estudo da *idéia de certeza* e não somente colocar em dúvida ou negar certezas que fossem irrecusáveis para o homem. Dos gregos a Descartes, malgrado o longo percurso, o pensamento sempre foi condição *a priori* de afirmação ou negação da existência, sem, no entanto, colocar o próprio pensamento sob suspeita na elaboração de imagens ou conceitos que pudessem referenciar o que chamamos **técnica** e **ciência**.

O pressuposto de uma lógica estrutural irrenunciável a pilotar a natureza e a natureza humana, afirmada no ecletismo filosófico dos gregos, máxime na *epagoge* grega (ter o real como racional), provocou, no séc. XVI, a crítica ao método aristotélico empreendida por

[16] LALANDE, André. **Vocabulaire Technique et critique de la philosophie**. Paris: Prèsses Universitaires de France, 1972

[17] LEAL, Rosemiro Pereira. **A Teoria Neoinstitucionalista do Processo – Uma trajetória Conjectural**. Belo Horizonte: Arraes, p. 51

Francis Bacon (1561-1626) que, ao dar nova roupagem ao ***organon*** de Aristóteles com a denominação ***Novum Organum*** – título de sua principal obra -, pretendeu resgatar a lógica indutiva que, segundo ele, foi desprezada por Aristóteles e seus seguidores, reduzindo a *ciência* à lógica dedutiva "*superestimando a dedução das conseqüências desde os primeiros princípios, Bacon salientou que argumentos dedutivos têm valor científico apenas se as suas premissas têm suporte indutivo próprio*"[18].

Segundo Losee[19], a crítica de Bacon a Aristóteles não trouxe qualquer melhoria conjectural para a afirmação da *ciência*, uma vez que tanto os "primeiros princípios" de Aristóteles quanto o método (lógica) indutivo de Bacon são dogmáticos, ainda mais a intuição que, validando-se a si mesma pelo mito epagógico, põe seu parâmetro de verdade na evidência observacional. Para Popper, a observação, egressa da verificabilidade (verificacionismo-justificacionismo), não põe em debate, como critério de demarcação na produção de conhecimentos, seus próprios conteúdos lógicos, fixando-se apenas e empiricamente nos objetos da observação. **A ciência**, portanto, numa conjectura contemporânea (que lida com as obscuridades do discurso recebidas do passado e já habitando o futuro) há de, conforme Popper, na leitura de Losee, estabelecer uma *regra suprema* de adequação para todas as demais regras metodológicas de produçãodo conhecimento de tal modo que "*elas não protejam qualquer dos enunciados da ciência contra a falsidade*" (falseabilidade). É esse aspecto do método crítico de Popper que inaugura a **GRANDE CIÊNCIA** suscetível de escapar das artimanhas, estratégias e escaramuças do empirismo convencionalista e do realismo mecanicista que dão fulcro às chamadas "ciências aplicadas" (a "Ciência Grande") que se valem do verificacionismo (justificacionismo) para preservarem os níveis de dominação social. Uma fiscalidade (falseabilidade) dos juízos de boas intenções desde a produção da lei até sua aplicação, eventual reforma ou extinção, é que vai permitir a instituição de *modelos procedimentais* advindas de uma *técnica* que

---

18 LOSEE, John. **O Homem e a Ciência – Introdução Histórica à Filosofia da Ciência**. São Paulo: Editora Itatiaia Ltda e Editora da USP, 1979, p. 76, vol. 5

19 LOSEE, John. *ob. cit.*, p. 200-202.

não é instrumento de uma *poiesis* de idéias e coisas livremente engendradas pelo gênio fabril de seus autores, sequer de uma *ciência* que decorra de saberes como faculdades de uma razão transcendental certificadora da validade das ações humanas em sua jornada de fabricação de um existir humano sem disponibilizar uma autoilustração sobre os fundamentos do sistema juridicamente adotado.

O esquecimento de uma fiscalidade jurídico-procedimental do *proceder* técnico e do saber posto a serviço da *técnica* denominado *ciência* fez emergir fatores multiplicativos da problemática humana a estampar na atualidade um cenário mundial de conflitos bélicos (mortíferos) pela corrida tecnológica irrefreável entre aglomerados políticos de várias índoles que exibem o **tribalismo** em que se desenvolvem as estruturas de Estado, bem como, por capilaridade, a violência de seus efeitos na formação mental dos povos cada vez mais céticos (ou paranoidizados) quanto à possibilidade de construção de uma humanidade não fascista ou fanática na defesa de suas crenças, valores e conhecimentos.

1.4 TÉCNICA JURÍDICA E ESTADOS DOGMÁTICOS

Em Direito, o que nos sobra dessa exposição é o propósito de que algum dia a **técnica jurídica**, por pressupor a existência de uma estrutura procedimental de atos jurídicos seqüenciais, não seja conduzida por saberes jurisdicionais induzidos de transcendentalidades imunes à fiscalidade processual a partir de uma *ciência* jurídica cujos fundamentos não estejam numa razão iluminada *a priori* e que **juízos de direito** venham a assumir o significado de critérios demarcantes da movimentação de direitos co-institucionalmente produzidos e regidos pelo **devido processo** desde o nível instituinte ao nível instituído do sistema normativo. Assim, para isso, muito mais que fazermos o salto historicista da filosofia da consciência para a filosofia da linguagem, seria imprescindível que se desistisse da metafísica e da filosofia como guardadoras absolutas de sistemas de saberes (Hegel) e ingressássemos na pós-modernidade do contemporâneo por um presente não impermeável às promessas do passado pelas quais a *vida* humana aguarda por milênios uma escritura lingüística contraditoriável e uma *liberdade* exercida como ampla defesa de direitos e uma *dignidade* como oportunidade de autoilustração sobre os fundamentos de um sistema coinstitucional de direitos[20]. Haveremos de abandonar essa temporal relação jurídico-dogmática indiferente ao futuro de angústias e catástrofes que tais inadimplências obscurantistas acarretam à redução da carga da milenar ignorância humana e buscarmos uma recepção de **constituição jurídica** que não seja esse obsoleto compêndio (Magna Carta ao povo icônico) de promessas e estabilização de direitos por autoridades excelsas (legislativa, executivas e judiciais).

Em consequência, o percurso de compreensão da *técnica e ciência* há de ser, na pós-modernidade da contemporaneidade, epistemológico, porque a modernidade que marca os modelos de Estados dogmáticos não pode ser repetida como *mundanidade* realizável por um esperado e mítico ideal de fala pela filosofia, arte e religião, autopoiéticas de um absoluto ético para todos – Hegel, sequer poderia buscar seus saberes na estética e analítica transcendentais de Kant e seus seguidores. Portanto, é na epistemologia pós-grega, desgarrada da escolástica, do idealismo alemão, da filosofia analítica e da fenomenologia husserliana, é que se abre o ensejo de fundação de uma *técnica e ciência jurídicas* cujas raízes conceituais não se encontram na transcendentalidade apriorística de uma mente iluminada (razão ontologizada da metafísica). Haveremos de pensar uma teoria construtiva de um sistema jurídico em que operacionalização de constitucionalidade e Estado de Direito não se faça pela dogmática analítica que tristemente celebrizou e vem celebrizando os processualistas-jurisprudencialistas de formação tópico-retórica por uma escola viehweguiana que não quer ter fim e que teve seu incremento e ápice no Brasil com a instalação da ditadura de 1964 pelo ensino de Tércio Sampaio Ferraz Júnior, aluno, seguidor fiel e inflexível de Theodor Viehweg[21]. Com igual efeito tópico-retórico, é a proposta habermasiana de destranscendentalização da razão que, despojada de vestes metafísicas, assume o magicismo lógico-verbal do mito do contexto histórico (denúncia de Popper)[22] a

[20] LEAL, Rosemiro Pereira. **A Teoria Neoinstitucionalista do Processo – Uma trajetória conjectural**, *ob. cit.*

[21] VIEHWEG, Theodore. **Tópica e Jurisprudência. Brasília: Departamento de Imprensa Nacional**, 1979

[22] POPPER, Karl. **O Mito do Contexto – Em Defesa da Ciência e da Racionalidade**. Lisboa: Edições 70, 1996

gerar autopoieticamente entendimentos progressivos para a interação humana (retorno a Apel).

Entretanto, a abertura epistemológica que há de ser realizada pela via da pesquisa, não do ensino e educação, não pode ser em protótipos das velhas e superadas Escolas de Frankfurt e Viena e em suas ramificações que se instalaram principalmente na União Européia e nos Estados Unidos que, piorando o quadro do utopismo político de seus adversários ditos não democráticos, disputam com estes a hegemonia por um autoritarismo de pretensões planetárias (metaforicamente cognominado globalização) em bases de artefatos bélicos (mecânicos e eletrônicos de ponta) progressivamente periculosos à sobrevivência dos povos. A formação dos *juízos lógicos* de avaliação, exame, verificação e justificação de toda essa sandice mundializada, e que se agrava neste imprevisível séc. XXI, tem sua suficiência racional e causal em conceitos analíticos (mítico-utópicos) que dão seqüência à caminhada guerreira, genocida e patriótica, das civilizações (?) ante-gregas e pós-gregas, sem qualquer esboço de resistência teórica ao longo dos séculos. O extralingüístico continua seu itinerário silencioso e homicida de apagamento das consciências sob nomes de educação, cultura, arte e multiplicação vertiginosa de seitas, arrolhando, por milênios, a construção crítico-falibilista de uma *técnica e ciência* que fossem permanentemente revisitadas por teorias testificadoras de seus erros (casos de ignorância) na formação do conhecimento por uma metodologia (regras demarcatórias) que se regulasse por uma *regra suprema* que, por sua vez, não fique imune à falseabilidade e refutação constantes (Popper)[23].

1.5 PROCESSO CONSTITUCIONAL E A REFUNDAÇÃO DO DIREITO CIENTÍFICO

Para as cogitações jurídicas, a novel disciplina *processo constitucional* descortina um painel de pesquisas que se habilita a refundar a **técnica e ciência** do direito, retirando-lhes o atributo de uma *instrumentalidade* arraigada no *logos* transcendentalista (*in-true-mental*) por uma racionalidade autoritária dos *experts* que se patrimonializam

[23] POPPER, Karl. **Autobiografia Intelectual** São Paulo: Cultrix, 1977, p. 93-95

historicamente no leito de suas revoluções científicas nas diversas áreas do saber, sem que este núcleo duro do próprio saber (conhecimento?) seja submetido à problematização por uma *epistemologia quadripartite* (técnica-ciência-teoria-crítica)[24] a seguir uma *lógica* de análises preventivas dos efeitos dos produtos da *técnica e da ciência* antes mesmo de sua utilização (operacionalização). A estudar a fabricação do mundo humano (realidade técnico-científico-cultural), no âmbito do direito, sem refletir o nível instituinte da norma jurídica é deixar esta milenarmente entregue aos horrores historicistas (mitos dos contextos históricos) dos sentidos do império mental de um legislador (suposto agente capaz) que manifesta sua vontade legiferante sem indagar em que teoria procedimental e processual a norma apresentará sua vinculação e em que teoria da sistematicidade constitucional (co-institucional) se aloja a procedimentalidade processualizada.

A grande lacuna do direito não se encontra na fatal insuficiência de sentido do ordenamento jurídico, mas na secular ausência de uma **teoria da lei** (que só agora cogitamos)[25] para, a partir desta, estabelecer o caráter democrático (possibilidade de expurgo incessante da dogmática analítica) de sua criação, atuação, modificação ou extinção. A disciplina que há de se propor a estudar e instalar pesquisa nessa importantíssima vertente do direito na contemporaneidade é a do **PROCESSO CONSTITUCIONAL**, fonte de conjecturas de uma *técnica e ciência jurídicas* pelas quais o conhecimento criticamente construído[26] e desgarrado do criticismo dos categoremas, entimenas e epiqueremas da transcendentalidade aristotélico-kantiano-hegeliano do idealismo alemão, possa assumir o significado de um **proceder** e **saber** organizados não fatalmente recebidos do extralingüístico (pragma) da violência esteticista das vontades soberanas da dominação social, política e econômica (autotutela da violência da livre vontade).

---

24 LEAL, Rosemiro Pereira. **Teoria Geral do Processo**, 11ª ed. Rio de Janeiro: Forense, 2012, p. 252-254

25 LEAL, Rosemiro Pereira. **Processo como Teoria da Lei Democrática**. Belo Horizonte: Fórum, 2010

26 POPPER, Karl. **Lógica da Pesquisa Científica**. São Paulo: Cultrix, 1996, p. 82-120

1.6 EPISTEMOLOGIA DA CIÊNCIA PROCESSUAL

A exposição desenvolvida nos tópicos anteriores é encaminhadora de uma linha epistemológica (teoro-metodológico-científica) que vai, como vimos, da antiga noção de **técnica** à afirmação de uma *ciência* do direito processual à espera de construção em bases de uma linguisticidade criticamente institucionalizada hoje denominada **PROCESSO**. O **processo**, como devindo (devido) por um *devir* argumentativo crítico-linguístico-institucionalizante[27], é a condição de possibilidade de desdogmatização do arcaico discurso normativo-analítico de feições viehweguianas. O direito na pós-modernidade, portanto, suplica passagem, à sua validade-legitimidade, por essa grande narrativa (ciência processual) como núcleo construtivo de uma *técnica* jurídico-procedimental desde o nível instituinte-constituinte da **lei** ao nível constituído, aqui considerada a **lei** como ato jurídico não reflexo de um sujeito naturalmente capaz (livre em si mesmo e igual aos seus pares em imanência volitiva-cognitiva)[28].

1.7 TÉCNICA

Aroldo Plínio Gonçalves[29], no estudo do direito processual, desenvolveu pioneira pesquisa sobre a atividade **técnica** lembrando que *"já há base suficiente para se afirmar que há técnicas produzidas antes da ciência"* e, apoiando-se em Denis Huisman e André Verges, conclui que *"historicamente a prática precede à teoria, a técnica precede à ciência"*. O importante é que, para efeito de racionalização, também somos inclinados a admitir, com Lalande,[30] que a atividade **técnica** ou o ato **técnico** corresponde a **procedimentos** conjugados e bem orientados para produzir **resultados úteis**. Entretanto, o útil por

---

[27] LEAL, Rosemiro Pereira. **O due process e o devir processual democrático**. *In:* SOARES, Carlos Henrique; CARVALHO DIAS, Ronaldo Brêtas de (Coords.). *Direito Processual Civil Latino Americano*. Belo Horizonte: Arraes, 2013, p. 1-13

[28] LEAL, Rosemiro Pereira. **A Teoria Neoinstitucionalista do Processo – Uma Trajetória Conjectural**, *ob. cit.*

[29] GONÇALVES, Aroldo Plínio. **Técnica Processual e Teoria do Processo**. Rio de Janeiro: Aide, 1992, p. 22-26.

[30] LALANDE, André. **Vocabulaire téchnique et critique de la philosophie**. Paris: Presses Universitaires de France, 1972.

essas incursões e divagações de Huisman e Verges não explica a que finalidade pretende filiar-se. Por isso, está a merecer uma releitura crítico-epistemológica, porque a *técnica* não se desenvolve, em seus começos, numa realidade isenta (realismo ingênuo) de violência social a se impor o dever de uma atividade laboral que, por si, escolhesse de modo neutro e benévolo suas próprias finalidades.

O exercício da **atividade técnica** ao propósito de obtenção de resultados úteis há de supor, num primeiro **estágio** humano, como queria Popper,[31] adequação do *"mundo material"* ao *"mundo mental"* voltada ao atendimento de **necessidades** imediatas (junção de utilidades materiais e de estados mentais) pela acumulação de experiências individuais para, **num segundo estágio**, através das situações criadas em função desses dois *"mundos"*, estabelecer-se *"o mundo dos objetos de pensamentos possíveis: o mundo das teorias em si mesmas e de suas relações lógicas, dos argumentos em si mesmos e das situações de problemas em si mesmas"* que suplicam renovadas reproblematizações conjecturais em suas estruturas institutivas de comportamentos (procedimentos) à medida de sua atuação (adoção) no existir humano.

1.8 CIÊNCIA

Percebe-se atualmente que a Teoria Geral do Direito aponta para uma fonte epistemológica *quadripartite* como esforço de desdogmatização da Ciência Jurídica (relação sujeito-objeto, objeto-sujeito, consciência-existência, linguagem-mundo), não gnoseológica onde o conhecimento se aflora numa possível relação do sujeito consigo mesmo pela atividade racional pura (apriorística). A Ciência e sua teorização é uma conquista intelectual ocorrida após séculos de dominação da **técnica**[32] e das diversas **teorias da técnica** que prevaleceram e prevalecem por várias gerações para a sobrevivência, controle, subjugo de classes, raças, nações, pela criação de utilidades, artefatos, mitos, fetiches, ritos, dogmas, cânones, costumes, leis, métodos, sistemas,

---

31 POPPER, Karl. **A Lógica da Pesquisa Científica**. São Paulo: Cultrix, 1966, p. 308.

32 BOUTOT, Alain. **Introdução à Filosofia de Heidegger**. Portugal: Biblioteca Universitária, 1991. p. 108.

de extrema eficiência governativa ou opressora, como se vê da história dos povos antigos, considerados modelos de civilização, como os gregos e romanos[33], pelo laborioso trabalho que hoje se chama ***mídia*** que nada mais é do que **ideologias das técnicas** agrupadas e direcionadas para disciplinarização jurídico-política e, consequentemente, econômica, mercadológica e de dominação cultural.

Daí, é de se afirmar que a **ciência**, como atividade que tem por objeto o **esclarecimento** da técnica e das **teorias** e ideologias da técnica, busca a produção e o crescimento esclarecido do conhecimento pela testificação teorizada dos enunciados técnico-teóricos, já que, como conclui Popper,[34] *"nossa linguagem está impregnada de teorias: não existem enunciados de pura observação"*. Atualmente, a **ciência** não é mais, como adverte Bachelard,[35] um conjunto invariante de conhecimentos fundamentados ou atividade produtora de conhecimentos ou de novos conceitos para unificação universal de conhecimentos ou enunciados, porque, também na visão de Popper,[36] *"a exigência da objetividade da ciência torna inevitável que todo enunciado científico permaneça* ***provisório para sempre****"*.

A **ciência**, nessa acepção pós-moderna, obra da discursividade desencadeada no século XX, não tem, ainda, na área do Direito, principalmente nos países periféricos, alcançado níveis adiantados de pesquisa para produção (enunciatividade) de novas teorias. E isso porque o **direito** praticado pelas chamadas nações hegemônicas que sustentam, sediam ou patrocinam os interesses de grupos de ultradominação mundial, econômica e financeira, ainda remonta a estruturas técnicas e a ideologias jurídicas de manipulação pretoriana (sistema de ***common law***) em que a solução dos conflitos se resolve pela idiossincrasia (senso comum) dos juízes integrantes das cortes arbitrais, convencionais ou judiciais ou pela ideologia medieval da ***civil law***, onde a dominação político-econômica é componente histórica e dire-

---

33 SAVELLE, Max. **História da Civilização Mundial**. Belo Horizonte: Itatiaia, 1971. 4º. v.

34 POPPER, Karl. **A Lógica da Pesquisa Científica**, *ob. cit.*, p. 31.

35 BACHELARD, Gaston. **A Formação do Espírito Científico**. Rio de Janeiro: Contraponto, 1996. p. 20.

36 POPPER, Karl. **A Lógica da Pesquisa Científica**, *ob. cit.*, p. 120.

cionadora dos provimentos. A solução dos litígios, nesse patamar, não elide ou reduz a massa de conflitos na sociedade, mas assegura uma conflitualidade desejada, permanente e necessária à imobilização do pensamento crítico.

1.9 TEORIA

A **técnica** é, portanto, essa atividade humana que abrange a capacidade de conjunção do mundo da realidade com o mental e a consequente **expressão de pensamentos abstratos organizados** (**teorias**) sobre o contexto dessa realidade. No campo do direito, não houve uma **passagem** brusca da **técnica** à **ciência**, porque esta se expressa pela conjectura teorizada do pensamento técnico-abstrato mediante o apontamento crítico de ausência de compreensão ou existência de contradições relevantes na lógica do discurso do fazer e do conhecer. Por seu turno, a **técnica**, em sua plena explicitação conjectural da habilidade do fazer ou proceder, desenvolve, exclusivamente, com apoio no pensamento abstrato, **teorias** úteis sobre a ação humana, **sem** qualquer preocupação de esgotamento crítico (testabilidade, provisoriedade, falseabilidade, refutabilidade) da validade proposicional dos respectivos argumentos.

Existem, portanto, entre a **técnica** e a **ciência**, **teorias** ideologizadas que decorrem da técnica do proceder, através das quais métodos, ritos e formas são concebidos ou inventados para organizar, ordenar e disciplinar condutas de ação e preservação da unidade e mando nos grupos humanos, não estando tais **teorias** encaminhadas à *"análise lógica do conhecimento científico"*,[37] porque a ciência só surgiu a partir do momento em que o pensamento humano abandonou o *"velho ideal"* da ***epistéme*** – *"do conhecimento absolutamente certo"* e criador do *"ídolo da certeza"*[38] absoluta que se prestou e se presta por séculos à defesa do obscurantismo.

1.10 CRÍTICA CIENTÍFICA

O movimento de superação da **técnica** e de suas **teorias** ideologizadas de resultados úteis (pragmáticas) vem-se fazendo pela ciência,

---

[37] POPPER, Karl. **A Lógica da Pesquisa Científica**, *ob. cit.*, p. 31.

[38] *Idem*, p. 308.

como esforço intelectivo da humanidade para não só racionalizar a ação humana como também investigá-la em seus diversos conteúdos teóricos, desvelando-os de modo a abrir novas perspectivas no discurso do conhecimento, como antítese ao dogma, ao magicismo, ao fetiche, ao mito, ao carisma, ao rito místico-procedimental e ao artificialismo verbal que, particularmente na área jurídica, impregnam a linguagem e a matéria do direito e da construção dos princípios, institutos e instituições.

São, assim, o objeto fundamental e o objetivo da **ciência** o **permanente esclarecer**, o decompor, o investigar, o distinguir e discernir, o dissertar, o ressemantizar, o dessacralizar, o destotemizar, o desmistificar, o desmitificar, numa incessante atividade de geração, eliminação, refundação, recriação, substituição e modificação de conhecimentos, técnicas, teorias, postulados, princípios, ideias, institutos e instituições.

Entretanto, a linguagem científica do sobrediscurso a ser estabelecido na temática das realidades técnicas e técnico-teóricas suplica, pelo pensar crítico, apontamentos de insuficiência da ação humana, como anotou Heiddeger,[39] isto é, o permanente questionamento da validade proposicional das teorias reducionistas e irreducionistas das atividades do fazer e do proceder humano. Percebe-se que o escopo da **técnica** e do pensamento **técnico-teorético** é fixar juízos (assertivas e teoremas) relativamente duradouros, com assentamento autoimunizante para aculturação de condutas úteis ou vantajosas.

A concludente afirmação de que a ciência *"descobre e enuncia leis, formula juízos de realidade"*[40] e de que a crítica do conhecimento limita-se a apreciar o valor da ciência e do conhecimento humano em geral já não pode ser singelamente aceita, porque, como vimos, a **ciência** já não procura, por si mesma, parâmetros definitivos ou enunciados invariantes. A **crítica**, como veículo lógico de aferição do grau de certeza do conhecimento científico, é que, ao associar o pensamento abstrato ao pensamento dialógico, como pressupostos necessários ao esclarecimento do discurso científico, acrescenta-se a

---

39 HEIDEGGER, Martin. **A Questão da Técnica**. Essais et Conferences. Paris: Gallimard, 1958. p. 20.

40 CUVILLIER, A. **Manual de Filosofia**. Porto: Educação Nacional, 1948, p. 21-22.

si mesma a imposição de analisar as **conclusões** do discurso da **ciência** em planos de maior infinitude possível em confronto com os conhecimentos já selecionados e acumulados pela atividade científica.

Portanto, a **ciência** sem a **crítica** seria a alavanca sem o ponto de apoio, não teria força de razoável demonstrabilidade em função da ausência de justificação prolongadamente testificada. A **crítica**, como recinto teórico de concorrencialidade proposicional, é a atividade intelectiva testificadora, enquanto a **ciência** é a atividade relevantemente esclarecedora, embora não seja de se esperar que a própria conclusão crítica obtenha, necessariamente, crescimento de conhecimentos, mas é certo que poderá escaloná-los em termos comparativos. Popper[41] arremata que *"embora não possamos justificar nossas teorias racionalmente e não possamos, nem mesmo, provar que são prováveis, podemos* ***criticá-las*** *racionalmente. E podemos, constantemente, distingui-las de teorias piores".*

1.11 TEORIA CIENTÍFICA

As teorias, como *"protocolos"*[42] (registros) de enunciações susceptíveis de ordenação e simplificação, apresentam, no campo científico, que é o do **esclarecimento** testificado, aspectos conceituais específicos, já que não podem somente cingir-se a transformar observações em afirmações eficientes ou em sínteses coerentes, mas, em especial, assumem características de modelos de cognição relevante pelo grau de testabilidade a que são submetidas no curso de sua aplicação ou atuação.

Portanto, a **teoria científica**, embora se elabore por **paradigmas** cognitivos, modernamente procura ampliar, ao máximo, seus postulados, numa metalinguagem que já se utiliza de *"categorias (referentes lógicos) que se referem a signos"*[43] (representação, imagem, informação ou código, programa e computação) ao lado de cogitações fisicalistas. Na esfera do Direito, só diríamos que uma

---

41 POPPER, Karl. ***A Lógica da Pesquisa* Científica**, *ob. cit.*, p. 34.

42 ADOMEIT, Klaus. **Introducción a la Teoria del Derecho**, Madrid: Civitas Ediciones., 1984, p. 23.

43 NÖTH, Winfried. **Panorama da Semiótica – de Platão a Peirce**, p. 135.

teoria foi ou é científica se atuar como eficiente linha auxiliar de **esclarecimento** das normas, institutos e instituições jurídicas. Entende-se que, na atualidade, uma **teoria científica** há de mostrar, para sua relativa eficácia, antes mesmo de sua final elaboração, uma resistência triunfante a uma **crítica** desenvolvida em constantes e fundamentadas afirmações contrárias.

A **teoria científica**, assim, há de transpor a **crítica científica,** que é esse momento de crise *(krisis)*, isto é, de *"julgamento"*[44] do seu conteúdo persuasivo (corroborativo) para que possa situar-se em nível de aceitabilidade contributiva ao andamento da **ciência**. Por isso é que, como salientamos, **a teoria da técnica** não é a mesma **teoria da ciência**, porque esta não visa, necessariamente, a resultados úteis, mas, principalmente, a explicitar, de modo inter e multicontextual, conteúdos e contradições ausentes nas interfaces do discurso do conhecimento, aumentando o campo de investigação.

A **teoria científica** é uma etapa importante da produção de conhecimentos qualificados, porque a **teoria da técnica**, por ter raízes no pragmatismo, não coloca em desenvolvimento, como anota Bachelard[45], *"uma atividade dialética que impõe uma extensão constante de métodos"* para aferir o *"verídico"* no que se supõe verdadeiro.

1.12 TÉCNICA JURÍDICA, DIREITO PROCESSUAL E SISTEMÁTICA PROCEDIMENTAL

Nenhuma dificuldade se teria para transpor os conceitos da **técnica** para o **direito** e deste para a **esfera do Direito Processual**. Poder-se-ia falar consequentemente numa **técnica jurídica**, quando as atividades do **proceder** humano integrassem o *"mundo de objetos de pensamentos possíveis"*,[46] com o intuito de encontrar resultados práticos e úteis na área do direito pela criação, classificação e tipificação

---

44 NOVAES, Adauto. **A Crise da Razão**. Rio de Janeiro:Companhia das Letras, 1996, p. 11.

45 BACHELARD, Gaston. **O Materialismo Racional**. Lisboa: Edições 70, 1990. p. 260.

46 POPPER, Karl. **Conhecimento Objetivo: Uma abordagem evolucionária**, Belo Horizonte: Itatiaia, 1975, p. 152 e seguintes..

de normas, como exposto por Geny[47] e Dabin[48] em obras clássicas sobre o tema. A **técnica jurídico-processual** seria essa criteriologia desenvolvida a serviço da criação, estruturação, sistematização e aplicação das **normas procedimentais** no âmbito do **Direito Processual**.

Portanto, nas chamadas Ciências Humanas ou Físicas, há uma **epistemologia** pelo quadro geral enunciativo do conhecimento humano por **unidades lógicas** fundamentais desenvolvidas, em escala progressiva: **técnica** – **ciência** – **teoria(s)** – **crítica científica**, que, uma vez esclarecidas em seus contornos teórico-semânticos, como fizemos por tópicos acima, ensejam desdobramento especializado na reflexão jurídica pela **epistemologia jurídica** com as designações de **Técnica Jurídica**; **Ciência Jurídica**; **Teorias Jurídicas** e **Crítica Jurídico-Científica**, sem as quais não seria possível teorizar, praticar, pensar, repensar, testificar, falsear, sistematizar, semantizar, ressemantizar, ordenar e esclarecer o **direito**, continuadamente criado pela humanidade, na dinâmica da complexidade das interações humanas e que, para muitos, abonariam uma **Teoria Geral do Direito** através da unificação de conhecimentos e fundamentos extraídos dessa conjecturalidade.

Ao ângulo de nosso propósito, é-nos especialmente interessante o destaque de uma **Epistemologia do Direito Processual** para, louvando-nos nas concepções da **Técnica Jurídica, Ciência Jurídica, Teoria Jurídico-Científica e Crítica Jurídico-Científica**, tronco da epistemologia geral do Direito contemporâneo, propor o estudo e esclarecimento do temário que compõe o ensino propedêutico (programático) do **Direito Processual**, bem assim uma leitura crítica da **Sistemática Procedimental** vigente nos Estados-Nações e particularmente no Brasil à busca incessante de um ajuste constitucional pelo **Devido Processo Coinstitucionalizante** como instância crítico-construtiva de uma democracia jurídica de Estado não dogmático[49] aos moldes teóricos já

---

47 GENY, François. **Science et Téchnique en Droit Privé Positif.** Paris: Sirey, 1924.

48 DABIN, Jean. **La Téchnique de l'Élaboration du Droit Positif**. Bruxelles: Sirey, 1935.

49 LEAL, Rosemiro Pereira. **A Teoria Neoinstitucionalista do Processo – Uma trajetória Conjectural**, *ob. cit.*

conquistados na CF/88 pelos incisos LIV e LV do art. 5º e não mais pelo retórico inciso XXXV do mesmo artigo que estrategicamente acolhe o caráter oculto do sentido normativo[50] pela proibição do *non -liquet*[51].

1.13 REFERÊNCIAS BIBLIOGRÁFICAS

ADOMEIT, Klaus. **Introducción a la Teoria del Derecho**, Madrid: Civitas Ediciones S.L., 1984.

BACHELARD, Gaston. **A Formação do Espírito Científico**. Rio de Janeiro: Contraponto, 1996.

BACHELARD, Gaston. **O Materialismo Racional**. Lisboa: Edições 70, 1990.

BARACHO, José Alfredo de Oliveira. **Processo Constitucional.** Rio de Janeiro: Forense, 1984.

BOUTOT, Alain. **Introdução à Filosofia de Heidegger**. Portugal: Biblioteca Universitária, 1991.

CARVALHO DIAS, Ronaldo Brêtas de. **Processo Constitucional e Estado Democrático de Direito**, 2ª ed. Belo Horizonte: Del Rey, 2012.

CUVILLIER, A. **Manual de Filosofia**. Porto: Educação Nacional, 1948.

DABIN, Jean. **La Téchnique de l'Élaboration du Droit Positif**. Bruxelles: Sirey, 1935.

DINAMARCO, Cândido Rangel. **A Instrumentalidade do Processo**, 4ª ed. São Paulo: Malheiros, 1994.

FAZZALARI, Elio. **Instituições de Direito Processual**. Trad. Elaine Nassif. 1a. ed. Campinas: Bookseller, 2006.

GENY, François. **Science et Téchnique en Droit Privé Positif.** Paris: Sirey, 1924.

GLOCK, Hans-Johann. **O que é filosofia analítica?**, Porto Alegre: Penso, 2011.

GONÇALVES, Aroldo Plínio. **Técnica Processual e Teoria do Processo**. Rio de Janeiro: Aide, 1992.

HABERMAS, J. **Técnica e Ciência como Ideologia**. Lisboa: Edições 70, 1997.

[50] LEAL, Rosemiro Pereira. **Teoria Geral do Processo**, *ob.cit.*, p. 243-250.

[51] LEAL, Rosemiro Pereira. **Teoria Processual da Decisão Jurídica**. São Paulo:Landy, 2002.

HEIDEGGER, Martin. **A Questão da Técnica**. Essais et Conferences. Paris: Gallimard, 1958.

LALANDE, André. **Vocabulaire Technique et critique de la philosophie**, Paris: Prèsses Universitaires de France, 1972.

LEAL, André Cordeiro. **Instrumentalidade do Processo em Crise** Belo Horizonte: Mandamentos, 2008.

LEAL, Rosemiro Pereira. **A Teoria Neoinstitucionalista do Processo – Uma trajetória Conjectural**, Belo Horizonte: Arraes, 2013.

LEAL, Rosemiro Pereira. **O due process e o devir processual democrático**. *In:* SOARES, Carlos Henrique; CARVALHO DIAS, Ronaldo Brêtas de (Coords.) *Direito Processual Civil Latino Americano.* Belo Horizonte: Arraes, 2013.

LEAL, Rosemiro Pereira. **Processo como Teoria da Lei Democrática** Belo Horizonte: Fórum, 2010.

LEAL, Rosemiro Pereira. **Teoria Geral do Processo: primeiros estudos**, 11ª ed. Rio de Janeiro: Forense 2012.

LOSEE, John. **O Homem e a Ciência – Introdução Histórica à Filosofia da Ciência**, São Paulo: Editora Itatiaia Ltda e Editora da USP, 1979 vol. 5

NEVES, Celso. **Estrutura Fundamental do Processo Civil**, 2ª ed. Rio de Janeiro: Forense, 1997.

NOVAES, Adauto. **A Crise da Razão**. Rio de Janeiro: Companhia das Letras, 1996.

POPPER, Karl. **A Lógica da Pesquisa Científica**. São Paulo: Cultrix, 1966.

POPPER, Karl. **Conhecimento Objetivo: Uma abordagem evolucionária**. Belo Horizonte: Itatiaia, 1975.

POPPER, Karl. **O Mito do Contexto – Em Defesa da Ciência e da Racionalidade**. Lisboa: Edições 70, 1996.

POPPER,Karl. **Autobiografia Intelectual** São Paulo: Cultrix, 1977.

SAVELLE, Max. **História da Civilização Mundial**. Belo Horizonte: Itatiaia, 1971.

SEVERINO Emanuele. **La Filosofia dai Greci al nostro tempo (la filosofia antica e medioevale)**, 1ª ed. Milano: RES Libri, 2004.

VIEHWEG, Theodore. **Tópica e Jurisprudência. Brasília: Departamento de Imprensa Nacional**, 1979.

II

Capítulo

TÉCNICA LEGISLATIVA E TEORIA DO PROCESSO

André Del Negri[1]

2.1 INTRODUÇÃO

Pelos estudos demarcados na obra de Aroldo Plínio Gonçalves, *Técnica processual e teoria do processo*, bem se vê que inúmeras considerações podem derivar das investigações desde a origem das normas até suas aplicações.[2] Se seguirmos a pista desta questão veremos que a problemática já está, em boa medida, definindo o campo de visibilidade da investigação científica que temos pela frente e a caracterização de Ronaldo Brêtas é esclarecedora quando diz que a função legislativa consiste na edição de norma obrigatória – de caráter geral e abstrato –, "as quais compõem o ordenamento jurídico vigente, criando o Estado, assim, o direito positivo, com objetivo de disciplinar as suas próprias atividades e as condutas das pessoas na vida em sociedade."[3]

Em vista disso, infere-se que se "o povo elege os seus representantes" e os "trabalhos legislativos devem refletir o pensamento popular na construção dos conteúdos das normas,"[4] tem-se que essa função

---

1 Doutorando em Direito Processual pela PUC Minas, com bolsa concedida pela CAPES (Coordenação de Aperfeiçoamento de Pessoal de Nível Superior). Mestre em Direito Constitucional pela UFMG.

2 GONÇALVES, Aroldo Plínio. *Técnica processual e teoria do processo*. 2ª ed. Belo Horizonte: Del Rey, 2012, p. 25.

3 BRÊTAS, Ronaldo de Carvalho Dias. *Processo Constitucional e Estado Democrático de Direito*. 2ª ed. Belo Horizonte: Del Rey, 2012, p. 23.

4 BRÊTAS, Ronaldo de Carvalho Dias. *Responsabilidade do Estado pela função jurisdicional*. Belo Horizonte: Del Rey, 2004, p. 104.

do Estado (a legislativa) deve-se dar num espaço próprio (espaço procedimental) que comporta fatores complexos, técnicos e teóricos, múltiplas vozes parlamentares, inclusive as contradições, as práticas desordenadas (cujo sentido procuraremos escrever).

Este trabalho, portanto, apresenta como objetivo, em linhas gerais, trabalhar a questão da *técnica* entrelaçada aos fios da ciência, teoria e crítica, o que dá ensejo a uns pares de reflexões, para que sirvam de esclarecimento em processo legislativo. Sendo assim, um primeiro enfoque é considerar que a *técnica* entra na construção do *procedimento legislativo*. Por outro lado, há de ver que nenhuma lei prescinde de *técnica* própria, porque na redação legiferativa o uso da técnica converte-se em exercício de clareza e precisão da norma jurídica.

Um estudo como esse requer que o pragmatismo cego dos procedimentos seja avaliado de forma mais refinada, de modo que se distancie do praxismo parlamentar, em que o parlamentar se distancia da técnica, o que é um deslizamento equívoco, que, para derrotá-lo, é preciso, assim, visualizar que a técnica está ligada ao procedimento, e que este, por sua vez, foi construído legislativamente, e requer observância legal.

Caso o parlamentar abandone esse campo estrutural, que deve assegurar as garantias processuais, tem-se equívoco grave que alimenta um *estado de exceção*, para usar o estilo de Giorgio Agamben.[5]

A lembrança é útil: ela nos adverte de que por meio dessa rejeição (a de que o *processo* deve reger o *procedimento*), o estudo da produção da lei estaria à beira do abismo (ao menos, dentro da revolução conceitual operada por Fazzalari, a de que *processo* é uma espécie de *procedimento* realizado em contraditório).

Deixa-se claro que este trabalho não tem como intuito debater tão somente a estrutura organizacional de um artigo ou a má qualidade da redação da lei, como na antiga discussão: "se a conjunção *e* significa *ou*, se o *caput* de um artigo dita o sentido do parágrafo ou se o inciso tem precedência sobre a alínea."[6]

---

[5] AGAMBEN, Giorgio. *Estado de exceção.* São Paulo: Boitempo, 2004.

[6] COMPARATO, Fabio Konder. Uma morte espiritual. *Folha de São Paulo*. São Paulo, 14 de maio de 1998, Caderno 1, p. 3.

Essa também é uma preocupação, no entanto, cabe assinalar que o ponto central aqui é ir mais adiante. Pretendemos oferecer ao leitor(a) uma cesta de problematizações sobre a nocividade de procedimentos legislativos não asseguradores de garantias fundamentalmente constitucionais. Mesmo que as respostas não sejam reconfortantes, elas serão tentadas. Uma comunidade jurídica que se reúne e se recolhe na pesquisa para conjecturar, deixa a correta impressão de que podemos interferir na realidade e erradicar os seus descompassos.

2.2 TÉCNICA E CIÊNCIA NO DISCURSO JURÍDICO

É difícil encontrar na metodologia da ciência um conceito tão complexo quanto o de *epistemologia*, pois ele se dá numa articulação de áreas. Emanuele Severino reconhece que os filósofos clássicos já liam a *episteme* como ideia de *verdade* (*certeza*), conhecimento certo e definitivo, mas "a epistemologia hoje serve para indicar a reflexão crítica sobre as estruturas e formas de *ciência*."[7] Pode-se dizer que as bases essenciais de reflexão do conhecimento na epistemologia geral são, em princípio, duas: a *técnica* e *ciência*.[8]

A primeira tem seus limites. Essa precariedade, em algumas situações, talvez impeça avanços. A segunda tende a aperfeiçoar a técnica.

Todos podemos – e devemos – reclamar da má qualidade da técnica. O que não podemos é nos surpreender com os apontamentos críticos advindos de estudos científicos. O caminho é atuar com apoio na técnica e ao mesmo tempo repensá-la. Tudo isso porque na medida em que a *técnica* se ampliou e maior número de pessoas passou a ter conhecimento dela, ampliou-se também a influência dos estudiosos que levantaram estudos para demonstrar os paradoxos da própria técnica.

Dessa problematização nasceria a *ciência* (um dos elos da epistemologia), a qual contém no seu "DNA" a crítica e a teoria. É óbvio, no entanto, que com esse aumento do nível de reflexão nos estudos, verifica-se que a *técnica* não é sempre verdadeira. Há erros e acertos.

---

7 SEVERINO, Emanuele. *A filosofia contemporânea*. Lisboa: Edições 70, 1986, p. 18.

8 GONÇALVES, Aroldo Plínio. *Técnica processual e teoria do processo*. 2ª ed Belo Horizonte: Del Rey, 2012.

Não obstante a *ciência* e a *técnica* serem vistas como fatores positivos, o resultado da ação entre as duas pode ser, em alguns casos, desastroso.

É o que sinaliza Habermas, quando reflete que a *ciência* pode se tornar perigosa quando utilizada a serviço da *técnica* do *mercado* (tecnologia).[9] É, nesse caso, que Rosemiro Pereira Leal, reiterando Karl Popper (1902-1994), filósofo da ciência, vai dizer que "só é *ciência* o que se destina a reduzir o sofrimento humano."[10]

Aroldo Plínio Gonçalves apresentou, no início dos anos 90,[11] uma rica articulação organizada entre *ciência* e *técnica*, alavancando os estudos de direito processual. Já Rosemiro Leal, em sua obra introdutória à teorização do *processo*,[12] cujos fundamentos lógicos se explicitam a cada capítulo de outro livro de sua autoria *A teoria neoinstitucionalista do processo – uma trajetória conjectural*,[13] aqui usado como leme para os nossos estudos jurídicos, explicita essas proposições com lastro de reflexão em Popper, apresentando uma produção de rara singularidade e com linguagem personalizada com avanços nos estudos de *processo* e Constituição.

Embora os dois processualistas tenham posições próximas no tema *técnica* e *ciência*, a forma como Rosemiro Pereira Leal descreve essas bases faz com que o seu estudo tenha um perfil mais aprofundado epistemologicamente falando, uma vez que explicita mais os elementos que compõe as bases epistemológicas, que são a *crítica* e a *teoria*.

Por isso que a literatura processual de Rosemiro Pereira Leal é um caso especial, porque o autor desenvolve conteúdos da racionalidade científica transplantados da filosofia da ciência (lógica epistemológi-

---

9 HABERMAS, Jürgen. *Técnica e ciência como ideologia*. Lisboa: Edições 70, 2006.

10 LEAL, Rosemiro Pereira. *A teoria neoinstitucionalista do processo*: uma trajetória conjectural. Belo Horizonte: Arraes, 2013, p. 75.

11 GONÇALVES, Aroldo Plínio. *Técnica processual e teoria do processo*. 2ª ed. Belo Horizonte: Del Rey, 2012.

12 LEAL, Rosemiro Pereira. *Teoria geral do processo*: primeiros estudos. 11ª ed. Rio de Janeiro: Forense, 2012.

13 LEAL, Rosemiro Pereira. *Teoria neoinstitucionalista do processo*: uma trajetória conjectural. Belo Horizonte: Arraes, 2013.

ca) articulados à sua *teoria neoinstitucionalista*, o que significa dizer que a linha que ele desenvolve em sua *Teoria Geral do Processo* tem comprometimento com a perquirição dos resultados do saber jurídico-processual por intermédio de um encaminhamento *crítico* que leva a melhor abertura da visão epistemológica.

Digamos, então, que o autor trabalhe todas as bases lógicas da epistemologia no discurso do conhecimento jurídico e faz um estudo (reflexão) em quadrantes. Tudo isso porque conhecemos, a partir do texto de Rosemiro Pereira Leal e Karl Popper, quatro bases morfológicas na epistemologia, em que a primeira é a *técnica*, seguida da *ciência*, *teoria* e *crítica*. Daí a nossa preocupação: em qual dessas bases frequenta o *processo*?

É nesse sentido de linhas narrativas que a *ciência* (na acepção epistemológica) produz *teorias* e abre, por consequência, mais espaço no "proceder ordenando" (*técnica*), aumentando o seu campo analítico. Vale registrar que a *ciência* resolve um problema e cria uma infinidade de outros, porque esse sentido problematizante, que caracteriza a genuína lógica científica é a de apresentar sempre um saber precário, provisório, *ad hoc*, apoiado nos tijolos das *teorias*.[14]

E isso nos coloca um problema: afinal de contas, o que é *teoria*? Qual a sua importância?

Podemos apresentar aqui um esboço de resposta ao dizer que *teoria* é uma das bases morfológicas da epistemologia, mas podemos encontrar respostas mais abrangentes e consistente na obra de Rosemiro Pereira Leal.[15]

Nos estudos do referido autor, é possível perceber que a *teoria,* ao interrogar a *técnica*, cria algo um tanto perturbador, curioso (degradante) e isso provoca avanços. É uma racionalização que encaminha balizamentos ao conhecimento humano. Daí que o elo entre a *técnica* e a *ciência* passa, necessariamente, pelas *teorias*.[16]

---

14 BACHELARD, Gaston. *A formação do espírito científico*: contribuição para uma psicanálise do conhecimento. Rio de Janeiro: Contraponto, 1996, p. 18.

15 LEAL, Rosemiro Pereira. *Teoria neoinstitucionalista do processo*: uma trajetória conjectural. Belo Horizonte: Arraes, 2013.

16 LEAL, Rosemiro Pereira. *Teoria neoinstitucionalista do processo*: uma trajetória conjectural. Belo Horizonte: Arraes, 2013, p. 81.

Nessas colocações, Popper desenvolveu uma teoria amplamente conhecida, inferindo que toda "proposição", do ponto de vista da racionalidade científica, que queira apresentar conjecturas, necessariamente precisa ser encaminhada de maneira "formal" (cuja condição é compatível com o rigor de construção de um projeto de lei, como procuraremos mostrar adiante), para que se possa dar oportunidade ao interlocutor pensar sobre o que foi escrito-encaminhado.

É por essa linha que a propositura inicial será oferecida à superação de outras teorias. Nesse momento é que podemos verificar porque o conhecimento *subjetivo* necessariamente precisa ser substituído pelo *conhecimento objetivo*.[17]

Tomando a narrativa de Alberto Oliva, seríamos levados a afirmar que as pressuposições de pesquisa merecem endossos apenas provisórios por serem (as teorias) "sujeitas a desmentidos futuros." Por isso há trabalhos, como o do citado professor da Universidade Federal do Rio de Janeiro (UFRJ), que sugerem, de forma desconcertante, que o pesquisador "tente de novo, fracasse de novo, fracasse melhor".[18]

É nesse ponto que, epistemologicamente, a *crítica* vai possibilitar a escolha de *teorias*, o que explica porque a "ciência sem a crítica seria a alavanca sem o ponto de apoio".[19]

Em vista disso, percebe-se que a *crítica* é um vértice importante na epistemologia, porquanto é ela que faz o estranhamento com o objeto, uma vez que coloca a razão questionada. Com isso, se eliminarmos a *crítica* desse seguimento, ter-se-á a dogmatização do saber.

Ao discutir esses âmbitos de reflexão do discurso jurídico tende-se a apontar o tipo de credibilidade epistêmica que trabalhos, aulas, livros, dissertações e as teses defendidas apresentam dentro da rede acadêmica de pesquisa.

Essa é a matriz que nos permite compreender, por exemplo, qual terá sido a *teoria* científica utilizada para a construção *técnica* do

---

17 POPPER, Karl. *Conhecimento objetivo*: uma abordagem evolucionária. Belo Horizonte: Itatiaia, 1999, p. 39-40.

18 OLIVA, Alberto. *Filosofia da Ciência*. Rio de Janeiro: Jorge Zahar, 2003, p. 11-19.

19 LEAL, Rosemiro Pereira. *Teoria geral do processo*. 11ª ed. Rio de Janeiro: Forense, 2012, p. 37.

Código de Processo Civil. Logo, pode-se perceber, então, que é possível criticar a técnica, desde que se tenha um estoque teórico. Na medida em que a arguição (a testabilidade) das teorias for rigorosa e a teoria inicial se mostrar resistente, ter-se-ía um "salto epistemológico".

Dessa forma, entende-se que o que marca a epistemologia na contemporaneidade é a *pesquisa.* É ela a forja para construir teorias e descobrir ignorâncias. É a pesquisa responsável pela correlação ciência-processo acontecer. E é a *crítica* científica que traz contribuição, porque problematiza aquilo que move os profissionais na prática do foro (*técnica*) a atuar procurando "certezas" (*episteme* arcaica). Tal a importância de o meio jurídico estudar o *processo de conhecimento* pela via epistemológica.

O importante é saber hoje se os escritores da área do direito estão fazendo essa reflexão no discurso jurídico. É constatável que a aprendizagem automática da *técnica*, sem compromisso com a aprendizagem e o desenvolvimento *teórico-científico* traga amplo conhecimento.

Esse talvez venha sendo um grande mal para o ensino jurídico brasileiro. Essa prática bastante comum nas faculdades de direito compromete o futuro de milhões de estudantes, que, na vida profissional, logo descobrirão que conhecimentos importantes lhe foram sonegados pela ausência de um ensino crítico-reflexivo, desejo de professores comprometidos com a efetiva implementação do art. 207 da Constituição (ensino, pesquisa e extensão).

Mais grave do que ensinar precariamente a *técnica* é o fracasso escamoteado do *ensino* que não passa pela expansão científica. Há aulas, bem como alguns autores, que escrevem e lecionam apenas na primeira base morfológica da epistemologia (*técnica*). No entanto, as melhores aulas e os melhores livros (os textualmente mais consistentes) são os que fazem um percurso epistemológico mais ampliado.

2.3 A TÉCNICA E A LEI

O discurso de técnica como sinônimo de prática está ultrapassado. Para se chagar ao nível alto que queremos do processo legislativo brasileiro não podemos adotar esse discurso reducionista, como no passado. Por isso precisamos de escritores do direito que façam estudos mais demorados sobre técnica e produção legislativa e que saiam da deficiência didática que reforça somente a *técnica*, sem as outras bases epistemológicas (ciência, teoria e crítica).

A Lei Complementar nº 107/2001 (que alterou a redação da Lei Complementar nº 95/98), exigida pelo art. 59 da Constituição brasileira de 1988, dispõe sobre elementos de *técnica legislativa*, como a elaboração, a redação, a alteração e a consolidação das leis.

A proposta de cuidar da *redação* de uma lei parece ter um papel discreto na literatura jurídica, mas é tarefa importante, e, nesse ponto, não tem sido devidamente divulgada. Aliás, costuma-se dizer, apenas, que ao parlamentar (e ao povo), cabe a apresentação de projetos de lei, e desse ponto em diante pouco ou nada é esclarecido.

A essa afirmação, no entanto, não se menciona que o projeto deva ser apresentado na Casa parlamentar de forma articulada, visto que o projeto, que se encontra em embrião, compõe-se na sua estrutura organizacional de *artigos*, *parágrafos*, *incisos*, *alíneas* e *itens*, e que esse *artigo* (artigo do projeto de lei) precisa ser redigido de forma precisa, clara e concisa, a fim de ser acessível ao povo e facilitar a interpretação e a argumentação das partes processuais nos casos concretos.

Aliás, é relevante referir que o cuidado com a técnica legislativa apareceu explicitamente na produção da Constituição brasileira de 1988, quando os constituintes tiveram que analisar mais de 40 mil emendas e propostas. A atual estrutura da Constituição muito se deveu aos longos debates.

Um exemplo é um comentário do ex-ministro Nelson Jobin, então, deputado federal, sobre o fato de haver confronto entre tendências que se empenhavam em produzir uma Constituição extensa e as que criticavam uma Constituição longa - inicialmente o projeto tinha 500 artigos. Nesse embate, a solução veio na transformação de artigos em incisos. Isso explica, por exemplo, a quantidade de incisos do artigo 5º – o mais extenso de toda a escritura constitucional – e que, inicialmente, era composto por artigos, isto é, textos autônomos.

O interesse pela técnica deveria gerar curiosidade a todos. Quando um projeto de lei é escrito, há necessidade de estabelecimento de limites diante da multiplicidade de ideias. Daí a necessidade de transformar o projeto em unidade ordenada (forma e conteúdo), a fim de fundamentar o pensamento discursivo. Opera-se, portanto, uma estrutura organizacional cujos elementos, via linearidade trifásica,[20] vai propiciar o desenvolvimento da argumentação.

Assim, a parte *preliminar* é o prenúncio da organização (epígrafe, a ementa, o preâmbulo, o enunciado do objeto normativo e parte final), a parte *normativa* (o conteúdo do texto da norma propriamente dita), e parte *final* (disposições pertinentes à implementação da norma, como, por exemplo, as disposições transitórias ou cláusula de revogação, se for o caso).

Quanto ao *preâmbulo*, tem-se que sua finalidade é indicar a instituição/função competente para a prática do ato e sua base legal. Aparece aí a conhecida passagem "O PRESIDENTE DA REPÚBLICA, faço saber que o Congresso Nacional decreta e eu sanciono a seguinte Lei."

Outro elemento de técnica de organização é a *ementa*, que nada mais é do que o resumo de uma lei. Além disso, há a *epígrafe* que se refere ao espaço reservado para informar a espécie de regra normativa (se lei complementar ou ordinária federal), o número a ela designado e o ano de sua apresentação.

Cuida-se acentuar, de acordo com a Lei Complementar nº 107/2001 (art. 2º, § 2º, inciso I - redação mantida da antiga lei complementar nº 95/98), que a numeração das emendas à Constituição segue uma ordem iniciada a partir da promulgação da Constituição de 1988. Enquanto que as leis federais, assim como as leis complementares e delegadas, têm numeração sequencial em continuidade às séries iniciadas em 1946 (redação dada pela antiga Lei Complementar nº 95, art. 2º, § 2º, inciso II, e mantida pela LC nº 107/2001).

Pelo resto, talvez não tenhamos que fixar esclarecimento, uma vez que o leitor pode conhecer de todas essas peculiaridades lendo a Lei Complementar nº 107/2001. Mas, por último, também devemos nos referir a outra peculiaridade do parágrafo único do art. 59 da Constituição de 1988, que é a questão referente à *consolidação das leis*. Devemos, neste passo, dizer que o art. 59, ao tratar do tema do processo legislativo, estabeleceu que lei complementar cuidasse da "elaboração, redação, alteração e *consolidação das leis*".

---

[20] FREIRE, Natália de Miranda. *Técnica legislativa e processo legislativo*. Belo Horizonte: Del Rey, 2002.

Sobretudo esse último elemento, a consolidação das leis, merece uma nota: no Brasil não existe quem conheça toda a legislação. E não se consegue, por conta própria, tal façanha de conhecer todo o ordenamento jurídico, com todas as suas regras e princípios, porque estudo do Instituto Brasileiro de Direito Tributário (IBPT) aponta que, desde 5 de outubro de 1988 (data da promulgação da atual Constituição Brasileira), até 31 de agosto de 2013 (ano de seu 25º aniversário), foram editadas no Brasil mais de 4,7 milhões de normas (federais, estaduais e municipais), sendo mais de 300 mil referentes à matéria tributária. Como apontaram os coordenadores da pesquisa, "em média, foram editadas 17,38 normas federais por dia ou 26,01 normas federais por dia útil nestes 25 anos."[21]

Com isso, soa até irônico o art. 3º da Lei de Introdução às normas do Direito Brasileiro (LINDB), ao falar que ninguém se escusaria de cumprir a lei, alegando que não a conhece.[22] O efeito dessa enxurra-

---

[21] Fonte: <www.ibpt.org.br> (2013). In: *Quantidade de normas editadas no Brasil*: 25 anos da Constituição Federal de 1988. (Coord.) Gilberto Luiz Do Amaral, João Eloi Olenike e Letícia Mary Fernandes do Amaral.

[22] Ver sobre isso o estudo de Ronaldo Brêtas, *Considerações sobre o erro de direito em matéria civil*, que, em meados dos anos 80, já tinha se antecipado a essa nossa reflexão. Cf. BRÊTAS, Ronaldo de Carvalho Dias. Considerações sobre o erro de direito em matéria civil. *Revista Forense*, Rio de Janeiro, v. 295, p. 503-511, 1986. A propósito da LINDB, é de extrema importância o ensino de Rosemiro Pereira Leal, em excelente texto, sobre *A continuidade do caráter oculto do sentido normativo no Direito brasileiro*, ao lembrar da vigência de matéria relacionada a decreto-lei, quando já em vigor a Constituição de 1988. Vale ressaltar, com base no referido autor, que é espantoso vermos o legislador brasileiro resgatar a antiga LICC (Lei de Introdução ao Código Civil), um Decreto-Lei da Ditadura Vargas (Dec.-Lei n. 4.657 de 04.09.1942), por intermédio da LINDB (Lei de Introdução às normas do Direito Brasileiro – Lei n. 12.376 de 30.02.2010), alterando única e exclusivamente a ementa, apenas um "rebatismo", disfarce que não deixa de reconhecer a integralidade dos conteúdos do antigo Dec.-Lei. Na melhor das hipóteses, estamos diante de um caso de inabilidade do legislador, o qual troca o nome de Decreto-Lei para Lei sem nenhum tipo de constrangimento. Temos que reconhecer um retrocesso, para dizer o mínimo. Aliás, essa produção de lei por parlamentares que desconhecem a perversidade do *decisionismo*, continua, no caso da LINDB (art. 4º e 5º), a homologar uma dogmática jurídica que enxerga o juiz como o único competente para traduzir os "valores" da sociedade. Cf. LEAL, Rosemiro Pereira. *Teoria geral do processo*. 11ª ed. Rio de Janeiro: Forense, 2012, p. 243-250.

da de leis gera consequências dramáticas, uma vez que se cria uma extrema dificuldade para o povo e operacionalizadores do Direito conhecerem os assuntos regulados pela legislação. Se especialistas não conseguem ver com clareza onde estão ou quais são as normas, fica muito difícil para o resto do público (na grande maioria, leigo) entender o que é, para que serve e onde encontrar os seus direitos assegurados na legislação.

Detenhamo-nos sobre a Lei complementar nº 107/2001 (art. 13), que determina que as leis federais sejam reunidas em codificações e consolidações, integradas por volumes contendo matérias conexas ou afins, constituindo em seu todo a Consolidação da Legislação Federal.

A tomar como exemplificação, Belkys Velazco destaca a Romênia como o primeiro país a organizar o conjunto de sua legislação nacional, há mais de 20 anos, sem se esquecer da França, que também há décadas faz a sistematização de seu código legal, bem como Canadá e Itália.[23]

O certo é que em todas as sociedades, e no Brasil não seria diferente, a multiplicidade de leis que coexistem no ordenamento jurídico acaba por produzir normatividades paradoxais, o que provoca preocupação ao jurista e a instituições públicas, mesmo porque, quando uma lei (texto legislativo) é aprovada no Congresso Nacional, e entra em vigência, ela sempre termina com conhecida expressão "revogam-se as disposições em contrário" (quais? Não é dito).

Observe-se ainda que a expressão "revogam-se as disposições em contrário" produz uma falsa noção de evidência. Trata-se não já somente de uma linguagem inadequada, mas completamente inócua diante do "vasto campo" do ordenamento jurídico brasileiro. Em relação a isso, o art. 9º da Lei Complementar nº 107/2001 afirma que a cláusula de revogação deverá enumerar, expressamente, as leis ou disposições legais revogadas, algo que os juristas reivindicavam há tempos (muito antes de a LC nº 107), a título de boa técnica legislativa, a definição ***ex-ante*** (ainda no projeto de lei, pelo autor), acerca de quais serão os artigos, alíneas e leis que passarão à condição de revo-

23 VELAZCO, Belkys Vethencourt. *Manual de técnica legislativa*. Caracas: Banco Central da Venezuela, 1993 (Colección de estudios jurídicos).

gados, acaso aprovado o projeto. Explicitar quais artigos serão revogados pela nova lei que entrou em vigor fazia parte de uma campanha de aprimoramento da técnica legislativa e que facilitaria (e muito!) a atividade dos advogados e profissionais afins.

Dito isso, voltemos ao assunto da *consolidação das leis*. Essa exigência do art. 59 da Constituição, portanto, tem a finalidade de fazer uma triagem e reunião (agrupamento) de leis em coletâneas, a fim de haver uma consolidação da legislação nacional, na tentativa de organizar e separar as normas de direito por temas (ambientais, eleitorais, previdenciários), limpando o emaranhado de leis contraditórias, revogadas, repetidas e ultrapassadas. A proposta se fundamenta na Constituição (art. 59) e na Lei Complementar nº 107/2001 (artigos 13 e 14). Aproxima-se de um manual (uma agrupação, o que facilita a pesquisa, a procura de normas), longe de ser um Código, algo bem mais complexo, que demanda técnica específica.[24]

Cremos haver demonstrado ligeiramente algumas noções de técnica legislativa. Agora retomaremos a epistemologia a partir da perspectiva das outras bases morfológicas (ciência, teoria e crítica).

Como demonstrado no início, este capítulo pretende narrar uma análise quadripartite nos fios entrelaçados da técnica, ciência, teoria e crítica, de um direito que ainda está em curso de produção. Neste caso, não se exclui, portanto, uma crítica dos meios de preparação de uma lei. E uma análise epistemológica eficaz deve forçar-nos a "sair" da *técnica* (ir para as outras bases morfológicas da epistemologia).

Essa crítica nos permite ver que se colocarmos um *técnico* no Congresso Nacional nós não vamos sair da primeira base epistemológica (técnica); e isso pode parecer uma trivialidade, mas não é: no nível instituinte do Direito, o legislador, necessariamente, precisa ter um comprometimento *teórico* para produzir a norma. Se o parlamentar não reconhece isso no momento em que funda a *lei*, há um instante inapreensível. Sem fundamento teórico, trabalha-se apenas justifica-

---

24 Para uma leitura a respeito de noções gerais de Código, cf. a abordagem feita por Ronaldo Brêtas e Carlos Henrique Soares. BRÊTAS, Ronaldo de Carvalho Dias; SOARES, Carlos Henrique. *Manual elementar de Processo Civil*. 2ª ed. Belo Horizonte, Del Rey: 2013, p. 98-105.

cionismo, ou seja uma presunção de garantias e definições que não podem ser sustentadas.

Por isso, à maneira de Walter Benjamim, raciocínio muito bem articulado por Jacques Derrida, podemos dizer que *fazer a lei*, consistiria num "golpe de força"[25], ou seja, se não houver um trabalho alicerçado, a *crítica* na produção de suas normas jurídicas, uma ditadura, por exemplo, poderia usar a *técnica* legislativa em prol dos seus objetivos de dominação, como essência da violência. Desta forma, a *técnica* tanto pode servir a um Estado ditatorial, liberal ou social. É por isso que no plano *instituinte do Direito*, os parlamentares precisam controlar a veracidade de seus discursos.

O objetivo das ulteriores considerações é realizar um esclarecimento do que seja o *procedimento legislativo* e eliminar os inconvenientes que se oporiam a uma exata compreensão de *devido processo.*

2.4 A TÉCNICA COMO PROCEDIMENTO LEGISLATIVO

Parece-nos necessário, antes de passarmos a uma análise mais cuidadosa sobre o tema, alinhar a *técnica* à sistemática *procedimental*, um esclarecimento de grande importância, conforme se verá a seguir, porque evidentemente os problemas com a *técnica legislativa* **não estão relacionados somente com a má redação de nossas leis**.

Conforme se demonstrará mais adiante, há, em efeito, muito mais amplitude reflexiva. Assim, se a técnica é um "proceder ordenado",[26] ou como entende André Lalande, um "conjunto de procedimentos bem definidos e transmissíveis, destinados a produzir certos resultados considerados úteis,"[27] o *procedimento*, segundo todos esses fios entrelaçados, e ante a revolução conceitual de Elio Fazzalari com a enucleação do *gênero* (procedimento) para extrair a *espécie* (proces-

---

25 DERRIDA, Jacques. *Força de lei.* São Paulo: Martins Fontes, 2010, p. 114.

26 LEAL, Rosemiro Pereira. *Teoria geral do processo*. Rio de Janeiro: Forense, 2012, p. 37.

27 LALANDE, André. *Vocabulário técnico e crítico da filosofia.* São Paulo: Martins Fontes, 1999, p. 1109.

so),[28] passou a ser visto como uma *estrutura técnica* de atos jurídicos sequenciais.

Há, nesse sentido, o esclarecimento de Aroldo Plínio, em que se pode perceber com nitidez que "o *procedimento* não é atividade que se esgota no cumprimento de um único ato, mas requer toda uma série de atos e uma série de normas que os disciplinam, em conexão entre elas, regendo a sequência de seu desenvolvimento."[29]

Mas, perguntamos, de que maneira iremos compreender essa *técnica-procedimento*? Veja que essa preocupação tem grande relevância.

Aliás, é possível dizer que haja uma teoria geral do procedimento? Se técnica é procedimento, pode-se dizer que todo *procedimento* (legislativo, executivo e judiciário) se orienta pelo *devido processo*? Muitos sequer acham que esses estudos de processo legislativo pertençam ao direito processual, algo que precisa ser ressignificado, imediatamente, porque a transformação conjectura de um *regimento* (técnica procedimental), em teoria do processo, passa por estudos mais avançados.

O exímio processualista, pesquisador dos temas difíceis de processo constitucional, não hesitaria em dizer que o procedimento legislativo, na teoria geral do processo, é construído de forma similar ao procedimento judicial. Visualizar na paisagem elementos até então despercebidos, e entender que, apesar de esses elementos serem usados em contextos diferentes (jurisdicional/legislativo) e com significações também diferentes, é o núcleo do problema e também o nosso objetivo.

Essa perspectiva coloca uma realidade: há no *processo legislativo* procedimentos que se apresentam de forma diferente conforme a espécie de pronunciamento decisório do legislador (lei),

---

28 FAZZALARI, Elio. *Processo-Teoria Generale*. In: *Novissimo digesto italiano*. Turim: Uter, 1966,v. 13, p. 1072.

29 GONÇALVES, Aroldo Plínio. *Técnica processual e teoria do processo*. 2ª ed. Belo Horizonte: Del Rey, 2012, p. 93.

podendo desenvolver-se em procedimento ordinário (*comum*),[30] em procedimento de urgência[31] (*sumário*),[32] ou, ainda, em procedimento especial.[33]

Encarado assim, sabemos todos que o *procedimento comum* pode ser *ordinário* ou *sumário*. Diz-se *comum*[34] o procedimento, porque a ordinariedade plena ou sumarizada (espaço amplo ou concentrado) estão vinculados de *modo comum*, e a validade do próprio procedimento requer a observância dos princípios institutivos do *processo constitucional*. O *procedimento especial*, por sua vez, só será válido se, da mesma forma, obedecer aos princípios institutivos do *devido processo constitucional*.

Tomado assim, ao priorizar a conquista teórica de 1988, marco cronológico decisivo para a área de *direito processual constitucional*, o estudo sobre a produção das leis passa a ser ampliado e as literaturas passam a sofrer mudanças significativas (ou deveriam). Em sendo o *regimento interno* das Casas parlamentares *procedimento*, põe-se em questão se tais regimentos são deficientes para assegurar o contraditório amplo e isonômico dos parlamentares (partidos). Tudo isso porque, para nós, a técnica precisa ser regida pelo *processo consti-*

---

30 Elaboração de leis ordinárias. Merece registro que o procedimento ordinário, na função jurisdicional, está regulado pelo art. 274 do Código de Processo Civil.

31 Vale ressaltar que o procedimento sumário apresenta a existência de prazo para que o Congresso Nacional delibere sobre determinado assunto (art. 64, §§1º a 4º, CF/88). Nessa mesma perspectiva, o Judiciário utiliza-se de um procedimento sumário, conforme demonstra o art. 275 CPC.

32 Sobrevém, com acuidade, que, para nós, não seria interessante o uso da expressão *procedimento sumaríssimo*, pois eliminador da *cognitio* (rede normativo-discursiva). Pensamos que o superlativo *sumaríssimo* reduziria ainda mais o perfil do *procedimento legislativo*, e, com isso, suprimiria a cognição da temática legiferante. Daí, a preferência, embasada teoricamente, pela expressão procedimento *sumário*, porque apesar de ter um perfil procedimental reduzido (sumarização que reduz o tempo do procedimento), não elimina os conteúdos da *cognitio*.

33 O procedimento legislativo especial é estabelecido para a elaboração de Emendas à Constituição, Leis Complementares, Leis Delegadas, Medidas Provisórias, Decretos Legislativos, Resoluções e Leis financeiras. Essa noção descritiva de Procedimento especial no Judiciário é revelada pelo artigo 890 do CPC.

34 LEAL, Rosemiro Pereira. *Teoria geral do processo*. Rio de Janeiro: Forense, 2012, p. 142.

tucional, instituição regenciadora de todo e qualquer *procedimento* (estrutura técnica regida).

2.5 PROCESSO CONSTITUCIONAL LEGISLATIVO E CIÊNCIA

Embora o *processo legislativo* tenha sido objeto de rara reflexão epistemológica na literatura jurídica é tema que introduz enorme discussão quando analisado à luz do *processo constitucional* nas democracias plenárias, uma vez que somente é possível existir *direito legítimo* se, na construção normativa, houver procedimentos com abertura a um discurso jurídico processualizado (princípio do contraditório, de ampla defesa e isonomia).

Tais princípios nos aproximam da ideia política de Karl Popper que desenvolveu as noções de falseabilidade e testificabilidade, na qual conclui que a democracia é uma instituição interessante porque é capaz de produzir a retirada de políticas equivocadas e mudar governos (reforma) sem violência.[35]

Para Popper, é nessa maneira falsificável de a democracia sobreviver que os avanços acontecem.

Essas reflexões convergem em uma direção interessante: a renovação teórica das ideias uma vez que a imagem positiva das conjecturas de Popper estendeu-se para as diversas áreas do conhecimento humano.

Assim, David Deutsch, físico israelense da Universidade de Oxford, atento à epistemologia e filosofia da ciência de Karl Popper, apresenta – de forma desconcertante –, importante contraponto em sua obra *The beginning of infinity*, cuja passagem aparece aqui citada em tradução livre.

> "A essência do processo decisório democrático não é a escolha feita pelo sistema eleitoral, mas as ideias que se criam entre as eleições. E as eleições são apenas uma das muitas instituições cuja função é permitir que tais ideias sejam criadas, testificadas, modificadas e refutadas. Os leitores não são uma fonte de sabedoria da qual as políticas corretas podem ser empiricamente 'derivadas'.

---

35 POPPER, Karl. *A sociedade aberta e seus inimigos*. Belo Horizonte: Itatiaia, 1987, Tomo 1, p. 18.

Eles estão tentando, e de forma falível, explicar o mundo e, neste caso, melhorá-lo." [36]

Em outras palavras, Deutsch está sugerindo que é um equívoco ler que há democracia simplesmente porque representa a vontade do povo (expressão com aura de verdade), cujo significado está ancorado num raciocínio dogmático. Na sua análise sobre *democracia*, o que pode ajudar na reconstrução desse sentido, é uma interpretação epistemológica de que a sociedade avança muito mais quando conseguimos apontar os equívocos na atuação dos parlamentares, e não simplesmente quando os elegemos representantes.[37]

Assim, para nós, a observância do *devido processo legislativo*, com suporte popperiano de ideias políticas, é um dos argumentos mais concludentes para gerar legitimidade na produção normativa, porque é na instituição do *processo* que encontramos a gestação das normas.[38] Parece que até agora ninguém teve a ousadia de sustentar o contrário. Portanto, quem ainda queira manter-se atento ao *proce-*

---

[36] DEUTSCH, David. *The beginning of infinity*: Explanations that transform the world. New York: Viking, 2011, p. 345. Do original inglês: "The essence of democratic decision-making is not the choice made by the system at elections, but the ideas created between elections. And elections are merely one of the many institutions whose function is to allow such ideas to be created, tested, modified and rejected. The voters are not a fount of wisdom from which the right policies can be empirically 'derived'. They are attempting, fallibly, to explain the world and thereby to improve it".

[37] Muitos ditadores deram mostras de farsas eleitorais ao longo dos períodos históricos, o que merece reflexão. Vê-se que Kim Jong-um, da Coreia do Norte, em 2014, foi eleito deputado com 100% dos votos. Sucede que depostos presidentes conseguiram marcas singulares de votação. Deste modo, na Síria, Bashar al-Assad, em 2007, teve o apoio de 97,2% de seus compatrícios. Por esses resultados, ou bem próximo a isso, chegaram os presidentes da Tunísia, Zine el Abidine Bem Ali, e do Egito, Hosni Mubarak, com margens superiores aos 94%. Em vista disso, Saddam Hussein, em 1995, fora aprovado por 99,96% dos iraquianos e, em 2002, conseguiu a façanha de atingir os 100%. Após esse quadro, nada mais podemos fazer senão mencionar que o eixo da democracia não se encontra no voto. Assim, chegamos à leitura do físico David Deutsch, com apoio em Karl Popper, que defende a ideia de que a democracia avança muito mais quando conseguimos apontar os equívocos na atuação dos parlamentares e presidentes eleitos.

[38] LEAL, Rosemiro Pereira. *A teoria neoinstitucionalista do processo*: uma trajetória conjectural. Belo Horizonte: Arraes, 2013, p. 5.

dimento legiferativo orientado pelo *processo*, teria que produzir uma linguagem que justificasse como esse *procedimento* deveria assegurar direitos fundamentais sem passar pela instituição do *processo.*

Muitos preferirão guardar sobre este ponto um cômodo e interrogador silêncio. Por outro lado, muitos e entrelaçados serão os extravios e violentos contrastes, se a idéia obedecer a uma confusão entre *procedimento* e *processo legislativo*. Daí, com essa classe de idéias, é que estudamos o *processo na construção de um Estado Democrático de Direito*.

Apesar do avanço constitucional no pós-1988, a produção das leis ainda tem apresentado graves problemas. Quem se dispuser a examinar o Parlamento e os regimentos internos das Casas vai se deparar com muitas camadas arqueológicas. E isso acontece por algumas razões: 1) A confusão entre técnica e praxismo parlamentar; 2) Os procedimentos regimentais são deficientes em assegurar o *devido processo legislativo*; 3) Maiorias e minorias partidárias não estão em isonomia discursiva, principalmente dentro das Comissões Temáticas; 4) O voto de liderança transforma o parlamentar mais em uma máquina de votar do que num profissional dotado de autocrítica.

Essa pequena lista de aspectos indicados já nos instigaria para a pesquisa acadêmica em pós-graduação *stricto sensu*. No entanto, o objetivo das próximas linhas é apenas realizar uma amostragem da prestação da atividade legiferativa a fim de eliminar equívocos que se opõe a uma compreensão do que é legitimidade, e, por consequência, demarcar uma atividade preventiva para reduzir a massa de conflitos, que não raro termina no judiciário (art. 5º. XXXV – não se exclui, da apreciação do judiciário, lesão ou ameaça de lesão a direito – CF/88).

2.6 O PARLAMENTO BRASILEIRO - NOTAS CONTEMPORÂNEAS

Com a finalidade de produzir leis e fiscalizar o Executivo, o Congresso Nacional tem ganhado notoriedade de maneira ambígua. Ora por causa da produção de leis malfeitas, ora por revelar problemas de má gestão na atividade parlamentar, com alguns de seus integrantes envolvidos em escândalos de corrupção, um crime de lesa-sociedade. Se apanharmos as lentes da *crítica* há motivos de preocupação, porque veremos que os problemas não param por aí.

Outra questão que permeia essa ambiguidade é o aumento do índice de inobservância das garantias fundamentais do *processo* (contraditório, ampla defesa e isonomia, entre os partidos políticos) ao longo do *procedimento* legislativo.

Nas próximas linhas selecionamos alguns grosseiros defeitos na elaboração de determinadas leis que entraram para os anais dos paradoxos legislativos brasileiro, e que produziram desgaste da imagem da Casa.

Mas, afinal, quem sofreria o dano maior, a Casa ou o povo? O *povo* seria a resposta mais adequada. A preocupação com o levantamento desses desacertos tem em mira o propósito de demonstrar que o parlamentar, quando atua divorciado do *devido processo*, colabora para a produção de inconstitucionalidades e a violência no sentido derridariano.[39]

Assim, analisando o *procedimento* nas Casas parlamentares, observamos que houve preocupação de o legislador atingir maior celeridade ao volume de matérias a serem apreciadas em cada Casa do Congresso Nacional, algo que a Constituição instituiu no art. 58, inciso I, §2º do diploma constitucional, e que os regimentos internos acolheram: uma técnica utilizada para acelerar algumas sessões parlamentares, denominada *decisão terminativa.*

No que se refere, especificamente, à decisão terminativa, é necessário ressaltar que alguns projetos de lei *não* são aprovados no *plenário* da Casa parlamentar, mas sim dentro das *comissões temáticas*.

Para um melhor esclarecimento, convém dizer que uma das maiores comissões no Congresso é a de Assuntos Econômicos (CAE), com uma formação aproximada de 27 senadores, os quais podem proferir uma decisão definitiva pelo voto da maioria simples de seus membros, *não* levando, portanto, o assunto ao *plenário* da Casa.

É evidente que a *decisão terminativa* é uma técnica que busca celeridade, mas que reduz o *processo constitucional* a um instrumento de fácil manejo por parte do Legislativo, com forte influência do

39 DERRIDA, Jacques. *Força de lei.* São Paulo: Martins Fontes, 2010.

Executivo, para fins de produzir um direito de encerramento decisório dentro de Comissões, com exclusão da argumentação que deveria ser compartilhada pelos demais congressistas, em atividade de correção no plenário, causando o desequilíbrio pela quebra da simétrica paridade entre os partidos políticos.

Em tempos de idolatria da rapidez, a alegação para a existência de decisões terminativas é, pois, a agilidade dos trabalhos legiferantes.[40] Quer-se, isto sim, parecer uma *técnica* muito deficiente no asseguramento das garantias processuais.

Entretanto, discernir *efetividade* de *celeridade* torna-se indispensável à compreensão a respeito da atividade legislativa ao longo da tramitação de um projeto de lei em companhia dos exigíveis princípios do processo constitucional.

Evidencia-se que a *extrema sumariedade* ao longo de um procedimento pode ocasionar *graves consequências*, porque o que está sendo suprimido são as garantias processuais constitucionais, o que levaria a um pseudo-debate entre os parlamentares e a lei como simulacro.

É preciso levar isso em conta porque o *regimento interno* do Senado (artigo 91 e *incisos*) dispõe, no § 1º, que o Presidente do Senado, ouvidas as lideranças, poderá conferir às Comissões competência para apreciar, *terminativamente*, as seguintes matérias: I- tratados ou acordos internacionais (Constituição – art. 49, I); II- autorização para

---

[40] Para uma reflexão entre teoria e prática legislativa, verificamos um retrato curioso a partir de informação amplamente noticiada pela imprensa (fonte: Jornal *O Globo*, Evandro Éboli, em 23/09/11), que mostra o deputado federal César Colnago (PSDB-ES), na ocasião, presidente da sessão da Comissão de Constituição e Justiça (CCJ), ao abrir a sessão, logo em seguida, em desabalada correria, aprovou 118 projetos em pouco mais de três minutos. Esse contexto foi duplamente exorbitante porque o presidente declarou aberta a sessão da CCJ com apenas um deputado em plenário (Luiz Couto, PT-PB), e, mesmo assim, aprovou 38 concessões de radiodifusão, 65 renovações de concessão de radiodifusão, nove projetos de lei e seis acordos internacionais. Há um excesso sobre o procedimento, pois, para abrir uma sessão na CCJ, a mais numerosa da Câmara, são necessárias assinaturas de 36 deputados. Paradoxalmente, na comentada sessão *relâmpago*, esse quórum até existia, uma vez que Colnago, na abertura, até registrou: "havendo número regimental, declaro aberta a reunião". Desse quadro decorre que todos que estavam presentes assinaram e foram-se embora. Um golpe fundo e agudo na técnica legislativa.

a exploração e o aproveitamento de recursos hídricos e a pesquisa e lavra de riquezas minerais em terras indígenas (Constituição – art.49, inciso XVI), III- alienação ou concessão de terras públicas com áreas superior a dois mil e quinhentos hectares (Constituição – art. 49, XVII).

Isolamos esses conteúdos para que uma crítica científica eficaz incida sobre essa realidade. Não precisamos invocar aqui os grandes discursos filosóficos, apenas dizer que a aprovação para a exploração, aproveitamento dos recursos hídricos e a pesquisa e lavra de riquezas minerais em terras indígenas deve ser levado para um espaço público mais heterogêneo (de ampla defesa), onde haja a participação isonômica (*internunciabilidade*) de todos os legisladores. E este espaço, se o nosso entendimento estiver certo, é encontrado somente no *plenário* da Casa, não dentro de uma comissão temática com poder decisório terminativo. [41]

Com isso, as decisões ocorridas dentro das comissões provocam o risco de os projetos representarem interesses particulares de deputados e senadores que atuam numa *lógica de mercado*, uma estratégia de negociação (e não de argumentação racional), correndo o risco de um partido decidir "assim" porque é "assim". E assim o é, porque, na lógica da negociata, a decisão é direcionada (tendenciosa), pois desta forma o partido terá direito a uma cota no ministério *X* ou *Y*. A conduta apontada do *toma-lá-dá-cá* é manifestamente defeituosa.

Em primeiro lugar, porque a *minoria* não tem espaço para expor ideias (argumentos lógicos). E em segundo, se um argumento vence o

41 Outro defeito grave no quesito "celeridade" foi a posição da Câmara Municipal de São Paulo, em 2007, que realizou a proeza de aprovar, em pouco mais de seis horas, 96 projetos de lei em primeira votação (publicação do jornal Folha de S. Paulo em 11/12/2007, p. A 2). Para amostragem de quadro temático e didático do que ora é denunciado, tem-se, portanto, uma incrível média de 16 projetos por hora (aproximadamente uma aprovação a cada quatro minutos). Salienta-se o fato de a Câmara Municipal ter aprovado, na mesma sessão, um projeto que ampliava o rodízio de veículos na cidade e outro que acabava com as restrições aos automóveis. Demais disso, podemos imaginar o tamanho do atoleiro em que nos encontramos. Tudo porque a técnica desse miasmático comportamento é, mais uma vez, praxismo (práticas desordenadas). Uma aprovação de lei com negativa de *devido processo*.

outro, e se *não* há espaço para esse *outro* se manifestar (fundamentar/reivindicar), o resultado já é análogo. A dialógica precisa ser permanente e isonômica. O abandono de formas discursivas e desenvolvidas sem contraditório e ampla defesa (e fora do plenário) é de extrema negatividade para a construção do direito na democracia.

No entanto, mesmo que o assunto vá a plenário, o debate não está a salvo. E tudo fica mais complicado se trouxermos outros pontos para a discussão. Parece-nos que o mais provocador paradoxo desse espaço de decisão é o *voto de liderança*.

Nesse passo, advirta-se que o voto de liderança merece corrigenda porque ele *não antagoniza interesses*. E, ainda sem dúvida, funciona como uma decisão que reflete a produção de um *consenso sem debate*, o que transforma o momento destinado ao debate objetivo (e não miscelânea de ideias) em meras *conveniências partidárias* sem qualquer procedimento discursivo.

Ademais, cumpre ressaltar que, quando ocorre o debate, em algumas sessões, é comum encontrar alguns deputados ou senadores, do mesmo partido, perguntando uns para os outros: "*Nós somos contra ou a favor*?".

Esse refrão ilustra que a maioria dos parlamentares revela total desconhecimento do que seja processo legislativo na construção do direito democrático. O menosprezo acontece porque, por puro engano, pensam que o praxismo vale mais do que o procedimento.

Convém, todavia, chamar a atenção para o fato de haver uma lógica profunda entre procedimento legislativo e teoria do processo e que o aniquilamento vem pela via (indevida) do praxismo utilitário, algo bem distante da técnica regida pelo *processo constitucional*.

Todo *procedimento* precisa assegurar o contraditório e a isonomia. A esse propósito, vale registrar, que a ausência dessas garantias fundamentais ao longo do procedimento facilita a omissão e colabora até para a existência de atos de improbidade.[42] E isto parece ser notícia

[42] Art. 37 [...] §4º, CF/88 - Os atos de improbidade administrativa importarão a suspensão dos direitos políticos, a perda da função pública, a indisponibilidade dos bens e o ressarcimento ao erário, na forma e gradação prevista em lei, *sem prejuízo da ação penal cabível* (itálico nosso!).

merecedora de uma interrogação séria, longe de ser irrelevante para uma compreensão mais exata acerca da legitimidade das leis.[43]

Mas como compreender esse debate? E, mais ainda, que partido tomar? Uma discussão antiga que sempre surge nas faculdades de direito sob as mais variadas formas é saber se a existência de práticas *mercantis* funciona como articuladoras de *legitimidade*. A questão se complica porque a maneira sutil como a corrupção penetra no parlamento e a maneira como algumas pessoas dissimulam o acordo, o conchavo ou a aprovação de lei, ofendem a constitucionalidade.

Segundo algumas interpretações, trata-se de leis inconstitucionais porque há como punir (e essa é a primeira impressão) a percepção de vantagens indevidas na produção legislativa por causa do que prescreve a Constituição em seu art. 55, §1º.[44]

Dessa forma, a "*lei*" aprovada em esquema de corrupção (o que, aliás, justifica as aspas), é um golpe desferido contra a escritura constitucional.

Mas o assunto não se limita a isso. Há outra ordem de reflexão de acordo com as nossas pesquisas: a lei que não passa pelo *devido processo legislativo*, à evidência não pode gerar atos lícitos.

Bem características desse problema são as vantagens indevidas de parlamentares na compra de votos no Congresso Nacional, com dinheiro público desviado, que, quando comprovado, configura *ví-*

---

43 No Brasil, a torrente de denúncias de corrupção iniciada em 2005 envolvendo a direção do Partido dos Trabalhadores e membros do alto escalão do governo, e a grande quantidade de parlamentares envolvidos em esquema de corrupção entre os partidos políticos que integravam a base de apoio governista, é um debate que põe a legitimidade das leis sob suspeição. A suposta existência de prática de compra de votos com a finalidade de aprovar propostas do governo federal, em termos de Brasil, é algo tumultuado (ação penal 470). Em 2012 o Supremo Tribunal Federal condenou 25 dos 38 réus por participação no esquema de compra de votos no Congresso com dinheiro público desviado (R$ 170 milhões nos termos da denúncia do Procurador-Geral da República) para garantir sustentação ao governo do presidente Luis Inácio "Lula" da Silva (2003-2010).

44 Art. 55 [...] §1º, CF/88 - É incompatível com o decoro parlamentar, além dos casos definidos no regimento interno, o abuso das prerrogativas asseguradas a membro do Congresso Nacional ou a *percepção de vantagens indevidas* (grifo do trabalho).

cio grave por macular o espaço legislativo, retirando dos partidos políticos que participam do procedimento em contraditório a garantia fundamental da simétrica paridade discursiva no debate, votação e aprovação da lei. Logo, não é um legítimo ato jurídico, mas sim um ato que apresenta equivocidades gravíssimas, sendo, portanto, um ato inconstitucional, inexistente, por negativa de *devido processo*.

2.7 CONSIDERAÇÕES FINAIS

O objetivo deste estudo foi demonstrar que a técnica entra na construção do procedimento legislativo e o referido procedimento deve ser construído com observância ao *devido processo constitucional*.

Em vista disso, tem-se também que *processo constitucional legislativo* não é forma apressada de análise de projeto de lei, porque imperfeições graves acarretam as inconstitucionalidades formais.

Antes de concluir nosso trajeto, vale dizer que elaborar uma lei é tarefa complexa, visando a princípios constitucionais, e não uma lógica de mercado, uma estratégia de negociação. Com efeito, também vimos que, se o parlamentar leva adiante somente as suas exigências morais (razões fechada em si mesma), ele troca as diretrizes constitucionais (o comprometimento teórico para produzir a norma) por uma *totalização* de sentido pessoal, algo evasivo, rapsódico.

Dessa forma, seria difícil de separar "direito e violência" e teríamos um "golpe de força", uma "violência performativa e interpretativa" para usar as expressões de Jacques Derrida, em sua "força de lei." O resultado, arriscaríamos dizer, estaria fora dos padrões de legitimidade.

Se as ações analisadas neste artigo fossem levadas em conta, talvez se reduzissem a massa de conflitos e o número de leis ilegítimas (constitucionalidade inexistente). Essas são as nossas considerações acadêmicas em âmbito de técnica legislativa e teoria do processo na construção do direito democrático.

2.8 REFERÊNCIAS BIBLIOGRÁFICAS

AGAMBEN, Giorgio. *Estado de exceção.* São Paulo: Boitempo, 2004.

BACHELARD, Gaston. *A formação do espírito científico*: contribuição para uma psicanálise do conhecimento. Tradução de Estela dos Santos Abreu. Rio de Janeiro: Contraponto, 1996.

BRÊTAS C. DIAS, Ronaldo. Considerações sobre o erro de direito em matéria civil. *Revista Forense*, Rio de Janeiro, v. 295, p. 503-511, 1986.

BRÊTAS C. DIAS, Ronaldo. *Processo Constitucional e Estado Democrático de Direito*. 2ª ed. Belo Horizonte: Del Rey, 2012.

BRÊTAS C. DIAS, Ronaldo; SOARES, Carlos Henrique. *Manual elementar de Processo Civil*. 2ª ed. Belo Horizonte, Del Rey: 2013.

BRÊTAS C. DIAS, Ronaldo. *Responsabilidade do Estado pela função jurisdicional*. Belo Horizonte: Del Rey, 2004.

COMPARATO, Fabio Konder. Uma morte espiritual. *Folha de São Paulo*. São Paulo, 14 de maio de 1998, Caderno 1, p. 3.

DERRIDA, Jacques. *Força de lei*. São Paulo: Martins Fontes, 2010.

DEUTSCH, David. *The Beginning of Infinity*: Explanations that transform the world. New York: Viking, 2011.

FAZZALARI, Elio. *Processo-Teoria Generale*. In: *Novissimo digesto italiano*. Turim: Uter, 1966,v. 13.

FREIRE, Natália de Miranda. *Técnica legislativa e processo legislativo*. Belo Horizonte: Del Rey, 2002.

GONÇALVES, Aroldo Plínio. *Técnica processual e teoria do processo*. 2ª ed. Belo Horizonte: Del Rey, 2012.

HABERMAS, Jürgen. *Técnica e ciência como ideologia*. Lisboa: Edições 70, 2006.

LALANDE, André. *Vocabulário técnico e crítico da filosofia*. São Paulo: Martins Fontes, 1999.

LEAL, Rosemiro Pereira. *A teoria neoinstitucionalista do processo*: uma trajetória conjectural. Belo Horizonte: Arraes, 2013.

LEAL, Rosemiro Pereira. *Teoria Geral do Processo*: primeiros estudos. 11ª ed. Rio de Janeiro: Forense, 2012.

OLIVA, Alberto. *Filosofia da ciência*. Rio de Janeiro: Jorge Zahar, 2003.

POPPER, Karl. *Conhecimento objetivo*. Belo Horizonte: Itatiaia, 1999.

POPPER, Karl. *A sociedade aberta e seus inimigos*. Belo Horizonte: Itatiaia, 1987. t. 1.

SEVERINO, Emanuele. *A filosofia contemporânea*. Lisboa: Edições 70, 1986.

VELAZCO, B. Vethencourt. *Manual de técnica legislativa*. Caracas: Banco Central, 1993.

III
Capítulo

TEORIA DO PROCESSO DEMOCRÁTICO E TÉCNICA PROBATÓRIA

Vinícius Lott Thibau[1]

3.1 INTRODUÇÃO

Na constitucionalidade democrática, apresentam-se insustentáveis teorizações formalizadas que situam a prova como técnica destinada à exclusiva formação da convicção do julgador sobre a verdade dos fatos e, excepcionalmente, do direito.

Com a crise do totalizante Estado Social, qualquer tentativa de enfrentamento das temáticas da produção e da aplicação do direito que ainda se fundamente em um solipsismo decisório inerente a um ator singular ou a um macrosujeito sociopolítico mostra-se frágil,[2] uma vez que, no Estado Democrático de Direito, em uma perspectiva neoinstitucionalista, a legitimidade decisória decorre da possibilidade de que *"os afetados pelas decisões possam participar da construção e interpretação normativas, bem como fiscalizá-las"*.[3]

Na contemporaneidade, qualifica-se insuficiente uma abordagem da técnica probatória que se mantenha centralizada na jurisdição de cunho bülowiano. A afirmação no sentido de que o magistrado é o destinatário único da prova parece-nos problemática, porque descon-

---

1 Doutorando e Mestre em Direito Processual pelo Programa de Pós-Graduação em Direito da PUC Minas. Professor do Curso de Graduação em Direito da Escola Superior Dom Helder Câmara. Professor dos Cursos de Pós-Graduação *Lato Sensu* do Instituto para o Desenvolvimento Democrático (IDDE – em colaboração com a Faculdade de Direito da Universidade de Coimbra, Portugal) e da Escola Superior de Advocacia da OAB/MG. Advogado.

2 Conforme afirma HABERMAS, Jürgen. *Direito e democracia – entre facticidade e validade.* Tradução Flávio Beno Siebeneichler. 2. ed. Rio de Janeiro: Tempo Brasileiro, 2003, p. 20, v. II.

3 LEAL, André Cordeiro. *Instrumentalidade do processo em crise.* Belo Horizonte: Mandamentos, 2008, p. 148.

sidera os ganhos conjecturais advindos de avançados estudos sobre o Processo Constitucional que, interrogando a razão prática, deixa de acolher a pretensão de que o denominado Estado-Juiz seja capaz de solitariamente estabelecer o destino jurídico do povo.[4]

A análise da técnica probatória como atividade ou meio idôneos à iluminação da consciência do decisor quanto à veracidade dos fatos ou do direito afirmados não se anuncia constitucionalmente compatível. Como veremos, para que se mostre democraticamente relevante, é indispensável que a técnica probatória afaste-se da finalidade de formação exclusiva do convencimento do julgador para se destinar à construção da estrutura procedimental que, regida pela principiologia constitucional do processo, permitirá aos seus legitimados o reconhecimento de coautoria na valoração e valorização fático-normativa.[5]

Na dogmática jurídica, é habitual a correlação existente entre a técnica probatória e a formação da convicção do juiz. Partindo-se do significado de técnica como *"conjunto dos procedimentos bem definidos e transmissíveis, destinados a produzir certos resultados considerados úteis"*,[6] por afirmação majoritária, a técnica probatória obje-

---

4 Para acessar estudos destacados sobre o Processo Constitucional, confira as obras completas de BRÊTAS, Ronaldo C. Dias. *Processo constitucional e estado democrático de direito.* 2. ed. Belo Horizonte: Del Rey, 2012; de LEAL, Rosemiro Pereira. *Processo como teoria da lei democrática.* Belo Horizonte: Fórum, 2010; de NUNES, Dierle José Coelho. *Processo jurisdicional democrático – uma análise crítica das reformas processuais.* Curitiba: Juruá, 2008; de DEL NEGRI, André. *Controle de constitucionalidade no processo legislativo – teoria da legitimidade democrática.* 2. ed. Belo Horizonte: Fórum, 2008; de WALTER, Carlos Humberto. *Discurso jurídico na democracia – processualidade constitucionalizada.* Belo Horizonte: Fórum, 2008; e de LEAL, André Cordeiro. *O contraditório e a fundamentação das decisões no direito processual democrático.* Belo Horizonte: Mandamentos, 2002.

5 Nesse sentido, em especial, veja a obra de LEAL, Rosemiro Pereira. A prova na teoria do processo contemporâneo. In: FIUZA, César Augusto de Castro; SÁ, Maria de Fátima Freire de; BRÊTAS, Ronaldo C. Dias (coord.). *Temas atuais de direito processual civil.* Belo Horizonte: Del Rey, 2001, p. 347-357.

6 LALANDE, André. *Vocabulário técnico e crítico da filosofia.* 2. ed. Tradução Fátima Sá Correia, Maria Emília V. Aguiar, José Eduardo Torres e Maria Gorete de Souza. São Paulo: Martins Fontes, 1996, p. 1.109.

tivaria a geração do convencimento exclusivo do magistrado sobre a verdade dos fatos e, excepcionalmente, do direito.[7]

Situando o julgador como o destinatário único da prova, aqui compreendida como o resultado probatório,[8] grande parte dos escritos produzidos sobre a técnica probatória cinge-se à abordagem da divergência sobre o seu *status* de atividade ou de meio tendentes a uma finalidade pretendida, sem, contudo, testificar se, no Direito Democrático, seria recepcionável uma teorização sobre a cognição excludente dos demais legitimados ao processo.

Seduzida pelo hibridismo conceitual de prova, que oportunamente denunciamos,[9] a dogmática jurídica deixa de enfrentar o intrincado tema da coligação teórica existente entre a técnica probatória e a racionalidade decisória na constitucionalidade democrática, permanecendo vinculada a uma disputa secular que, ao que nos parece, encontra-se definida pelo neoinstitucionalismo processual.

De conseguinte, embora o debate travado por autores estrangeiros e brasileiros sobre a conceituação jurídica de prova tenha se apresentado importante para o desenvolvimento da Ciência do Direito Processual, entendemos que, a partir da proposição de prova como instituto jurídico,[10] tornam-se reduzidas as repercussões con-

---

7 Embora tradicionalmente relativo aos fatos, no ordenamento jurídico brasileiro, o convencimento mencionado poderá estar relacionado ao direito. Confira, a respeito, a norma haurida do art. 337 do Código de Processo Civil: *"A parte, que alegar direito municipal, estadual, estrangeiro ou consuetudinário, provar-lhe-á o teor e a vigência, se assim o determinar o juiz"*. No Projeto de Código de Processo Civil brasileiro (PL 8.046/10), a regra se encontra no art. 383, assim redigido: *"A parte que alegar direito municipal, estadual, estrangeiro ou consuetudinário provar-lhe-á o teor e a vigência, se assim o juiz determinar"*.

8 Nesse sentido, é a lição de MENDES, João de Castro. *O conceito de prova em processo civil.* Lisboa: Àtica, 1961, p. 273- 274.

9 THIBAU, Vinícius Lott. *Presunção e prova no direito processual democrático.* Belo Horizonte: Arraes, 2011, p. 30-36.

10 LEAL, Rosemiro Pereira. A prova na teoria do processo contemporâneo. In: FIUZA, César Augusto de Castro; SÁ, Maria de Fátima Freire de; BRÊTAS, Ronaldo C. Dias (coords.). *Temas atuais de direito processual civil.* Belo Horizonte: Del Rey, 2001, p. 347-357.

teudísticas advindas da configuração da técnica probatória como atividade ou como meio direcionados à obtenção de um determinado resultado.

Na atualidade, o ensino de Giuseppe Chiovenda de que provar *"significa formar a convicção do juiz sobre a existência ou não de fatos relevantes no processo"*,[11] seguido por José Alberto dos Reis e Adolf Schönke, que conceituam a prova, respectivamente, como *"o conjunto de operações ou actos destinados a formar a convicção do juiz sobre a verdade das afirmações feitas pelas partes"*[12] e como *"a atividade das partes e do Tribunal encaminhada a proporcionar ao Juiz a convicção da verdade ou falsidade de um fato"*,[13] não gera impactos acentuados, tais quais os que foram obtidos no período em que a Ciência do Direito Processual buscava autonomia.

De igual modo, pouco acrescenta a lição de Eduardo Juan Couture de que o *"regime vigente leva as partes a esgotarem os meios facultados pela lei para formar no espírito do juiz um estado de convicção"*.[14] Referido magistério, que é bastante prestigiado por autores brasileiros, como se lê nas obras de Ada Pellegrini Grinover, Antonio Scarance Fernandes e Antonio Magalhães Gomes Filho,[15]

---

11 CHIOVENDA, Giuseppe. *Instituições de direito processual civil.* Tradução Paolo Capitanio. 3. ed. Campinas: Bookseller, 2002, p. 109, v. III.

12 REIS, José Alberto dos. *Código de processo civil anotado.* Coimbra: Coimbra, 1950, p. 238, v. III.

13 SCHÖNKE, Adolf. *Derecho procesal civil.* Tradução L. Prieto Castro y Victor Fairén Guillén. Barcelona: BOSCH, 1950, p. 198.

14 COUTURE, Eduardo José. *Fundamentos do direito processual civil.* Tradução Rubens Gomes de Souza. São Paulo: Saraiva, 1946, p. 137-138.

15 Segundo os autores, a *"prova constitui, assim, numa primeira aproximação, o instrumento por meio do qual se forma a convicção do juiz a respeito da ocorrência ou inocorrência de certos fatos"*. GRINOVER, Ada Pellegrini; FERNANDES, Antonio Scarance; GOMES FILHO, Antonio Magalhães. *As nulidades no processo penal.* 9. ed. São Paulo: Revista dos Tribunais, 2006, p. 135.

José Eduardo Carreira Alvim,[16] Sergio Bermudes,[17] Luiz Rodrigues Wambier, Flávio Renato Correia de Almeida e Eduardo Talamini,[18] também não sopesa os ganhos teóricos decorrentes de pesquisas recentemente implementadas sobre a prova.

Daí ser possível afirmar que a análise tradicional da técnica probatória vem se mostrando pouco consistente. Nos dias de hoje, o que deve ser objeto de investigação acurada pela Ciência do Direito Processual não é se a técnica probatória assume a condição de atividade ou de meio para se atingir uma finalidade útil, mas, se a formação exclusiva do convencimento do magistrado sobre a verdade dos fatos e, excepcionalmente, do direito, é um resultado que se qualifique como democraticamente proveitoso.

3.2 TÉCNICA PROBATÓRIA E ESTRUTURAÇÃO PROCEDIMENTAL

O escólio no sentido de que, *"ainda que apresentadas pelo autor e pelo réu, as provas não se destinam a um ou a outro dos litigantes, mas, somente ao juiz"*,[19] apresenta-se ajustado às bases normativas de

---

16 Consoante o autor, na técnica jurídica, *"o vocábulo pode ser tomado em duas acepções: no sentido objetivo e no sentido subjetivo. Objetivamente, são os meios de demonstrar a existência de um fato jurídico, ou os meios destinados a fornecer ao juiz o conhecimento da verdade dos fatos deduzidos no processo. Neste sentido, fala-se em prova testemunhal, documental, pericial. Subjetivamente, é a convicção que se forma no espírito do juiz quanto à verdade dos fatos"*. CARREIRA ALVIM, José Eduardo. *Teoria geral do processo.* 10. ed. Rio de Janeiro: Forense, 2005, p. 260.

17 Para o autor, o *"conjunto de meios pelos quais se demonstra a veracidade das alegações produzidas no processo – e também cada um desses meios – recebe o nome de prova (em latim,* probatio, *de* probare, *ensaiar, examinar, cujo étimo é* probus, *o que é de boa qualidade, o que é bom)"*. BERMUDES, Sergio. *Introdução ao processo civil.* 4. ed. Rio de Janeiro: Forense, 2006, p. 127.

18 Conforme os autores, *"conceitua-se a prova como o instrumento processual adequado a permitir que o juiz forme convencimento sobre fatos que envolvem a relação jurídica objeto da atuação jurisdicional"*. WAMBIER, Luiz Rodrigues; ALMEIDA, Flávio Renato Correia de; TALAMINI, Eduardo. *Curso avançado de processo civil – teoria geral do processo e processo de conhecimento.* 8. ed. São Paulo: Revista dos Tribunais, 2006, p. 392, v. I.

19 SANTOS, Gildo dos. *A prova no processo civil.* 2. ed. São Paulo: Saraiva, 1979, p. 05.

um marco teórico social, em que o Estado assumiu, de modo total, a função decisória do destino jurídico do povo.[20] Com o advento do Estado Democrático de Direito, e de sua teorização neoinstitucionalista, no entanto, tornou-se inviável a pretensão de que a técnica probatória se destine exclusivamente à formação da convicção do julgador sobre a verdade dos fatos e, eventualmente, do direito, por via de uma análise solitária do resultado probatório.

O que parece não perceberem os dogmáticos é que, se a técnica probatória for manejada com o objetivo único de gerar o convencimento do decisor, será apenas um fazer empregado para que o nomeado Estado-Juiz continue estabelecendo isoladamente o porvir, por mera repetição de um passado aterrorizante já afastado por proposições resistentes que rejeitam o ensino de que o magistrado *"só se satisfaça com o resultado da experiência probatória quando o seu senso de justiça estiver tranqüilizado"*.[21]

Como elucida Rosemiro Pereira Leal, nas democracias plenárias, o eixo das decisões judiciais desvincula-se da razão imediata e prescritiva do julgador, para se construir "*no espaço procedimental da razão discursiva (linguagem) egressa da inter-relacionalidade normativa (conexão) do ordenamento jurídico obtido a partir da teoria da Constituição democrática*",[22] motivo pelo qual se adjetivam arcaicos os estudos produzidos sobre o tema da prova que continuam arraigados na subjetividade do juiz.

Desde a crise do Welfare State, apresenta-se relevante para a abordagem que desenvolvemos a afirmação de que "*o objeto do instituto da prova é a produção da estrutura do procedimento como requisito de causalidade da fundamentação legal (art. 93, incisos IX e X, CR/88) do provimento (ato decisório)*",[23] e não mais a formação

---

20 Para acessar um estudo minucioso sobre o conceito de povo, veja a integralidade da obra de MÜLLER, Friedrich. *Quem é o povo? A questão fundamental da democracia.* Tradução Peter Naumann. 3. ed. São Paulo: Max Limonad, 2003.

21 DINAMARCO, Cândido Rangel. *A instrumentalidade do processo.* 15. ed. São Paulo: Malheiros, 2013, p. 41.

22 LEAL, Rosemiro Pereira. *Teoria processual da decisão jurídica.* São Paulo: Landy, 2002, p. 183-184.

23 LEAL, Rosemiro Pereira. A prova na teoria do processo contemporâneo. In: FIUZA, César Augusto de Castro; SÁ, Maria de Fátima Freire de; BRÊTAS,

exclusiva do convencimento do magistrado representante da estatalidade sobre a verdade dos fatos e, excepcionalmente, do direito. Para que o procedimento se mostre idôneo à geração de uma decisão compartilhada quanto à temática probatória, contudo, é indispensável que não se vincule a uma conceituação que permaneça afeta à teoria do processo como relação jurídica.

Na constitucionalidade democrática, desserve ao estudo da técnica probatória a significação de procedimento como mero aspecto extrínseco, formal ou não teleológico do processo.[24] Aludido conceito, que é habitualmente exemplificado em prol de uma didática despida de cientificidade,[25] tão somente reproduz uma confusão terminológica inaugurada por Oskar von Bülow que, sendo frequentemente indicado como o responsável pela derrocada do sincretismo

---

Ronaldo C. Dias (coord.). *Temas atuais de direito processual civil.* Belo Horizonte: Del Rey, 2001, p. 350.

24 Como se lê no magistério de CINTRA, Antonio Carlos de Araújo; DINAMARCO, Cândido Rangel; GRINOVER, Ada Pellegrini. *Teoria geral do processo.* 20. ed. São Paulo: Malheiros, 2004, p. 277.

25 Nesse sentido, confira a lição de Manuel Galdino da Paixão Júnior, para quem o procedimento é um rito ou um cerimonial: *"Tome-se um exemplo. O cristão acredita numa realidade sobrenatural. Reza, ora, faz preces. Muitas vezes em sua própria casa, sozinho, ao se despertar; em outras, nos atos públicos, na coletividade religiosa de que faz parte. Na segunda hipótese, a mesma conversa que ele acredita ter mantido reservadamente, silencioso, com a entidade sobrenatural, repete-se, em forma coletiva mediante uma liturgia. Um procedimento. No processo é assim mesmo. Existem liturgias. Modelos que a lei define para serem observados na prática de atos que se solenizam."* PAIXÃO JÚNIOR, Manuel Galdino da. *Teoria geral do processo.* Belo Horizonte: Del Rey, 2002, p. 168. Destacam-se, também, os escritos de José Eduardo Carreira Alvim que, após afirmar ser o processo uma viagem e o procedimento o seu itinerário, assevera: *"Se uma pessoa for convidada para uma recepção no Palácio Laranjeiras, deverá apresentar-se adequadamente trajada, de acordo com as normas protocolares. Agora, se esta mesma pessoa for convidada para fazer um piquenique na Floresta da Tijuca, evidentemente que não usará o mesmo traje usado na recepção palaciana. Como se vê, a pessoa não mudou, é a mesma; mas o traje mudou. Pois bem: a pessoa é o 'processo'; a roupa, o 'procedimento'".* CARREIRA ALVIM, José Eduardo. *Teoria geral do processo.* 10. ed. Rio de Janeiro: Forense, 2005, p. 167.

jurídico,[26] a pretexto de distinguir a relação jurídica processual da relação jurídica material, notabilizou-se pela incisiva sustentação da existência de um vínculo de subordinação das partes ao julgador que, representando o Estado, tornou pública a relação jurídica que nomeou processo.[27]

De nada adianta, portanto, o deslocamento da destinação do resultado probatório ao procedimento, se este é conceituado como simples aspecto exterior do processo que, a seu turno, seria meio, método ou instrumento para a atuação do decisor na positivação do poder estatal. Afastada a estratégica manipulação de termos, e acolhida a pertinente advertência de Aroldo Plínio Gonçalves sobre a fragilidade do critério teleológico na distinção de processo e procedimento,[28] a técnica probatória permaneceria apresentando como única finalidade a formação do convencimento do juiz, o qual, na condição de destinatário exclusivo do resultado probatório, continuaria se responsabilizando pela sua solitária apreciação.

Para que produza um resultado democraticamente útil, a técnica probatória deve destinar-se à construção de um procedimento que se erija como uma estrutura normativa que possibilite a obtenção de uma decisão racional quanto ao tema da prova, a partir da sua regência pelos princípios constitucionais do processo. No Estado Democrático de Direito, em uma perspectiva neoinstitucionalista, impõe-se que a

---

26 Dentre os autores brasileiros, é o que se lê, por amostragem, nos escritos de TORNAGHI, Hélio. *A relação processual penal.* 2. ed. São Paulo: Saraiva, 1987, p. 4-8; de SILVA, Ovídio A. Baptista da. *Processo civil e ideologia – o paradigma racionalista.* 2. ed. Rio de Janeiro: Forense, 2006, p. 167; de OLIVEIRA, Carlos Alberto Alvaro de. *Do formalismo no processo civil – proposta de um formalismo valorativo.* 3. ed. São Paulo: Saraiva, 2009, p. 2 e 53; e de DINAMARCO, Cândido Rangel. *Fundamentos do processo civil moderno.* 6. ed. São Paulo: Malheiros, 2010, p. 65-67, t. I. Na doutrina estrangeira, confira, especialmente, a obra de CASTILLO, Niceto Alcalá-Zamora y. *Estudios de teoría general e historia del proceso (1945-1972).* México: UNAM, 1992, p. 308-313, t. II.

27 BÜLOW, Oskar von. *La teoria de las excepciones procesales y los presupuestos procesales.* Traducción Miguel Andel Rosas Lichtschein. Buenos Aires: EJEA, 1964, p. 1-2.

28 GONÇALVES, Aroldo Plínio. *Técnica processual e teoria do processo.* 2. tir. Rio de Janeiro: Aide, 2001, p. 65-66.

direção procedimental pela pessoa do magistrado seja permutada pela do *devido processo*, que permitirá a inclusão de todos os seus legitimados na apreciação do resultado probatório.[29]

É justamente por isso que reconhecemos o esforço metodológico de Elio Fazzalari na teorização procedimental. Embora não tenha o autor italiano conceituado o procedimento como *locus* de processualização, inovou ao problematizar o critério teleológico distintivo de procedimento e processo, cuja definição, até então, era pertinente *"ao velho e inadequado clichê pandetístico da 'relação jurídica processual'"*.[30]

Apesar de não proporcionar uma abordagem constitucional-democrática do procedimento, que interessa ao estudo que formalizamos sobre a técnica probatória, Elio Fazzalari buscou atribuir-lhe logicidade[31] e, ao indicá-lo como uma sequência de normas, atos e posições subjetivas integrantes de uma estrutura preparatória da decisão,[32] tornou possível o vislumbre de uma alternativa teórica que, aproximadamente, vinte anos após, efetivou-se com a teoria neoinstitucionalista do processo.[33]

Por consequência, não obstante tenha incorrido no paradoxo bülowiano da jurisdição como atividade do juiz, conforme, pioneiramente, anunciou André Cordeiro Leal,[34] a proposta fazzalariana se

---

29 Nesse sentido, confira a obra de LEAL, Rosemiro Pereira. *Teoria geral do processo – primeiros estudos.* 11. ed. Rio de Janeiro: Forense, 2012, p. 96.

30 FAZZALARI, Elio. *Instituições de direito processual.* Tradução Elaine Nassif. Campinas: Bookseller, 2006, p. 111.

31 FAZZALARI, Elio. *Instituições de direito processual.* Tradução Elaine Nassif. Campinas: Bookseller, 2006, p. 33, 94 e 118-121. Para acessar um aprofundamento teórico sobre a distinção de processo e procedimento baseada em elementos não finalísticos, confira, ainda, a obra de GONÇALVES, Aroldo Plínio. *Técnica processual e teoria do processo.* 2. tir. Rio de Janeiro: Aide, 2001, p. 67-69.

32 FAZZALARI, Elio. *Instituições de direito processual.* Tradução Elaine Nassif. Campinas: Bookseller, 2006, p. 93, 113 e 114.

33 A teoria neoinstitucionalista do processo foi apresentada à comunidade acadêmica em 1999, ano em que foi publicada a primeira edição da obra *Teoria geral do processo – primeiros estudos*, de autoria de Rosemiro Pereira Leal. Para acessar uma síntese de seus principais conteúdos informativos, confira *A teoria neoinstitucionalista do processo: uma trajetória conjectural.* Belo Horizonte: Arraes, 2013.

34 LEAL, André Cordeiro. *Instrumentalidade do processo em crise.* Belo Horizonte: Mandamentos, 2008, p. 115-127.

apresentou como *"degrau de iniciação democrática"*,[35] ao enunciar o procedimento como uma estrutura técnica estabelecida por uma obrigatória pressuposição de incidência normativa.

Elio Fazzalari contribuiu para a conceituação de procedimento como espaço jurídico de atuação da processualidade constitucional, que rompe com o solipsismo decisório tão bem municiado pela técnica probatória estudada pelos fundamentos da teoria do processo como relação jurídica, a qual, a despeito de seu comprometimento com a implementação dos escopos ansiados por um Estado Social totalizante, segue influenciando grande parte dos escritos produzidos por autores brasileiros sobre o Direito Processual.[36]

3.3 TÉCNICA PROBATÓRIA E PROCESSUALIDADE DEMOCRÁTICA

Ao abordar a prova na teoria do processo contemporâneo, o neoinstitucionalismo processual estabeleceu uma abordagem evolucionária que repercute na análise desenvolvida sobre a técnica examinada.

Estudando a prova como um instituto jurídico integrado pelos princípios da indiciariedade, da ideação e da formalização,[37] a teoria

---

35 LEAL, Rosemiro Pereira. *Teoria processual da decisão jurídica.* São Paulo: Landy, 2002, p. 104.

36 Ao se pronunciarem sobre a teoria do processo como relação jurídica, Antonio Carlos de Araújo Cintra, Ada Pellegrini Grinover e Cândido Rangel Dinamarco afirmam, taxativamente, que, mesmo sofrendo severas objeções, formuladas especialmente por James Goldschmidt, que conceituou o processo como situação jurídica, a proposição de Oskar von Bülow ainda se caracteriza por atrair o maior número de adeptos no Brasil. De modo bastante subjetivo, os integrantes da Escola Paulista de Processo chegam a afirmar que, no país, *"acatam-na todos os processualistas de renome."* CINTRA, Antonio Carlos de Araújo; DINAMARCO, Cândido Rangel; GRINOVER, Ada Pellegrini. *Teoria geral do processo.* 20. ed. São Paulo: Malheiros, 2004, p. 280-281.

37 Segundo a teoria neoinstitucionalista do processo, como instituto jurídico, a prova "enuncia-se pelos conteúdos lógicos de aproximação dos seguintes princípios: a) indiciariedade (caracterizada pelos elementos integrativos da realidade objetivada no espaço); b) ideação (exercício intelectivo da apreensão dos elementos pelos meios do pensar no tempo); c) formalização (significa a instrumentação da realidade pensada pela forma legal). Com efeito, o princípio da indiciariedade aponta o elemento de prova no espaço. O princípio da ideação

neoinstitucionalista do processo enunciou uma pesquisa baseada em uma reflexão jurídica sobre os aspectos de sua configuração teórico-construtiva, que não apenas tornou extemporâneo o debate desenvolvido sobre o *status* atribuído à técnica probatória, como também possibilitou o enfrentamento do dogma de que esta técnica seja destinada à formação exclusiva da convicção do juiz sobre a verdade dos fatos e, excepcionalmente, do direito.

Ao afirmar que provar *"em Direito é representar e demonstrar, instrumentando, os* elementos *de prova pelos* meios *de prova"*,[38] Rosemiro Pereira Leal nos remete à importância da atuação humana no espaço (indiciariedade), no tempo (ideação) e na forma (instrumentalidade), a qual, sendo procedimentalizada e regida pelo *devido processo*, é fundante de um necessário compartilhamento decisório quanto ao tema da prova.

Ao contrário do que se vê nos escritos produzidos sobre a técnica probatória baseados na teoria do processo como relação jurídica, o neoinstitucionalismo processual é exitoso na formulação de uma proposição que refuta a possibilidade de apreciação do resultado probatório a partir da sensibilidade do julgador que, guiado por qualidades que lhes seriam especialmente deferidas pela investidura no cargo público de magistrado,[39] ostentaria a condição de seu único destinatário.

---

rege o meio intelectivo legal da coleta da prova no tempo do pensar. O princípio da formalização realiza o instrumento da prova pela forma estabelecida em lei. De conseqüência, a prova, como instituto jurídico, enuncia-se a partir do mundo da realidade dos elementos sensoriáveis pelos meios de ideação jurídica para elaboração do instrumento de sua expressão formal." LEAL, Rosemiro Pereira. A prova na teoria do processo contemporâneo. In: FIUZA, César Augusto de Castro; SÁ, Maria de Fátima Freire de; BRÊTAS, Ronaldo C. Dias (coord.). Temas atuais de direito processual civil. Belo Horizonte: Del Rey, 2001, p. 348-349.

[38] LEAL, Rosemiro Pereira. A prova na teoria do processo contemporâneo. In: FIUZA, César Augusto de Castro; SÁ, Maria de Fátima Freire de; BRÊTAS, Ronaldo C. Dias (coords.). *Temas atuais de direito processual civil.* Belo Horizonte: Del Rey, 2001, p. 350.

[39] Na jurisprudência, destacando a especialidade do julgador em relação aos demais do povo, confira o voto proferido pelo Ministro do Superior Tribunal de Justiça, Humberto Gomes de Barros, na análise do Agravo Regimental em Embargos de Divergência em Recurso Especial nº 279.889-AL, que foi julgado em 14 de agosto de 2002. Para acessar uma crítica contundente ao posicionamento

Aproveitando-se de conjecturas advindas de perquirições científicas avançadas, a teoria neoinstitucionalista do processo recusa racionalidade a decisões que não decorram de uma base empírica construída pelos legitimados ao processo, os quais, valendo-se dos princípios do contraditório, da ampla defesa e da isonomia, capturam, transportam e formalizam os elementos de prova no procedimento,[40] com a utilização dos meios legalmente previstos.

É que, se, no Direito Processual Democrático, uma decisão aufere legitimidade tão somente quando os destinatários de seus efeitos se reconhecem como seus coautores,[41] no âmbito judicial, não se apresenta recepcionável uma decisão sobre a temática probatória que deixe de apreciar todos os fatos e, excepcionalmente, o direito, que foram integrados à estrutura técnico-normativa pelos meios estabelecidos no ordenamento jurídico, como também não podem ser objeto de valoração e valorização fatos e direito que não tenham sido reconstruídos dialogicamente pelos legitimados ao processo e que já estejam procedimentalmente fixados.[42]

Por isso, diante do marco teórico adotado na constitucionalidade democrática, parece-nos inacolhível a lição de Kazuo Watanabe, de que, para a cognição adequada a cada caso, a sensibilidade humanís-

---

explicitado nesse julgado, veja a obra completa de STRECK, Lenio Luiz. *O que é isto – decido conforme minha consciência?* 2. ed. Porto Alegre: Livraria do Advogado, 2010.

40 Por oportuno, esclarece-se que, conforme a teoria neoinstitucionalista do processo, os elementos de prova são o fato, a pessoa, o ato, a situação e a coisa. É o que se lê na obra de LEAL, Rosemiro Pereira. *Teoria geral do processo – primeiros estudos.* 11. ed. Rio de Janeiro: Forense, 2012, p. 292-294. Todos esses elementos são, habitualmente, denominados fatos pela doutrina jurídica, em contraposição ao termo direito, cuja fixação procedimental também será exigível, excepcionalmente, no âmbito de aplicação normativa. Desde já se ressalva ter sido nesse sentido que utilizamos os vocábulos fato e fatos ao longo do estudo formalizado.

41 Como se vê na obra de HABERMAS, Jürgen. *Direito e democracia – entre facticidade e validade.* Tradução Flávio Beno Siebeneichler. 2. ed. Rio de Janeiro: Tempo Brasileiro, 2003, p. 146 e 190, v. II.

42 Sobre a valoração e a valorização do resultado probatório, veja o magistério de LEAL, Rosemiro Pereira. *Teoria geral do processo – primeiros estudos.* 11. ed. Rio de Janeiro: Forense, 2012, p. 194-195.

tica e social dos julgadores seja um elemento impostergável.[43] No Direito Processual Democrático, a cognição consiste em um exame compartilhado dos fatos e do direito fixados na estrutura técnico-normativa,[44] não exigindo à sua concretização qualquer atributo de que seja titular apenas um decisor especial.

Por conquistas teóricas obtidas pela Ciência do Direito Processual, é possível afirmar que, na atualidade, a racionalidade da decisão não decorre da qualidade pessoal do juiz que, de modo solipsista e imperturbável, impõe-se como capaz de bem estabelecer o destino jurídico do povo mediante análise diferenciada do direito e do resultado probatório.

Na contemporaneidade, a racionalidade decisória não é extraída da consciência do julgador, mas da estrutura técnica que, regida pelos princípios institutivos do processo, erige-se como espaço de plena discursividade preparatória de uma decisão que se desgarra de seu redator no momento em que aborda todas as questões fático-jurídicas debatidas no procedimento.[45]

Desde a crise do Estado Social, não se sustentam quaisquer propostas teórico-interpretativas concentradas na jurisdição de cunho bülowiano. A monologia decisória que viabilizou o autoritarismo de um *"Estado que se assume como agente conformador da realidade social e que busca, inclusive, estabelecer formas de vida concretas, impondo pautas 'públicas' de vida boa"*,[46] deve ser afastada em prol de um compartilhamento decisório que a todos do povo inclui na resolução de seu próprio destino jurídico.

A atribuição ao julgador da penosa missão de analisar solitariamente o resultado oriundo da técnica probatória, com prestante iden-

---

43 WATANABE, Kazuo. *Da cognição no processo civil.* 3. ed. São Paulo: Perfil, 2005, p. 74-75.

44 MADEIRA, Dhenis Cruz. *Processo de conhecimento e cognição – uma inserção no estado democrático de direito.* Curitiba: Juruá, 2008, p. 111-122.

45 Sobre o conceito de questão como ponto duvidoso, de fato ou de direito, confira a obra de CARNELUTTI, Francesco. *Instituciones del proceso civil.* Traducción Santiago Sentis Melendo. Buenos Aires: EJEA, 1959, p. 36-38, v. I.

46 CATTONI DE OLIVEIRA, Marcelo Andrade. *Direito constitucional.* Belo Horizonte: Mandamentos, 2002, p. 59.

tificação e afastamento de todas as artimanhas que, pressupostamente, utilizariam os que se postariam na disputa de direitos, apresenta-se democraticamente ilegítima, sobretudo quando se pretende que referida atuação gere o convencimento de um magistrado sedento por encontrar a verdade para bem cumprir o seu ofício judiciário.[47]

No Estado Democrático de Direito, dentro de uma perspectiva neoinstitucionalista, já não é mais aceitável a lição de que *"a prova é a pedra de toque, o meio de aquilitar, de adquirir a evidência inquestionável da verdade, de* verificar (verum) *a verdade encontrada, de certificar-nos* (certus) *de sua exatidão"*.[48] Sequer a permuta da verdade pelos sucedâneos da certeza, da probabilidade ou da verossimilhança traria concretização ao objetivo tradicionalmente delegado à técnica probatória pela dogmática jurídica, tendo em vista que, como anunciamos em obra anterior,[49] todas essas se impõem como mera medida (grau) do conhecimento da verdade, que permaneceria apurável exclusivamente pela pessoa do julgador.

Em outros termos, ainda que considerados os variados aspectos subjetivos e objetivos que tornam tormentosa a pretensão de reconstrução dos acontecimentos passados exatamente como ocorreram,[50] ao atribuir à técnica probatória a finalidade única de formação do convencimento do decisor sobre a certeza, a probabilidade ou a verossimilhança dos fatos e, excepcionalmente, do direito, os dogmáticos estariam insistindo em conferir ao chamado Estado-Juiz a isolada e excruciante identificação da correspondência entre o evento que teria ocorrido extraprocedimentalmente e o que se encontra narrado no

---

[47] É o que se lê na obra de BEDAQUE, José Roberto dos Santos. *Poderes instrutórios do juiz.* 5. ed. São Paulo: Revista dos Tribunais, 2011, p. 18-19.

[48] DELLEPIANE, Antonio. *Nova teoria da prova.* Tradução Enrico Maciel. Campinas: Minelli, 2004, p. 53-54.

[49] THIBAU, Vinícius Lott. O direito à prova no paradigma jurídico-constitucional do estado democrático de direito: considerações sobre a procedimentalidade brasileira. In: TAVARES, Fernando Horta (org.). *Constituição, direito e processo: princípios constitucionais do processo.* Curitiba: Juruá, 2007, p. 327-330.

[50] Confira a respeito, especialmente, a obra de GOMES FILHO, Antonio Magalhães. *Direito à prova no processo penal.* São Paulo: Revista dos Tribunais, 1997, p. 43-46.

âmbito procedimental, de onde seria extraída a convicção que tornaria possível o merecido repouso do espírito do magistrado.[51]

Como a noção conceitual de verdade como correspondência baseia-se na alegação unívoca "*de que uma das condições individualmente necessárias e conjuntamente suficientes para a verdade de uma crença (proposição, ou o que for) é que o fato mesmo a respeito do qual é a crença (ou o fato mesmo que é expresso pela proposição) deve ocorrer*",[52] ao destinar o acertamento desta verdade ou de seus substitutos da certeza, da probabilidade e da verossimilhança exclusivamente ao julgador, a dogmática jurídica não se mostra capaz de afastar os déficits de legitimidade decisória observados nos marcos teóricos do Estado Liberal e do Estado Social, que se cingem a disputar a hegemonia na "*determinação dos pressupostos fáticos para o status de pessoas do direito em seu papel de destinatárias da ordem jurídica*".[53]

Por consectário, para que seja alcançada a coautoria decisória quanto à temática probatória, é imprescindível o abandono dos obsoletos fundamentos informativos da teoria do processo como relação jurídica. A regência procedimental pela principiologia constitucional do processo permitirá a permuta da insólita busca da verdade pelo decisor diligente por uma verossimilitude que, pela ousada lógica popperiana,[54] mostra-se acessível a toda comunidade político-jurídica, pelo "*que se pode **ver** (inferir) pela similitude (conjectura sobre base físico-corroborativa-verossimilitude) das alegações condutoras dos **conteúdos de materialidade da prova** instrumentalizados e vistos (já existentes) nos autos do procedimento*".[55]

---

51 Conforme estampado na obra de MALATESTA, Nicola Framarino dei. *A lógica das provas em matéria criminal.* Tradução Waleska Girotto Sllverberg. São Paulo: CONAN, 1995, p. 19-83, v. I.

52 KIRKHAM, Richard L. *Teorias da verdade – uma introdução crítica.* Tradução Alessandro Zir. São Leopoldo: Universidade Vale do Rio dos Sinos, 2003, p. 200.

53 HABERMAS, Jürgen. *Direito e democracia – entre facticidade e validade.* Tradução Flávio Beno Siebeneichler. 2. ed. Rio de Janeiro: Tempo Brasileiro, 2003, p. 146, v. II.

54 POPPER, Karl Raimund. *A lógica da pesquisa científica.* Tradução Leonidas Hegenberg e Octanny Silveira da Mota. 11. ed. São Paulo: Cultrix, 2004, p. 27-157.

55 LEAL, Rosemiro Pereira. Verossimilhança e inequivocidade na tutela antecipada em processo civil. In: LEAL, Rosemiro Pereira. *Relativização inconstitucio-*

Assim ocorrendo, a técnica probatória implementará a finalidade de gerar previsibilidade decisória, cumprindo a *"sua função de garantia do devido processo constitucional"*, conforme já afirmado por Ronaldo Brêtas de Carvalho Dias e Carlos Henrique Soares.[56] A técnica probatória deixará de ser conceituada como meio ou como atividade destinados à exclusiva formação do convencimento do julgador representante do Estado para se erigir instituinte de uma decisão democraticamente produzida.

3.4 CONCLUSÃO

Com o advento do Estado Democrático de Direito, em uma perspectiva neoinstitucionalista, a fixação unilateral e hegemônica do destino jurídico do povo, que se efetivou mediante transgressões continuadas aos direitos de liberdade, de igualdade e de dignidade, tornou-se objeto de intensa problematização, com repercussões teórico-normativas relevantes ao enfrentamento da totalizante atuação estatal.

Desde a crise do *Welfare State*, não são recepcionáveis quaisquer abordagens jurídicas que acolham o solipsismo decisório do Estado que, não mais se sobrepondo ao povo, deixa de ocupar o local especial que lhe foi dogmaticamente atribuído e que, não obstante, ainda hoje, encontra-se acriticamente sustentado por autores brasileiros e estrangeiros, em diversas áreas do conhecimento, dentre as quais a do Direito Processual.

O estudo que apresentamos sobre a técnica probatória enunciou que a sua abordagem tradicional apresenta-se constitucionalmente desalinhada. A compreensão de que se trate de atividade ou de meio destinados à formação da convicção exclusiva do juiz sobre a verdade dos fatos e, excepcionalmente, do direito, ainda se encontra adstrita aos fundamentos da teoria do processo como relação jurídica que, apresentada por Oskar von Bülow, em 1868, baseia-se na existência de um vínculo de subordinação das partes ao decisor que, pela inves-

---

nal da coisa julgada: temática processual e reflexões jurídicas. Belo Horizonte: Del Rey, 2005, p. 68.

56 BRÊTAS, Ronaldo C. Dias; SOARES, Carlos Henrique. *Manual elementar de processo civil*. Belo Horizonte: Del Rey, 2011, p. 352.

tidura no cargo público de magistrado, impõe-se como um ser que se diferencia dos demais do povo.

Ao situar o denominado Estado-Juiz como destinatário único do resultado probatório, a dogmática jurídica não recepciona os ganhos teóricos advindos de avançadas pesquisas desenvolvidas sobre o Processo Constitucional, as quais, interrogando a razão prática em prol de uma coautoria decisória quanto à temática probatória, rejeitam a pretensão de atrelamento da sensibilidade do julgador à cognição que, contemporaneamente, desgarra-se dos atributos pessoais do magistrado para consistir em um exame compartilhado dos fatos e do direito fixados na estrutura técnico-normativa mediante observância dos princípios do contraditório, da ampla defesa e da isonomia.

De conseguinte, no marco teórico da constitucionalidade democrática, o estudo da técnica probatória encontra-se a exigir revisitação. Para que se apresente contributiva para a Ciência do Direito Processual, é indispensável que a análise da técnica probatória deixe de estar centralizada na jurisdição de cunho bülowiano para se vincular ao *devido processo* que, regendo a espacialidade procedimental, permitirá aos seus legitimados acesso à verossimilitude dos fatos e, eventualmente, do direito, a partir da sua inclusão na valoração e valorização fático-normativa.

3.5 REFERÊNCIAS BIBLIOGRÁFICAS

BEDAQUE, José Roberto dos Santos. *Poderes instrutórios do juiz*. 5. ed. São Paulo: Revista dos Tribunais, 2011.

BERMUDES, Sergio. *Introdução ao processo civil*. 4. ed. Rio de Janeiro: Forense, 2006.

BRASIL. Código de processo civil (1973). *Código de processo civil e constituição federal*. 43. ed. São Paulo: Saraiva, 2013.

BRASIL. Projeto de lei nº 8.046/10. Institui o Código de processo civil. Câmara dos deputados. Disponível em: <http://www.camara.gov.br/proposicoesWeb/fichadetramitacao/idProposicao=490267>. Acesso em 30 mar. 2014.

BRASIL. Superior Tribunal de Justiça. Agravo regimental n. 2001/0154059-3, nos Embargos de Divergência em Recurso Especial n. 279.889-AL. Processual – Embargos de Divergência – Acórdão em Agravo Regimental –

cabimento – CPC art. 557. Agravante: Fazenda Nacional. Agravado: Maria Walkíria Rodrigues de Souza e outros. Relator: Ministro Francisco Peçanha Martins. Brasília, 14 ago. 2002. Disponível em: <http://ww2.stj.gov.br/revistaeletrônica/ita.asp>. Acesso em: 20 dez. 2013.

BRÊTAS, Ronaldo C. Dias; SOARES, Carlos Henrique. *Manual elementar de processo civil*. Belo Horizonte: Del Rey, 2011.

BRÊTAS, Ronaldo C. Dias. *Processo constitucional e estado democrático de direito*. 2. ed. Belo Horizonte: Del Rey, 2012.

BÜLOW, Oskar von. *La teoria de las excepciones procesales y los presupuestos procesales*. Traducción Miguel Andel Rosas Lichtschein. Buenos Aires: EJEA, 1964.

CARNELUTTI, Francesco. *Instituciones del proceso civil*. Traducción Santiago Sentis Melendo. Buenos Aires: EJEA, 1959, v. I.

CARREIRA ALVIM, José Eduardo. *Teoria geral do processo*. 10. ed. Rio de Janeiro: Forense, 2005.

CASTILLO, Niceto Alcalá-Zamora y. *Estudios de teoría general e historia del proceso (1945-1972)*. México: UNAM, 1992, t. II.

CATTONI DE OLIVEIRA, Marcelo Andrade. *Direito constitucional*. Belo Horizonte: Mandamentos, 2002.

CHIOVENDA, Giuseppe. *Instituições de direito processual civil*. Tradução Paolo Capitanio. 3. ed. Campinas: Bookseller, 2002, v. III.

CINTRA, Antonio Carlos de Araújo; DINAMARCO, Cândido Rangel; GRINOVER, Ada Pellegrini. *Teoria geral do processo*. 20. ed. São Paulo: Malheiros, 2004.

COUTURE, Eduardo José. *Fundamentos do direito processual civil*. Tradução Rubens Gomes de Souza. São Paulo: Saraiva, 1946.

DEL NEGRI, André. *Controle de constitucionalidade no processo legislativo – teoria da legitimidade democrática*. 2. ed. Belo Horizonte: Fórum, 2008.

DELLEPIANE, Antonio. *Nova teoria da prova*. Tradução Enrico Maciel. Campinas: Minelli, 2004.

DINAMARCO, Cândido Rangel. *Fundamentos do processo civil moderno*. 6. ed. São Paulo: Malheiros, 2010, t. I.

DINAMARCO, Cândido Rangel. *A instrumentalidade do processo*. 15. ed. São Paulo: Malheiros, 2013.

FAZZALARI, Elio. *Instituições de direito processual*. Tradução Elaine Nassif. Campinas: Bookseller, 2006.

GOMES FILHO, Antonio Magalhães. *Direito à prova no processo penal.* São Paulo: Revista dos Tribunais, 1997.

GONÇALVES, Aroldo Plínio. *Técnica processual e teoria do processo.* 2. tir. Rio de Janeiro: Aide, 2001.

GRINOVER, Ada Pellegrini; FERNANDES, Antonio Scarance; GOMES FILHO, Antonio Magalhães. *As nulidades no processo penal.* 9. ed. São Paulo: Revista dos Tribunais, 2006.

HABERMAS, Jürgen. *Direito e democracia – entre facticidade e validade.* Tradução Flávio Beno Siebeneichler. 2. ed. Rio de Janeiro: Tempo Brasileiro, 2003, v. II.

KIRKHAM, Richard L. *Teorias da verdade – uma introdução crítica.* Tradução Alessandro Zir. São Leopoldo: Universidade Vale do Rio dos Sinos, 2003.

LALANDE, André. *Vocabulário técnico e crítico da filosofia.* 2. ed. Tradução Fátima Sá Correia, Maria Emília V. Aguiar, José Eduardo Torres e Maria Gorete de Souza. São Paulo: Martins Fontes, 1996.

LEAL, André Cordeiro. *O contraditório e a fundamentação das decisões no direito processual democrático*. Belo Horizonte: Mandamentos, 2002.

LEAL, André Cordeiro. *Instrumentalidade do processo em crise.* Belo Horizonte: Mandamentos, 2008.

LEAL, Rosemiro Pereira. A prova na teoria do processo contemporâneo. In: FIUZA, César Augusto de Castro; SÁ, Maria de Fátima Freire de; BRÊTAS, Ronaldo C. Dias (coord.). *Temas atuais de direito processual civil.* Belo Horizonte: Del Rey, 2001, p. 347-357.

LEAL, Rosemiro Pereira. *Teoria processual da decisão jurídica.* São Paulo: Landy, 2002.

LEAL, Rosemiro Pereira. Verossimilhança e inequivocidade na tutela antecipada em processo civil. In: LEAL, Rosemiro Pereira. *Relativização inconstitucional da coisa julgada: temática processual e reflexões jurídicas.* Belo Horizonte: Del Rey, 2005, p. 62-70.

LEAL, Rosemiro Pereira. *Processo como teoria da lei democrática.* Belo Horizonte: Fórum, 2010.

LEAL, Rosemiro Pereira. *Teoria geral do processo – primeiros estudos*. 11. ed. Rio de Janeiro: Forense, 2012.

LEAL, Rosemiro Pereira. *Teoria neoinstitucionalista do processo – uma trajetória conjectural.* Belo Horizonte: Arraes, 2013.

MADEIRA, Dhenis Cruz. *Processo de conhecimento e cognição – uma inserção no estado democrático de direito.* Curitiba: Juruá, 2008.

MALATESTA, Nicola Framarino dei. *A lógica das provas em matéria criminal.* Tradução Waleska Girotto Sllverberg. São Paulo: CONAN, 1995, v. I.

MENDES, João de Castro. *O conceito de prova em processo civil.* Lisboa: Àtica, 1961.

MÜLLER, Friedrich. *Quem é o povo? A questão fundamental da democracia.* Tradução Peter Naumann. 3. ed. São Paulo: Max Limonad, 2003.

NUNES, Dierle José Coelho. *Processo jurisdicional democrático – uma análise crítica das reformas processuais.* Curitiba: Juruá, 2008.

OLIVEIRA, Carlos Alberto Alvaro de. *Do formalismo no processo civil – proposta de um formalismo valorativo.* 3. ed. São Paulo: Saraiva, 2009.

PAIXÃO JÚNIOR, Manuel Galdino da. *Teoria geral do processo.* Belo Horizonte: Del Rey, 2002.

POPPER, Karl Raimund. *A lógica da pesquisa científica.* Tradução Leonidas Hegenberg e Octanny Silveira da Mota. 11. ed. São Paulo: Cultrix, 2004.

REIS, José Alberto dos. *Código de processo civil anotado.* Coimbra: Coimbra, 1950, v. III.

SANTOS, Gildo dos. *A prova no processo civil.* 2. ed. São Paulo: Saraiva, 1979.

SCHÖNKE, Adolf. *Derecho procesal civil.* Tradução L. Prieto Castro y Victor Fairén Guillén. Barcelona: BOSCH, 1950.

SILVA, Ovídio A. Baptista da. *Processo civil e ideologia – o paradigma racionalista.* 2. ed. Rio de Janeiro: Forense, 2006.

STRECK, Lenio Luiz. *O que é isto – decido conforme minha consciência?* 2. ed. Porto Alegre: Livraria do Advogado, 2010.

THIBAU, Vinícius Lott. O direito à prova no paradigma jurídico-constitucional do estado democrático de direito: considerações sobre a procedimentalidade brasileira. In: TAVARES, Fernando Horta (org.). *Constituição, direito e processo: princípios constitucionais do processo.* Curitiba: Juruá, 2007, p. 306-330.

THIBAU, Vinícius Lott. *Presunção e prova no direito processual democrático.* Belo Horizonte: Arraes, 2011.

TORNAGHI, Hélio. *A relação processual penal.* 2. ed. São Paulo: Saraiva, 1987.

WALTER, Carlos Humberto. *Discurso jurídico na democracia – processualidade constitucionalizada.* Belo Horizonte: Fórum, 2008.

WAMBIER, Luiz Rodrigues; ALMEIDA, Flávio Renato Correia de; TALAMINI, Eduardo. *Curso avançado de processo civil – teoria geral do processo e processo de conhecimento.* 8. ed. São Paulo: Revista dos Tribunais, 2006, v. I.

WATANABE, Kazuo. *Da cognição no processo civil.* 3. ed. São Paulo: Perfil, 2005.

IV

CAPÍTULO

TÉCNICA PROCESSUAL E IMPARCIALIDADE DO JUIZ[1]

Ulisses Moura Dalle[2]

4.1 INTRODUÇÃO

A Constituição da República Federativa do Brasil traz em seu bojo um verdadeiro modelo constitucional de processo[3], cuja observância é imperativa a todos os operadores do direito. Não obstante isso, a descoberta de instâncias mentais inconscientes da psique humana[4], atrelada ao advento da sociologia do conhecimento[5], fez surgir na literatura jurídica brasileira um movimento que nega a possibilidade de concreção da garantia constitucional de imparcialidade e advoga sua substituição por uma pretensa parcialidade positiva do juiz, apta a legitimar a mitigação da legalidade com vistas à realização de imperativos de justiça.[6]

O presente trabalho propõe-se a analisar a conformidade constitucional dessas afirmações, adotando como conjectura teórica o modelo procedimentalista de Estado Democrático de Direito.

---

1 Texto de pesquisa produzida com o auxílio do Conselho Nacional de Desenvolvimento Científico e Tecnológico (CNPq).

2 Mestrando em Direito Processual pela Faculdade Mineira de Direito da Pontifícia Universidade Católica de Minas Gerais (CAPES 6). Bolsista do Conselho Nacional de Desenvolvimento Científico e Tecnológico (CNPq). Advogado.

3 ANDOLINA, Ítalo Augusto. *O papel do processo na atuação do ordenamento constitucional e transnacional*, p. 61-69.

4 FREUD, Sigmund. *A interpretação dos sonhos,* p. 536-648.

5 POPPER, Karl Raimund. *Textos escolhidos*, p. 359-370.

6 SOUZA, Artur César de. *A parcialidade positiva do juiz,* p. 67.

Para tanto, em um primeiro momento, são analisadas as circunstâncias que propiciaram o surgimento de movimentos irracionalistas como os da sociologia do conhecimento. Ato contínuo, passa-se a analisar as contribuições ofertadas por uma teoria – a de Elio Fazzalari –, que se coloca em polo oposto ao do irracionalismo, aduzindo a possibilidade de um julgamento imparcial pela vinculação do juiz à lei e aos princípios constitucionais, para só então perquirir acerca dos predicados técnicos[7] de um módulo processual que maximize a imparcialidade no processo jurisdicional democrático.

4.2 IMPARCIALIDADE E LIMITES DA CONSCIÊNCIA

Werner Goldschmidt definiu a recusa e a abstenção de magistrado, além do brocardo *Audiatur et altera pars,* como técnicas de garantia, por excelência, da imparcialidade no processo jurisdicional[8]. Segundo o autor, a imparcialidade consistiria "*em colocar entre parênteses todas as considerações subjetivas do julgador*"[9].

---

[7] O vocábulo técnica é aqui entendido como "*conjunto de meios adequados para a consecução dos resultados desejados, de procedimentos idôneos para a realização de atividades* (GONÇALVES, Aroldo Plínio. *Técnica processual e teoria do processo,* p. 16; como "*procedimentos conjugados e bem orientados para produzir resultados* úteis(LEAL, *Rosemiro Pereira. Teoria geral do processo: primeiros estudos*, p. 34). Adianta-se, por oportuno, que o presente artigo toma como fim útil da técnica processual a aplicação dinâmica, interdependente e imparcial dos direitos fundamentais em um contexto de crise da razão cartesiana.

[8] "*Acabamos de ver como o Direito procura assegurar a imparcialidade das pessoas que intervêm no processo: por um lado, impede-se que intervenham pessoas tentadas a ser parciais; por outro, proíbe-se o julgador de cometer uma parcialidade determinada: a de informar-se sobre a controvérsia desde um único ponto de vista, pervertendo o diálogo em monólogo.*" No original: "*Acabamos de ver cómo El Derecho intenta lograr la imparcialidad de las personas que intervienen em el processo: por uma vertiente, se impide que intervengan personas em tentación de ser parciales; por la outra, se prohíbe al juzgador que cometa uma parcialidad determinada: la de informarse de la controvérsia desde um solo punto de vista, pervirtiendo um diálogo em um monólogo.*" (GOLDSCHMIDT, Werner. *La imparcialidad como principio básico del processo: la partialidad y la parcialidad.* Não Paginado*).*

[9] "*A imparcialidade consiste em colocar entre parênteses todas as considerações subjetivas do julgador. Esse deve submergir-se no objeto, ser objetivo, esquecer-se de sua própria personalidade.*" No original: "*La imparcialidad consiste*

Exsurge da conceituação goldschmidtiana de imparcialidade a crença no poder ilimitado do intelecto, guiado exclusivamente pela razão cartesiana, metódica a ponto de conceber um Deus Enganador[10].

Não foi sem estardalhaço que a descoberta do inconsciente desfigurou a onipotência da razão cartesiana. Segundo Sigmund Freud, no processo de figuração das representações mentais imediatas as sensações são captadas pelo sistema psíquico perceptivo e 'caminham' até o que ele denominou de sistema psíquico motor, passando, durante o percurso, pelo inconsciente, pelo pré-consciente e pela consciência, respectivamente. Já aqui, tudo que é conscientemente perceptível ao sujeito cognoscente passa pelos filtros inconscientes e pré-conscientes da mente. Por outro lado, pensamentos, recordações e sonhos fazem o caminho inverso. Partindo de uma representação mental consciente, já submetida ao *iter* anteriormente descrito, vão até o inconsciente buscar a "*matéria prima das marcas mnêmicas que se encontram na sua base*", configurando o processo que ele chamou de regressão.[11]

Nota-se, em Freud, uma dupla oportunidade para que o inconsciente aniquile a primazia da razão cartesiana e obste o sujeito cognoscente dito imparcial de colocar entre parênteses toda consideração de ordem subjetiva. Se há em Freud um Deus a governar o pensamento e as ações humanas, esse Deus só pode ser o Deus Enganador que Descartes concebeu e refutou. Operando o inconsciente, o Deus Enganador manteria a razão constantemente enganada.

---

em poner entre parêntesis todas las consideraciones subjetivas del juzgador. Este debe sumergirse em el objeto, ser objetivo, olvidarse de su propria personalidad." (GOLDSCHMIDT, Werner. *La imparcialidad como principio básico del processo: la partialidad y la parcialidad.* Não paginado*).*

10 De acordo com Descartes, o método exige a suspensão do juízo mesmo sobre as representações mentais mais claras e distintas, como se essas fossem obras de um Deus Enganador, que agiria com o propósito exclusivo de pôr à prova as formulações do sujeito cognoscente. (DESCARTES, René. *Meditações metafísicas*, p. 29-39). "*O que Descartes procura é atingir um certo conteúdo de representação abstraindo todas as condições materiais e psicológicas que poderiam influir no pensamento. A partir daí, é no próprio método que o sujeito visa à representação, mas no nível do puro pensamento, e não enquanto sujeito psicológico ou psicofisiológico.*" (LEOPOLDO E SILVA, Franklin. *Descartes: a metafísica da modernidade, p. 31).*

11 FREUD, Sigmund. *A interpretação dos sonhos*, p. 570-571.

O desenvolvimento da psicanálise significou o reforço "*científico*"[12] a um grupo de filosofias modernas – a sociologia do conhecimento[13] –, que compartilham "*a tendência a revelar os motivos ocultos por trás de nossos atos.*" Desde este ponto de vista, o caminho até o conhecimento verdadeiro deve, necessariamente, passar pela autoanálise[14].

No Direito, a ideia de que o princípio da legalidade[15] poderia ser mitigado por uma suposta parcialidade positiva do juiz, apta a con-

---

12 A atribuição de caráter científico às formulações de Freud é questionável: "*o que impede suas teorias de serem científicas, no sentido que descrevi, é simples: elas não excluem nenhuma conduta humana fisicamente possível. Qualquer coisa que alguém faça é explicável, em princípio, em termos freudianos ou adlerianos."*(POPPER, Karl Raimund. *Textos escolhidos*, p. 126)

13 "*A sociologia do conhecimento afirma que o pensamento científico, especialmente o pensamento sobre questões sociais e políticas, não se desenvolve no vazio, mas numa atmosfera socialmente condicionada, sendo largamente influenciado por elementos inconscientes ou subconscientes. Esses elementos permanecem ocultos dos olhos do pensador porque formam, por assim dizer, o próprio lugar que ele habita, seu habitat social.*" *."*(POPPER, Karl Raimund. *Textos escolhidos,* p. 360).

14 "*a sociologia do conhecimento crê que o mais elevado grau de objetividade pode ser alcançado pela inteligência livremente equilibrada, analisando as diversas ideologias ocultas e sua ancoragem no inconsciente. O caminho para o conhecimento verdadeiro parece consistir em desvelar as suposições inconscientes, uma espécie de psicoterapia, digamos, ou, se posso me expressar assim, numa socioterapia.*" (POPPER, Karl Raimund. *Textos escolhidos*, p. 362.)

15 No presente trabalho, o princípio da legalidade não é compreendido como frio apego à letra da lei, mas como o dever, constitucionalmente imposto ao juiz, de observar e fazer cumprir o ordenamento jurídico, e, em especial, os direitos e garantias fundamentais, de modo que a integração do direito se dê não por usos e costumes, pela sensibilidade, livre consciência ou senso pessoal de justiça do julgador, mas pelo embate argumentativo apto a maxmizar a efetividade dos princípios e garantias constitucionais, mediante técnica de interpretação das normas jurídicas em conformidade com os preceitos constitucionais. Nesse diapasão, após delimitar os contornos do princípio da legalidade no Estado Democrático de Direito, Ronaldo Brêtas de Carvalho Dias assevera que "*devem ser energicamente descartados quaisquer doutrinas e precedentes jurisprudenciais que sugiram aos órgãos estatais decisores (juízes e tribunais) exercício da função jurisprudencial sob critérios outros dissociados da constitucionalidade da jurisdição, porém, ao revés, marcados de forma inconstitucional e antidemocrática pela arbitrariedade, pela discricionariedade, pelo subjetivismo,*

trabalançar eventuais desigualdades sociais, econômicas e políticas verificadas entre as partes[16], é a expressão hiperbólica das exortações da sociologia do conhecimento. Se as determinantes inconscientes do proceder e do julgar levam à impossibilidade humana de um julgamento imparcial, "*no ato de avaliar a realidade o juiz é e deve ser sempre parcial ajustando a norma do dever ser às aspirações sociais, dando-lhe eficácia e proporcionando uma decisão justa*."[17]

Já não basta a realização de escopos metajurídicos do processo[18] pelo livre labor da consciência do juiz. Agora, esse trabalho de engenharia social[19], tão caro aos instrumentalistas, também é legitimado por uma espécie de aptidão inata aos magistrados para, mediante a autoanálise, conseguir acesso ao inconsciente e, assim procedendo, afastar tanto os preconceitos que orientaram o legislador quando da elaboração do texto normativo, quanto os seus próprios preconceitos[20].

A sociologia do conhecimento alicerça-se em uma postura irracionalista (primado das emoções e paixões sobre as experiências e os argumentos) que em nada contribui para a efetividade da garantia constitucional de imparcialidade do juiz. O irracionalista, ainda que pretensamente orientado pelos mais nobres sentimentos (amor, compaixão, misericórdia, caridade) tende naturalmente à parcialidade, haja vista a incapacidade humana para "*sentir as mesmas emoções em relação a todas as pessoas*," donde se pode concluir, junto com

---

pelo messianismo, pela sensibilidade, pelas individualidades carismáticas ou pela patologia judiciária que denominamos complexo de Magnaud (BRÊTAS, Ronaldo de Carvalho Dias. *Processo constitucional e Estado Democrático de Direito*, p. 123)."

16 SOUZA, Artur César de. *A parcialidade positiva do juiz,* p. 67.

17 DUARTE, Liza Bastos. *A impossibildade humana de um julgamento imparcial*, p. 246.

18 DINAMARCO, Cândido Rangel. *A instrumentalidade do processo*, p. 177-263.

19 "*O juiz moderno e politizado deve ser, na atualidade, um arquiteto social do direito.*" (MARTINS, José Renato Silva. *O dogma da neutralidade judicial*, p. 46).

20 "*Cabe, pois, ao julgador, não só romper com certos processos inconscientes, como também, num segundo momento, com um pensar eminentemente positivista de direito, aproximando a lei do fato social e das aspirações do bem-comum.*" (DUARTE, Liza Bastos. *A impossibilidade humana de um julgamento imparcial*, p. 257.).

Popper, que, "*em si, o amor não promove a imparcialidade nem pode eliminar o conflito*", motivo pelo qual, "*quem ensina que o amor deve governar, e não a razão, abre caminho para os que governam pelo ódio.*"[21]

Ademais, a atribuição de significado semântico mínimo[22] a uma garantia constitucional não pode partir de uma conjectura inicial que negue aplicabilidade e possibilidade de concreção a essa garantia, como faz a literatura jurídica tributária da sociologia do conhecimento. Negar a possibilidade fática de um julgamento imparcial corresponde a afirmar que o princípio da supremacia da constituição não se aplica à imparcialidade; é dizer que as garantias constitucionais, à exceção da imparcialidade, possuem força normativa. Parece diáfano que, diante das constantes investidas de alguns constitucionalistas

---

[21] POPPER, Karl Raimund. *Textos escolhidos*, p. 359-370. O autor ainda explica que "*o abandono da atitude racionalista, do respeito à razão, à argumentação e ao ponto de vista do interlocutor, a ênfase nas camadas 'mais profundas' da natureza humana, tudo isso conduz ao ponto de vista de que o pensamento é uma simples manifestação, meio superficial, daquilo que reside nessas profundezas irracionais. Está quase sempre fadado a gerar uma atitude que considera a pessoa que pensa, não o pensamento. Produz a crença em que 'pensamos com o sangue', 'com nossa herança nacional' ou 'com nossa classe'. Esse ponto de vista pode ser apresentado sob uma feição materialista ou altamente espiritual; a ideia de que pensamos com nossa raça pode ser substituída pela dos eleitos ou das almas mais inspiradas 'que pensam pela graça de Deus'.*" (POPPER, Karl Raimund. *Textos escolhidos*, p. 39).

[22] Fala-se aqui em um "significado semântico mínimo", e não em atribuição plena de significado, porque, pelo menos desde Friedrich Müller, já se sabe que a determinação *a priori* do sentido integral de uma norma não corresponde aos anseios democráticos. De acordo com Müller, "*conceitos jurídicos em textos de normas não possuem 'significado', enunciados não possuem 'sentido' segundo a concepção de um dado orientador acabado* (MÜLLER, Friedrich. *Métodos de trabalho do direito constitucional*, p. 58). Rodolfo Pereira Viana explica que, para Müller, a atividade hermenêutica consiste em "*determinar a decisão normativa relativa a um problema concreto, a partir da coerência dos preceitos jurídicos adequados (programas normativos), à luz do conjunto de circunstâncias fáticas (âmbito normativo) e em virtude de um processo argumentativamente justificado que proporcione, ao mesmo tempo, segurança jurídica (controle do arbítrio e legitimidade do juízo (racionalidade na adequabilidade).*" (PEREIRA, Rodolfo Viana. *Hermenêutica filosófica e constitucional*, p. 169-170.

contra o caráter programático das normas constitucionais, tal assertiva merece não mais que ouvidos moucos.[23]

Se, ante às determinações inconscientes do proceder e do julgar, as vias irracionais oferecidas pela sociologia do conhecimento não desbravam caminho seguro para a superação da figura de um mítico juiz cartesio-goldschmidtiano, é porque a imparcialidade não pode mais ser concebida tão somente como um atributo especial do julgador.

Ultrapassar o paradoxo que ora se apresenta impõe, antes de tudo, a compreensão da imparcialidade também como um mandado constitucional imperativo (deontológico) imediatamente dirigido aos representantes eleitos do povo brasileiro, corporificados no Congresso Nacional, para que eles, deputados e senadores, valendo-se do devido processo legislativo, que também é devido processo constitucional[24], façam bom uso da técnica normativa de construção de procedimentos (técnica legislativa), com vistas à institucionalização de módulos processuais nos quais a imparcialidade seja uma decorrência lógica da própria estrutura normativa dos procedimentos.

Para tanto, é imperioso que os operadores da técnica legislativa – aqui entendida como espécie da "*criteriologia desenvolvida a serviço da criação, estruturação, sistematização e aplicação das normas procedimentais no âmbito do direito processual*", a que Rosemiro Pereira Leal designou por técnica jurídico-processual[25] –, quando da elaboração de módulos processuais, levem em consideração não apenas a natureza da pretensão de direito material que se pretende tutelar

---

23 "*O que se deve entender e reivindicar a respeito do assunto é que estamos em uma fase não programática (meados do século XX em diante), a qual promove uma reversão do conceito pelo qual os princípios passam a ser aplicados em sua dimensão jurídica, como normas de aplicação direta e imediata.*" (DEL NEGRI, André. *Teoria da constituição e do direito constitucional,* p. 108).

24 "*O Legislativo, nas democracias plenárias, não é meramente uma fábrica produtora de leis, mas um espaço de discussão que trabalha (ou deveria trabalhar), segundo o modelo constitucional do processo, a fim de se confirmar a legitimidade dos atos normativos ali produzidos, uma vez que o Processo Legislativo é locus da integração social.*" (DEL NEGRI, André. *Teoria da constituição e do direito constitucional*, p. 283).

25 LEAL, Rosemiro Pereira. *Teoria geral do processo: primeiros estudos,* p. 38.

e os princípios que conformam a base principiológica uníssona[26] do modelo constitucional de processo[27], mas também a onipresença de inefáveis determinações inconscientes na psique do julgador.

Sob esta ordem de ideias, não parece apropriada a inserção da imparcialidade entre os requisitos da jurisdição, enquanto "*condições que não causam a formação da estrutura lógica do processo*"[28]. Pelo contrário, o que se afirma aqui é que, dada a natureza humana – e, portanto, parcial -, dos magistrados, apenas a estrutura lógica do processo pode assegurar a imparcialidade, que deve ser compreendida, então, como garantia constitucional.

Em síntese, se as instâncias psíquicas inconscientes são, mais que um dado da realidade, um óbice (transponível) ao reconhecimento de normatividade à garantia constitucional de imparcialidade do juiz, elas também devem integrar o catálogo de considerações relevantes ao processo legislativo, em especial quando da estruturação normativa dos procedimentos jurisdicionais.

Nessa toada, o fato de a condição humana dos magistrados ser um óbice (transponível) à imparcialidade apenas vem demonstrar a insu-

---

26 "*Da noção de um modelo constitucional de processo que se funda em um esquema geral ou em uma base principiológica uníssona, abarca-se como pontos iniciais de referência para compreensão das garantias do processo o princípio do contraditório, o da ampla argumentação, o da fundamentação das decisões e o da participação de um terceiro imparcial.*" (BARROS, Flaviane de Magalhães. *(Re) forma do processo penal; comentários críticos dos artigos modificados pelas Leis n. 11.690/08, n. 11.719/08 e n. 11.900/09*, p. 15, grifos nossos). Os princípios que integram essa base principiológica uníssona "*são vistos de maneira co-dependente. Ou seja, ao desrespeitar um dos princípios afeta-se, também, de forma reflexa, os outros princípios fundantes. Contudo, todos os princípios têm o seu conteúdo específico e diferenciado.*" (BARROS, Flaviane de Magalhães; MACHADO, Felipe Daniel Amorim. *Prisão e medidas cautelares*, p. 21, grifos nossos).

27 "*A Constituição traçou um verdadeiro modelo de processo jurisdicional, elevando o nível de garantias constitucionais em alguns pontos essenciais, como, por exemplo: a independência do juiz; a estrutura participativa do iter de formação do produto judicial (...); a transparência e a legalidade do próprio produto judicial; a efetividade da tutela jurisdicional (...).*" ANDOLINA, Ítalo Augusto. *O papel do processo na atuação do ordenamento constitucional e transnacional*, p. 64-65).

28 LEAL, Rosemiro Pereira. *Teoria geral do processo: primeiros estudos*, p. 114.

ficiência da mera tipificação legal de hipóteses de recusa e abstenção de juízes enquanto técnica de garantia da imparcialidade. A real dimensão da imparcialidade (e, consequentemente, de suas técnicas de garantia) – e, aqui, não há como discordar de Goldschmidt –, só pode ser apreendida pela análise de suas interconexões com o contraditório. Nesse mister, a teoria estruturalista do processo[29], ao contrário do irracionalismo ínsito à sociologia do conhecimento, lança muito mais luzes que sombras ao presente objeto de estudo, conforme se verá.

4.3 IMPARCIALIDADE E PROCESSO JURISDICIONAL DEMOCRÁTICO

Conforme explicitado anteriormente, a literatura jurídica tributária da sociologia do conhecimento acabou por firmar entendimento no sentido de que, se o processo deve tutelar o mais débil, o princípio da legalidade poderia ser mitigado por uma suposta parcialidade positiva do juiz, apta a contrabalançar eventuais desigualdades sociais, econômicas e políticas verificadas entre as partes.[30]

Em pequeno artigo publicado no ano 1972, Elio Fazzalari opôs-se fervorosamente a essas ideias, na medida em que concebeu a legalidade como condição de possibilidade da imparcialidade, a impedir que os juízes sejam "*assíduos na recepção do novo*" e "*prontos a repudiar o velho, a modificar e reassentar sobre dado novo o sistema precedente*". E prosseguiu Fazzalari, afirmando que ao juiz é permitido "*advertir (sobre) e sofrer (pela) inadequação das leis (...), e participar do processo de transformação do ordenamento: mas ele deve fazê-lo sem proteções especiais (penso na autoridade, na independência, na imunidade do juiz); deve fazê-lo, isso sim, como qualquer cidadão, com*

[29] A constante preocupação de Elio Fazzalari com a estrutura normativa do procedimento fez com que Ronaldo Brêtas de Carvalho Dias, perspicazmente, denominasse a teoria do processualista italiano de '*teoria estruturalista do processo*'. (BRÊTAS, Ronaldo de Carvalho Dias. *Processo constitucional e estado democrático de direito*, p. 91). Mais detalhes sobre o tema constam da nota nº 35.

[30] SOUZA, Artur César de. *A parcialidade positiva do juiz*, p. 67.

os mesmos critérios, com os mesmos instrumentos e com os mesmos riscos de quem é (...) desprovido de poderes e garantias soberanas".[31]

Ao atrelar a legalidade à imparcialidade e ressaltar que somente o juiz plenamente vinculado ao ordenamento jurídico (ao ordenamento jurídico como um todo, incluindo-se aí, por óbvio, os princípios e garantias constitucionais do processo) pode manter-se imparcial, Fazzalari pretendeu obstar a prolação de provimentos jurisdicionais cuja fundamentação encontre respaldo em *loci* extrassistêmicos, em especial na consciência do juiz, o que, no limite, obstaria o controle intersubjetivo de racionalidade e juridicidade da decisão.

A concepção fazzalariana de imparcialidade mostra maior aderência ao Estado de Direito Democrático[32] do que aquelas derivadas do irracionalismo típico da sociologia do conhecimento, a uma, porque em Estados de Direito, a técnica e a ciência jurídicas não podem, *per se*, alterar o marco institucional (no campo específico do direito, leis em conformidade com a Constituição) previamente estabelecido pela comunidade política[33], e, a duas, porque, em Estados de Direito

---

31 No original: "*assidui nel recepire il nuovo (...); pronti a ripudiare il vecchio, a modificare e riassestare sul dato nuovo il precedente sistema.*"; *A lui è di certo consentito (...) di avvertire e di soffrire la inadeguatezza delle leggi (...) e di partecipare al processo di trasformazione delo orninamento: ma egli deve farlo senza speciali usberghi (penso all'autorità, alla indipendenza, alla insindacabilità del giudice); deve farlo, cioè, come qualsiasi cittadino; alla stessa stregua, com gli stessi strumenti e com gli stessi rischi di chi è (...) sfornito di poteri e guarantige sovrane* . (FAZZALARI, Elio. La imparzialità del giudice, p. 196, tradução nossa).

32 Sobre a inversão da ordem dos termos da expressão, de Estado Democrático de Direito pra Estado de Direito Democrático, colacionamos os ensinamentos de André Del Negri, para quem "*a democracia deve aparecer como uma espécie de qualidade, de característica, de paradigma jurídico, de eixo teórico adotado pela Constituição, pois democrático não é o Estado, mas sim o Direito que rege o Estado. Quando falamos, na contemporaneidade, em Estado, queremos saber se esse Estado é regido por um Direito social, liberal ou por um Direito democrático, pois, de maneira indubitável, há uma acentuada diferença.*" (*Teoria da Constituição e do Direito Constitucional*, p. 73).

33 "*A racionalização ao nível do marco institucional só pode levar-se a cabo no meio da interação linguisticamente mediada, a saber, pela destruição das restrições da comunicação. A discussão pública, sem restrições e sem coações, sobre a adequação e desiderabilidade dos princípios e normas orientadoras da*

Democrático, espécie de *plus* em relação aos Estados de Direito, é justamente esse controle intersubjetivo de racionalidade e juridicidade que confere democraticidade aos provimentos estatais. [34]

No texto aqui analisado, Fazzalari concebeu a imparcialidade como a essência da atividade jurisdicional[35], dotando-a de uma espécie de força análoga à força gravitacional[36], de modo que os demais princípios que conformam a estrutura processual orbitem em seu entorno. Em passagem extremamente elucidativa de seu pensamento, Fazzalari informa que *"a nossa ordem constitucional, no que diz respeito à jurisdição, é bem sólida e evidente. De um lado, há o juiz natural (...); independente e imune em relação a qualquer outro poder: essas três características se ligam e se sustentam de fato. De outro lado, há os direitos dos destinatários do provimento jurisdicional de participar do seu processo de formação, de desenvolver, em simétrica paridade, perante o juiz natural, um pleno contraditório*

---

ação, à luz das ressonâncias socioculturais do progresso dos subsistemas da ação racional dirigida a fins – uma comunicação desse tipo em todos os níveis dos processos políticos e dos processos novamente politizados de formação da vontade, é *o único meio no qual é possível algo assim como a racionalização*". (HABERMAS, Jürgen. *Técnica e ciência como ideologia*, p. 88).

34 "*Colocar em xeque a discricionariedade não é apenas uma questão de se colocar a favor ou contra a prerrogativa do juiz-intérprete atribuir sentidos e fazer 'escolhas' entre 'vários sentidos possíveis'...! Para além disso, trata-se de uma questão relacionada à democracia, da produção democrática da lei e das condições de possibilidade do controle das decisões judiciais. Definitivamente, em regimes e sistemas jurídicos democráticos, não há espaço para que a 'convicção pessoal do juiz' seja o 'critério' para resolver as indeterminações da lei* (STRECK, Lênio Luis. *O que é isto – "Decidir conforme a consciência"? Protogênese do protagonismo judicial*, p. 222).

35 "*Se a valoração das provas e as conclusões da advindas pudessem ser (...) orientadas pelo favor à parte mais débil (...) resultaria vulnerado, pelo modo mais grave, a própria essência da atividade jurisdicional, que é a imparcialidade.*" No original: "*Se la valutazione delle prove e le induzioni che muovono da esse potessero essere ... orientate dal favor per la parte più debole (...), ne risulterebbe vulnerato, nel modo più grave, próprio l'essenza del giudicare, ch'è la imparzialità.*" (FAZZALARI, Elio. *La imparzialità del giudice*, p. 200-201, tradução e grifos nossos).

36 A expressão 'força gravitacional' não foi empregada por Fazzalari no texto analisado, e sim utilizada com conotações metafóricas, no presente trabalho, de modo a explicitar o pensamento do processualista italiano.

(...); mas também o direito dos litigantes de conhecer a motivação do provimento (e então a utilização e valoração que o juiz tenha feito dos resultados do processo) e o direito de recorrer. Esses dois pilares – um dos quais constituído da reserva da função jurisdicional e de suas garantias, o outro da garantia dos litigantes – possuem o mesmo alvo ("sono uniti da uma sola gittata"): a imparcialidade do juiz. Imparcialidade, independência do juiz, paridade entre os litigantes se implicam e interagem, de modo circular, qualquer um deles a serviço dos outros".[37]

Percebe-se do excerto transcrito acima que, muito antes de a ideia de modelo constitucional de processo ser explicitada por Andolina e Vignera[38], Fazzalari já antevia uma estrutura processual alicerçada sobre algo muito semelhante ao que Flaviane de Magalhães Barros denominou de base principiológica uníssona[39], bem como a interdependência entre seus princípios constitutivos, que não deixam de ter

[37] Invero, Il nostro assetto costituzionale in tema di giurisdizione è ben solido ed evidente. Da um lato, c'è Il giudice precostituito (...); indipendente e insindacabile da qualsiasi altro potere: le ter garanzie si legano e sorreggono a vicenda .Dal altro lato, ci sono Il diritto dei destinatari del provvedimento giurisdicionali di partecipare al processo di formazione del medesimo, di svolgere, sul piede di simmetrica parità, innanzi e com quel giudice naturale, um pieno contraddittorio; nonché Il diritto dei litiganti di conoscere la motivazione del provvedimento (e quindo l`utilizzazione e l`apprezzamento che Il giudice abbia fatto dei risultati del processo) e quello d`impugnare. Questi due piloni – l`uno dei quali è constituito dalla riserva della funzione giurisdizionale e dalle sue garanzie, l`altro dalle garanzie per i litiganti – sono uniti da uma sola gitatta: la imparzialità del giudice. Imparzialità, indipendenza del giudice, parità fra i litiganti s`implicano e interagiscono, in moto circolare, ciascuna a servizio delle altre (FAZZALARI, Elio. *La imparzialitá del giudice,* p. 199, tradução e grifos nossos).

[38] "*Andolina e Vignera vão além da proposta de Fazzalari e se ocupam do estudo do processo como modelo constitucionalizado a vincular a estruturação dos procedimentos preparatórios dos provimentos jurisdicionais. (...) Andolina e Vignera afirmam desenvolver uma teoria que se destina à explicitação dos aspectos que devem ser atendidos para que os procedimentos criados pela norma infra-constitucional se amoldem às determinações presentes na Constituição.*" (LEAL, André Cordeiro. *O contraditório e a fundamentação das decisões no direito processual democrático*, p. 87).

[39] BARROS, Flaviane de Magalhães. *(Re)forma do processo penal; comentários críticos dos artigos modificados pelas Leis n. 11.690/08, n. 11.719/08 e n. 11.900/09,* p. 15.

seus conteúdos individualizados e individualizáveis, mas nem por isso cessam de trabalhar – qualquer um deles – a serviço dos outros. Neste agir e interagir recíprocos dos princípios processuais, nota-se uma finalidade unívoca: garantir a imparcialidade do juiz.

Nessa quadra, a afirmação de que, "*quando da estruturação de sua teoria, Fazzalari não demonstrou maior preocupação com uma aplicação dinâmica dos princípios constitucionais*"[40], merece ser mitigada, porquanto prescinde dos inegáveis subsídios que o texto de 1972 oferece à adequada leitura do verdadeiro *capolavoro* de Fazzalari, *Instituições de Direito Processual*, publicado em 1975.

De fato, esses dois textos dialogam e se complementam, e o brilho da nova concepção de processo formulada por Fazzalari, em 1975,[41] eclipsou a importância que ele atribuiu à interconexão e complementaridade dos princípios constitucionais do processo na estruturação normativa dos módulos processuais. E tanto é assim que, no cotejo das *Instituições* com o texto de 1972, não é possível compreender a simétrica paridade (essência do contraditório) senão como imperativo de imparcialidade, a ser assegurado pela via do contraditório.

4.4 TÉCNICAS DE GARANTIA DA IMPARCIALIDADE NO PROCESSO JURISDICIONAL DEMOCRÁTICO

Se a violação a um dos princípios constitucionais que conformam a base principiológica uníssona (contraditório, ampla argumentação, fundamentação das decisões e terceiro imparcial) do modelo constitucional de processo implica em violação reflexa aos seus demais

---

40 NUNES, Dierle José Coelho. *Processo jurisdicional democrático: uma análise crítica das reformas processuais*, p. 207.

41 Em *Instituições de Direito Processual*, Fazzalari rompeu com a teoria do processo como relação jurídica, por ele denominada de clichê pandectista, e definiu o processo como espécie de procedimento qualificado pelo contraditório, ou, mais precisamente, como uma estrutura normativa composta por normas, posições subjetivas e atos jurídicos sequenciais, desenvolvida em condições de simétrica paridade entre as partes (contraditório), com vistas à formação do provimento final (FAZZALARI, Elio. *Instituições de direito processual*, p. 113-121).

princípios, em face da codependência que lhes caracterizam[42], não é menos evidente que, a *contrario senso*, da máxima concreção de um desses princípios decorrerá a máxima concreção dos demais. Parece, então, apropriado afirmar que somente um módulo processual estruturado em conformidade com os princípios do contraditório, da ampla argumentação e da fundamentação das decisões será também, por inferência lógica, imparcial. A expansão[43] desses princípios aos microssistemas do direito processual é, portanto, a via constitucionalmente adequada à garantia da imparcialidade, além de se mostrar mais eficaz que a simples tipificação legal de hipóteses de recusa e abstenção.

Porém, a compreensão desses princípios deve ser atualizada, a fim de se conformar ao Estado de Direito Democrático que, consoante art. 1º da Constituição, é constitutivo da República Brasileira.

No modelo procedimentalista de Estado de Direito Democrático, aqui encampado, a legitimação de provimentos estatais imperativos decorre da prévia institucionalização de pressupostos e procedimentos comunicativos de formação democrática da vontade e da opinião[44], de modo que o povo possa ser considerado, simultaneamente, coautor e codestinatário desses provimentos.[45] Qualquer tentativa de atribuição de significado semântico mínimo aos princípios e garantias constitu-

---

42 BARROS, Flaviane de Magalhães. *(Re)forma do processo penal; comentários críticos dos artigos modificados pelas Leis n. 11.690/08, n. 11.719/08 e n. 11.900/09*, p. 17-24.

43 Flaviane de Magalhães Barros explica que o modelo constitucional de processo proposto por Andolina e Vignera é um esquema geral de processo dotado de três características: "*a expansividade, que garante a idoneidade para que a norma processual possa ser expandida para microssistemas, desde que mantenha sua conformidade com o esquema geral de processo; a variabilidade, como a possibilidade de a norma processual especializar-se e assumir forma diversa em função de característica específica de um determinado microssistema, desde que em conformidade com a base constitucional; e, por fim, a perfectibilidade, como a capacidade de o modelo constitucional aperfeiçoar-se e definir novos institutos por meio do processo legislativo, mas sempre de acordo com o esquema geral (*BARROS, Flaviane de Magalhães. *(Re)forma do processo penal; comentários críticos dos artigos modificados pelas Leis n. 11.690/08, n. 11.719/08 e n. 11.900/09*, p. 15)."

44 HABERMAS, Jürgen. *Três modelos normativos de democracia*, p. 106-121.

45 "*(...)para uma teoria Discursiva do Direito, os destinatários das normas jurídicas, enquanto sujeitos privados, pelo processo democrático, enquanto cida-*

cionais deve, então, ser orientada por esse programa de participação cidadã ínsito ao Estado de Direito Democrático.

Desde esse ponto de vista, o contraditório no processo jurisdicional não pode mais ser compreendido como simples dever imposto ao juiz de "*atribuir audiência a ambas as partes*"[46], e sim como efetiva possibilidade de as partes influírem nos resultados do provimento jurisdicional, vedada a prolação de decisões que lhes surpreendam com questões de fato ou de direito não debatidas endoprocessualmente.[47]

Sob a mesma ordem de ideias, a ampla defesa é ressemantizada como ampla argumentação, para incluir em seu bojo "*o direito à prova, à assistência de um advogado, à necessidade de se garantir que as partes possam ter o tempo processual para reconstruir o caso concreto e discutir quais normas jurídicas prima facie aplicáveis são mais adequadas ao caso concreto.*"[48]

É no campo da ampla argumentação enquanto direito à prova que a codependência entre esse princípio e o contraditório fica mais evidente, pois a predicação do contraditório enquanto efetiva influência nos resultados do processo importa em produção dialógica da prova, no sentido de que não basta assegurar à contraparte o direito de se manifestar quanto à prova pré-produzida. Em outros termos, no Estado de Direito Democrático o contraditório também é uma técnica de produção do material probatório que impõe simultaneidade entre a atividade dos sujeitos processuais e a colheita de provas.[49]

---

dãos, tornam-se autores dos seus próprios direitos e deveres." (CATTONI DE OLIVEIRA, Marcelo Andrade. Direito processual constitucional, p. 258).

46 GOLDSCHMIDT, Werner. *La imparcialidad como principio básico del proceso: la partialidad y la parcialidad.*

47 NUNES, Dierle José Coelho. *Processo jurisdicional democrático: uma análise crítica das reformas processuais*, p. 224-231.

48 BARROS, Flaviane de Magalhães. *(Re)forma do processo penal; comentários críticos dos artigos modificados pelas Leis n. 11.690/08, n. 11.719/08 e n. 11.900/09*, p. 21.

49 Com efeito, o direito à prova implica "*o direito de assistir pessoalmente a assunção da prova e de se contrapor às alegações de fato ou às atividades probatórias da parte contrária ou, mesmo, oficiosas do julgador.*" (NUNES, Dierle José Coelho. *Processo jurisdicional democrático: uma análise crítica das reformas processuais*, p. 230).

Já a codependência entre o contraditório e a fundamentação das decisões foi explicada por André Cordeiro Leal como a necessidade de congruência entre as provas e argumentos discursivamente levados aos autos pelas partes, em simétrica paridade, com o conteúdo dos provimentos jurisdicionais.[50]

Tendo em vista essa relação dinâmica entre os princípios que conformam o modelo constitucional de processo, Dierle José Coelho Nunes sugere a difusão de módulos processuais bifásicos, nos quais, "*numa primeira fase técnica, ocorre a preparação do debate (v.g. audiência preliminar, com a fixação de pontos controvertidos, e a preparação escrita do tema da prova) e, numa segunda fase, a discussão endoprocessual de todos os argumentos relevantes (v.g. audiência de instrução e julgamento)*", nos moldes do modelo de Stuttgart, adotado em "*todos os sistemas processuais modernos, sejam de commom law ou de civil law.*"[51]

A adoção de presente modelo pode ser um grande contributo à maximização da imparcialidade pela estrutura normativo-processual, na medida em que a prévia e dialógica fixação das controvérsias de fato e de direito, se por si só não é capaz de assegurar a imparcialidade do julgador, pela sua simples pertença ao gênero humano, pelo menos obriga-o a explicitar às partes suas pré-interpretações, pré-compreensões, pré-julgamentos e, tanto quanto possível, suas pré-determinações inconscientes.

Aconselhável que, na mesma audiência em que são fixados os pontos controvertidos, também se proceda à distribuição do ônus da

---

50 "*Mais do que garantia de participação das partes em simétrica paridade, portanto, o contraditório deve efetivamente ser entrelaçado com o princípio (requisito) da fundamentação das decisões de forma a gerar bases argumentativas acerca dos fatos e do direito debatido para a motivação das decisões.*
Uma decisão que desconsidere, ao seu embasamento, os argumentos produzidos pelas partes no iter procedimental será inconstitucional e, a rigor, não será sequer pronunciamento jurisdicional, tendo em vista que lhe faltaria a necessária legitimidade, conforme se colhe das lições de Oliveira Baracho." (LEAL, André Cordeiro. *O contraditório e a fundamentação das decisões no direito processual democrático*, p. 105).

51 NUNES, Dierle José Coelho. *Processo jurisdicional democrático: uma análise crítica das reformas processuais*, p. 241.

prova, de modo a estruturar, novamente de maneira prévia e dialógica, a atividade probatória das partes. De fato, a distribuição dinâmica dos ônus probatórios, desde que compreendida como técnica de estruturação da atividade das partes, e não como regra de julgamento[52], também tende a maximizar a imparcialidade, pelos mesmos motivos elencados em relação à fixação de pontos controvertidos.

Todavia, é necessário sublinhar com traço forte que a distribuição dinâmica do ônus da prova somente corresponderá aos anseios de maximização da imparcialidade se ela importar em redução dos poderes instrutórios do juiz. Com efeito, a dinamização do ônus probatório só é viável em um contexto no qual seja vedada a iniciativa probatória do juiz, sob pena de aumenta-se a discricionariedade e o arbítrio do julgador, e, por conseguinte, obstruir a trilha rumo à imparcialidade.

Sobre o tema, Dierle José Coelho Nunes e Flaviane de Magalhães Barros explicam que "*ao gerir a prova o juiz mentalmente antecipa sua interpretação sobre os fatos, dirigindo suas perguntas, por exemplo, às testemunhas no sentido de obter como resultado o quadro mental previamente imaginado. Em outros termos, o julgador pode decidir antes e depois buscar, quiçá obsessivamente, provas para embasar sua decisão já previamente tomada.*"[53]

E nem se diga que as considerações acima transcritas, baseadas no conceito de 'quadros mentais paranoicos', formulado pelo processualista italiano Franco Cordero, só possuem validade para o processo penal. É que ainda não se conhece estudo demonstrando que seja pos-

---

52 A dinamização do ônus da prova enquanto regra de julgamento, a ser concretizada quando da prolação da sentença, é, com efeito, contrária à perspectiva de aplicação dinâmica dos princípios processuais, haja vista que "*em ocorrendo a dinamização dos ônus probatórios na sentença, as partes – especialmente aquela que é 'presenteada' com o ônus – é surpreendida por gravame processual do qual não terá mais a oportunidade para se desincumbir. Fere-se, de manifesto, o direito fundamental ao contraditório, na medida em que a participação para a construção da decisão judicial restará prejudicada, diante da impossibilidade de cumprir com o ônus probatório posteriormente ao encerramento da instrução. A sentença assim plasmada carece, portanto, de legitimidade.*" (CARPES, Artur. *Ônus dinâmico da prova*, p. 136).

53 BARROS, Flaviane de Magalhães; NUNES, Dierle José Coelho. *As reformas processuais macroestruturais brasileiras*, p. 38.

sível uma alteração nos processos fisiológicos de formulação das representações mentais, a depender da natureza do caso – civil ou penal – que o juiz esteja a julgar. Assim, a constitucionalidade da superação da iniciativa probatória a cargo de magistrados pela distribuição dinâmica dos ônus probatórios decorre do fato de que nem mesmo os juízes atuantes em varas cíveis estão imunes às suas próprias paranoias.

Em um módulo processual normativamente estruturado à semelhança do que foi aqui proposto – no qual as pré-compreensões, e, tanto quanto possível, as determinações inconscientes do julgador, são explicitadas na primeira etapa do procedimento bifásico, mediante fixação dos pontos controvertidos e distribuição dinâmica dos ônus probatórios, vedada a iniciativa probatória do juiz -, o grau de correspondência entre o que foi pré-determinado na audiência preliminar e o conteúdo da sentença é que dará a medida da imparcialidade do julgador, possibilitando eventuais reformas, pela via recursal, quando sobredita correspondência restar violada.

Acrescente-se a tudo isso a possibilidade de recusa e abstenção de magistrado e têm-se o ajuste mais adequado entre a necessidade de a técnica processual assegurar um julgamento imparcial e o atual estágio da ciência processual constitucionalizada. Se verificado na praxe cotidiana um esforço dos magistrados para colocarem de lado todas as suas considerações de ordem subjetiva, tanto melhor.

4.5 CONCLUSÕES

Em um contexto de crise da razão, a sociologia do conhecimento foi o substrato fértil a partir do qual floresceram, na literatura jurídica especializada, inúmeras críticas à capacidade dos juízes de colocarem entre parênteses suas considerações de ordem subjetiva, e, por conseguinte, de assegurarem às partes um julgamento imparcial. Sob essa ordem de ideias, concebeu-se até mesmo o conceito de parcialidade positiva, a permitir a mitigação do princípio constitucional da legalidade no desiderato de contrabalançar eventuais desigualdades culturais, sociais ou econômicas verificadas entre as partes.

Todavia, se a imparcialidade encontra um óbice na condição humana do julgador, não é menos verdade que esse obstáculo pode ser superado pela estruturação normativa de módulos processuais que permitam a atuação dinâmica dos princípios constitutivos do modelo constitucional de processo. Com efeito, mostra-se viável a maximização da imparcialidade pela difusão de módulos processuais bifásicos em que a iniciativa probatória do juiz reste vedada e nos quais – em audiência preliminar, orientada pela dialogicidade –, sejam fixados os pontos controvertidos e distribuídos os ônus probatórios, desde que o juiz, na fundamentação da sentença, também fique vinculado a essa pré-determinação das atividades dos sujeitos processuais. Em tais módulos processuais, o controle intersubjetivo da imparcialidade é possível pela verificação da correspondência entre o que foi pré-estabelecido na audiência preliminar e os fundamentos da sentença. Uma vez ausente essa correspondência, ainda restaria à parte prejudicada buscar a reforma da decisão, pela via recursal, mas agora dotada de elementos objetivos que possam atestar a quebra da imparcialidade.

Desde esse ponto de vista, urge reconhecer que a garantia constitucional da imparcialidade – além de exortação ao magistrado para que coloque em apartado, na condução do processo, suas considerações de ordem subjetiva – é também um imperativo deontológico direcionado aos representantes eleitos do povo brasileiro, para que eles, mediante uso satisfatório da técnica normativa de construção dos procedimentos (técnica legislativa), proporcionado pelo devido processo legislativo, erijam módulos processuais imparciais.

A bem da verdade, também é correto afirmar que, em face do princípio da supremacia da Constituição, a inatividade do Congresso Nacional demanda a adoção de técnicas de interpretação conforme à Constituição pelos magistrados, orientadas a garantir a imparcialidade às partes, mas essa é uma discussão que não caberia nos estreitos limites do presente texto, além de demandar leituras e reflexões que ainda escapam ao autor.

4.6 REFERÊNCIAS BIBLIOGRÁFICAS

ANDOLINA, Ítalo Augusto. O papel do processo na atuação do ordenamento constitucional e transnacional. *In*: Revista de processo, nº 87, p. 61-69;

BARROS, Flaviane de Magalhães. (Re)forma do processo penal; comentários críticos dos artigos modificados pelas Leis n. 11.690/08, n. 11.719/08 e n. 11.900/09 – 2ª Ed. – Belo Horizonte: Del Rey, 2009;

BARROS, Flaviane de Magalhães. Prisão e medidas cautelares. Belo Horizonte: Del Rey, 2011;

BARROS, Flaviane de Magalhães; NUNES, Dierle José Coelho. As reformas processuais macroestruturais brasileiras. In: Reforma do processo civil: perspectivas constitucionais. Belo Horizonte: Fórum, 2010, p. 15-53;

BRÊTAS, Ronaldo de Carvalho Dias. Processo constitucional e estado democrático de direito – 2ª Ed. – Belo Horizonte: Del Rey, 2012;

CARPES, Artur. Ônus dinâmico da prova. Porto Alegre: Livraria do advogado editora, 2010;

CATTONI DE OLIVEIRA, Marcelo Andrade. Direito Processual Constitucional. Belo Horizonte: Mandamentos, 2001;

DEL NEGRI, André. Teoria da constituição e do direito constitucional. Belo Horizonte: Fórum, 2009;

DESCARTES, René. Meditações metafísicas – 3ª Ed. – São Paulo: Martins Fontes, 2011;

DINAMARCO, Cândido Rangel. A instrumentalidade do processo – 15ª Ed. – São Paulo: Malheiros, 2013;

DUARTE, Liza Bastos. A impossibilidade humana de um julgamento imparcial. In: Revista de Direito Privado. São Paulo: RT, ano 3, nº 12, p. 226-259, out-dez, 2002;

FAZZALARI, Elio. La imparzialità del giudice. Rivista di Diritto Processuale. Padova: Cedam, nº 2, p. 193-203, 1972;

FAZZALARI, Elio. Instituições de direito processual. Campinas: Bookseller, 2006;

FREUD, Sigmund. A interpretação dos sonhos. Porto Alegre: L&PM, 2013;

GOLDSCHMIDT, Werner. La imparcialidad como principio básico del processo: la partialidad y la parcialidad.Revista de Derecho Processal, v. 2, 1950. Não paginado.

GONÇALVES, Aroldo Plínio. Técnica processual e teoria do processo – 2ª Ed. Belo Horizonte, Del Rey, 2012;

HABERMAS, Jürgen. Técnica e ciência como ideologia. Lisboa: Edições 70;

HABERMAS, Jürgen. Três modelos normativos de democracia. In: Cadernos da escola do legislativo, nº 2, jan-jun 1995, p. 106-121;

LEAL, André Cordeiro. O contraditório e a fundamentação das decisões no direito processual democrático. Belo Horizonte: Mandamentos, 2002;

LEAL, Rosemiro Pereira. Teoria geral do processo: primeiros estudos – 11ª Ed. – Rio de Janeiro: Forense, 2012;

LEOPOLDO E SILVA, Franklin. Descartes: a metafísica da modernidade – 2ª Ed. – São Paulo: Moderna, 2005;

MARTINS, José Renato Silva. O dogma da neutralidade judicial. Rio de Janeiro: Lumen Juris, 2007;

MÜLLER, Friedrich. Métodos de trabalho do direito constitucional – 2ª Ed. rev. – São Paulo: Max Limonad, 2000;

NUNES, Dierle José Coelho. Processo jurisdicional democrático: uma análise crítica das reformas processuais – 1ª Ed. 4ª reimpr. – Curitiba: Juruá, 2012;

POPPER, Karl Raimund. Textos escolhidos. Rio de Janeiro: Contraponto/ Ed. PUC-Rio, 2010;

SOUZA, Artur César de. A parcialidade positiva do juiz. São Paulo: Revista dos Tribunais, 2008;

STRECK, Lenio Luiz. O que é isto – "Decidir conforme a consciência"? Protogênese do protagonismo judicial.

MACHADO, Felipe; CATTONI, Marcelo. Constituição e processo: entre o direito e a política. Belo Horizonte: Fórum, 2011, p. 215-250.

V

CAPÍTULO

TEORIA PROCESSUAL DA RELAÇÃO JURÍDICA COMO TÉCNICA IDEOLÓGICA DE JULGAMENTO: UMA ESTAGNAÇÃO CIENTÍFICA

Sílvio de Sá Batista[1]

5.1 INTRODUÇÃO

Em Karl Popper a função da teoria científica não é promover a racionalização da técnica para obter um resultado útil em face de um determinado problema, mas proporcionar o progresso da ciência pela eliminação das contradições que geram o problema. Assim, teorizar é construir uma solução provisória e hipotética de maior grau explicativo em relação a teorias concorrentes, o que leva ao crescimento objetivo do conhecimento. A partir dessa conjetura, o trabalho aqui apresentado propõe uma breve reflexão, no sentido de que a "*teoria do processo como relação jurídica*" se resume a uma técnica, com o objetivo de controlar a decisão judicial pelo Estado-Juiz sem ofertar qualquer avanço científico para o direito.

Para fundamentar a hipótese acima mencionada, o trabalho foi estruturado em quatro partes. A primeira estabelece um confronto entre matrizes filosóficas, sobre a capacidade e os limites da "razão" em encaminhar o conhecimento científico. A partir dessa reflexão bus-

1 Advogado. Especialista (pós-graduação lato sensu) em Direito Processual pelo Instituto de Educação Continuada da Pontifícia Universidade Católica de Minas Gerais (IEC PUC MINAS). Mestrando em Direito Processual pela PUC Minas Gerais. Professor de direito processual civil do Centro Universitário Santo Agostinho e da Polícia Militar de Minas Gerais. Bolsista da CAPES. Email: silvio.desa@yahoo.com.br. Currículo Lattes: http://lattes.cnpq.br/1073940478325195.

cou-se, em um segundo momento, contrapor a ideia de racionalismo prático e o racionalismo crítico para a expansão do conhecimento, na esteira do pensamento de Karl Popper e Gaston Bachelard.

Na terceira, cuida-se de apontar que a tese do processo como relação jurídica, idealizada por Bülow em 1868, impactada por uma ideia de racionalidade – que atribui à autoridade um saber "racional" absoluto – é imune à crítica. Nesse passo, a relação jurídica processual se confirma como instrumento de racionalização ideológica da técnica, controlada pelo agir estratégico do intérprete-decisor, aproximando-se de uma ideia de racionalidade que remonta ao pensamento grego de século V a.C. Dessa forma, é necessário outorgar à autoridade judicante poderes de "livre convicção", "proporcionalidade" e "adequabilidade", para melhor controlar a denominada "relação jurídica processual" e assegurar resultados de acordo com os interesses do Estado, seja em matriz liberal ou social de direito.

Por fim, procede-se a uma incursão em alguns pontos da teoria neoinstitucionalista do processo, de modo a apresentá-la como teoria habilitada a concorrer para a efetividade do Estado Democrático de Direito. A concepção neoinstitucionalista do processo se diferencia de outras teorias processuais, na medida em que propõe, de forma inédita, o exercício de uma fiscalidade processual discursiva (metalinguagem) em todos os níveis instituinte, constituinte e constituído do direito.

5.2 CRISE DO PENSAMENTO RACIONAL

A tentativa de atribuir certeza ao discurso científico é uma aspiração humana originada da filosofia grega no século V a.C., período que também pode ser compreendido como a passagem do pensamento mítico para o saber racional. Pela primeira vez, na história da humanidade, os "*primeiros pensadores gregos abandonaram a existência dominada pelo mito e olham-na de frente.*"[2] Surge, portanto, uma nova corrente científica com o firme propósito de livrar o homem da obscuridade e construir uma existência conduzida pela *razão humana*. Aliás, como bem observou Francis Wolff, os gregos, ao romperem com o mito, disponibilizaram não só as primeiras concepções

---

2 SEVERINO, Emanuele. **Filosofia Antiga**, Lisboa: Edições 70, 1984, p. 19.

epistemológicas, para validar e atribuir certeza ao discurso científico, como também propiciaram o surgimento dos primeiros sistemas jurídicos que foram objetivados pelo pensamento grego.[3]

A filosofia grega nasce com pretensão grandiosa, uma vez que seu objetivo maior era *desvelar* a verdade e, por conseguinte, estabelecer matrizes teóricas que seriam responsáveis em conduzir a vida humana. Pois, como bem observa Emanuele Severino, os primeiros pensadores passaram a crer em um saber "*irrefutável não porque a sociedade e os indivíduos nele tenham fé ou vivam sem dele duvidar, mas porque ele próprio é capaz de rebater todos os adversários.*"[4] É que, para os primeiros filósofos[5], não se pode alcançar a verdade por meio da revelação mística, mas somente pelo auxílio de alguns predestinados[6], portadores de um saber absoluto, habilitados a melhor compreender os desígnios da razão humana.

---

3 Conforme observa Francis Wolff, foi transição do pensamento mítico para o racional, que ocorreu na Grécia do Século V a.C, e tornou possível a elaboração de "*um sistema de direito civil e penal que nada mais deve aos valores religiosos, como a pureza, ou às práticas rituais, como o ordálio, e em que se constitui igualmente uma nova economia da prova judiciária, fundada na argumentação e na investigação do fatos.*" (Nascimento da Razão. *In*: NOVAES, Adalto (Coord.). **A crise da Razão**. São Paulo: Companhia das Letras, 2006, p. 68).

4 SEVERINO, Emanuele. **Filosofia Antiga**, Lisboa: Edições 70, 1984, p. 19.

5 Aristóteles designa a primeira filosofia ou primeiros pensadores gregos, por físicos ou filósofos da natureza, dentre os quais se destacam: Tales, Anaximandro, Anaxímenes, Hípon, Empédocles, Heráclito e Parmênides. Tais filósofos se interessavam pelo estudo da *physis,* cujo objeto de reflexão era o conhecimento de parte do Todo, ou seja, da realidade em devir. Tratava-se, segundo Aristóteles, de um saber limitado, preocupado em estabelecer princípios para todas as coisas existentes na natureza. Nesse ponto, para melhor compreensão do assunto, vale transcrever as lições de Aristóteles: "*A maioria dos primeiros filósofos concebeu apenas princípios materiais para todas as coisas. Aquilo de que todas as coisas consistem, de que procedem primordialmente e para o quê, por ocasião de sua destruição, são dissolvidas em última instância, permanecendo a essência, ainda que modificadas por suas afecções – isso, dizem, é um elemento e princípio das coisas existentes.*" (**Metafísica**. Trad. Edson Bini, 2. ed., São Paulo: Edipro, 2012, p. 47-48).

6 Depreende-se da filosofia de Platão que a existência de uma sociedade estratificada é necessária, posto que nem todos nascem com as mesmas potencialidades. "*Sim, por Zeus, voltei a falar; e não seria nada de admirar; para começar, enquanto falavas, ocorreu-me que não somos iguais por natureza, mas nascemos*

Desse modo, a racionalidade grega, com a finalidade primeira de encontrar a certeza, tornou-se a pedra angular com potencialidade para gerar e encaminhar um conhecimento que não seria objeto de qualquer refutação crítica. Pois, tratando-se da razão humana, não haveria falhas, aporias ou lacunas no pensamento. A ciência grega buscava, portanto, um "*saber que não pode ser negado nem por homens nem por deuses, nem por mudanças dos tempos ou dos costumes. Um saber absoluto, definitivo, incontroverso, necessário, indubitável.*"[7] Inicia-se assim a jornada do conhecimento racional, que, ao longo dos anos, vem impactando o pensamento humano com propósito de expandir o conhecimento científico por meio da razão.

Contudo, o conhecimento racional – eleito desde os primeiros filósofos como saber capaz de livrar a humanidade do obscurantismo – tem enfrentado, ao longo dos séculos, críticas em sua pretensão de alcançar a verdade.

É que «*o nascimento da razão foi ao mesmo tempo, e necessariamente, sua crise.*"[8] A crise e a crítica dirigida ao conhecimento racional reside justamente no "mito" de que é possível alcançar, por meio da razão, a verdade absoluta. Na verdade não foi "*a razão que veio substituir de maneira inteiramente uniforme o mito, mas racionalidades diversas e conflituosas.*"[9] Ou seja, as concepções racionais ofertadas por Protágoras, Sócrates, Platão e Aristóteles consistiam em matrizes teóricas rivais e não uniformes. A diversidade teórica produz, inevitavelmente, resultados conjecturais diferenciados, o que tenciona ainda mais a pretensão inicial de se alcançar um saber absoluto e incontroverso por meio da racionalidade. Por isso, todo argumento que pretenda atribuir à razão um sinônimo de certeza é paradoxal,

---

com disposições diferentes, cada um com mais jeito para determinado trabalho, não te parece? É também o que eu penso." (**A República**. 3ª. ed. Trad. Carlos Alberto Nunes. Pará: Edufpa, 2000, p. 111).

7 SEVERINO, Emanuele. **Filosofia Antiga**, Lisboa: Edições 70, 1984, p. 19.

8 WOLFF, Francis. Nascimento da razão, Origem da Crise. *In*: ADAUTO NOVAES (Coord.). **A crise da Razão,** São Paulo: Companhia das Letras, 2006, p. 69.

9 WOLFF, Francis. Nascimento da razão, Origem da Crise. *In*: ADAUTO NOVAES (Coord.). **A crise da Razão,** São Paulo: Companhia das Letras, 2006, p. 69.

uma vez que os sistemas de teórico-racionais não são e nem nunca foram uniformes.

Não existe uma razão única, que possui a dádiva da verdade, há racionalidades com a pretensão científica de atribuir certeza ao discurso humano. Porém, ainda assim, haverá falhas no pensamento humano, pois a racionalidade também pode errar, uma vez que todo conhecimento produzido pelo homem se resume em hipóteses.

No campo teórico, a capacidade da razão para validar o discurso científico, com o objetivo de alcançar resultados verdadeiros, vem sendo objeto de embates intermináveis. Merecem destaque dois gigantes da filosofia moderna, David Hume e Immanuel Kant, ambos apresentaram concepções distintas quanto à capacidade da razão para atribuir certeza ao conhecimento humano. O produto desse debate foi de extrema importância para a ciência, uma vez que pavimentou o caminho para diversas correntes filosóficas[10], que ainda hoje estabelecem discursos em favor do progresso científico. Portanto, em breve exposição, será demarcadaa rivalidade teórica entre as duas concepções filosóficas e suas implicações para o avanço do conhecimento.

Para David Hume, defensor ferrenho do ceticismo e do determinismo, é a causalidade e não a razão o caminho para se chegar à certeza. Segundo o pensador, nossas ideias não são nada mais que imitações das impressões que temos do mundo, uma vez que "*todos os elementos do pensamento derivam de nossas sensações externas ou internas mas a mistura e composição deles dependem da mente e da vontade.*"[11]Assevera Will Dudley que Hume defende a ideia de que o "*nosso conhecimento das questões de fato, que estão baseadas em interferências causais, que são indutivas, em última instância está baseada nos hábitos ou nos costumes em vez da razão.*"[12] Depreende-se que David Hume atribui à causalidade e aos costumes fonte cientí-

[10] DUDLEY, Will. **Idealismo alemão**, Trad. de Jaques A. Winberg, Petrópolis: Vozes, 2013.

[11] HUME, David. **Investigação sobre o Entendimento Humano**. 2. ed., Trad. André Campos Mesquita, São Paulo: Escala, p. 31.

[12] DUDLEY, Will. **Idealismo alemão**, Trad. de Jaques A. Winberg, Petrópolis: Vozcs, p. 22.

fica capaz de atribuir certeza ao discurso humano, teorizando, assim, a matriz filosófica denominada determinismo.

Por outro lado, o combate ao determinismo científico foi um dos propósitos da filosofia kantiana. E que, prevalecendo a tese de Hume, todo o trabalho teórico de Kant sobre o racionalismo naufragaria. Por isso, Dudley assegura que, para responder ao ceticismo e ao determinismo e defender a tese do conhecimento racional, "*Kant apresentou sua resposta a Hume em três livros – a Crítica da Razão Pura (1781), Crítica da Razão Prática (1788) e a Crítica do Poder do Julgamento (1790).*"[13]Ao publicar a Crítica da Razão Pura, em 1781, Immanuel Kant reafirma a sua convicção no conhecimento racional, pois, para a filosofia kantiana,"*a razão é a faculdade que fornece os princípios do conhecimento a priori. Por conseguinte, a razão pura é aquela que contém os princípios para conhecer algo absolutamente a priori.*"[14] Em Kant, o conhecimento a priori é aquele que não deriva da experiência, assim, a grande tarefa do homem é desvelar um conhecimento natural e intrínseco à racionalidade humana. Por isso, observa Dudley, que a crítica da razão pura de Kant propõe derrotar o ceticismo de Hume,"*demonstrando que na verdade há questões de fato que podem ser necessariamente verdadeiras somente por meio da razão.*"[15] Nota-se que Kant não só prestou uma homenagem aos primeiros filósofos que estabeleceram as bases do racionalismo, como também pretendeu assegurar o triunfo da razão sobre o ceticismo.

Portanto, o estudo do pensamento de Kant é de extrema importância para a ciência, sobretudo para o Direito, que, ao longo dos anos, vem se confirmando como uma ciência dogmática. É que o racionalismo kantiano tem servido de arcabouço teórico para a consolidação e estruturação do pensamento científico na modernidade. Aliás, um dos acontecimentos mais marcantes da história mundial, a Revolução Francesa (1789), valeu-se do pensamento de Kant para estruturar o

---

[13] DUDLEY, Will. **Idealismo alemão**, Trad. de Jaques A. Winberg, Petrópolis: Vozes, 2013, p. 27.

[14] KANT, Imamnuel. **Crítica da Razão Pura**. 2.ed., Trad. Fernando Costa Mattos, Petrópolis: Universitária São Francisco, 2013, p. 59.

[15] DUDLEY, Will. **Idealismo alemão**, Trad. de Jaques A. Winberg, Petrópolis: Vozes, 2013, p. 28.

chamado Estado da Razão. No campo jurídico não é diferente, o racionalismo kantiano está presente na norma fundamental de Kelsen. A norma superior, ou seja, a que atribui validade a todo o sistema normativo, nada mais é do que uma norma pensada, ou seja, teorizada pela racionalidade humana. Dessa forma, a razão é o meio pelo qual se chega à norma hipotética, pois, como observa Kelsen, "*dizer que uma norma é imediatamente evidente significa que ela é dada na razão, com a razão*."[16]Depreende-se que Kelsen se apropria da teoria do conhecimento de Kant para estabelecer as bases da teoria pura do direito, entregando à razão as condições para estabelecer uma ordem jurídica justa.[17]

Contudo, em face da valiosa contribuição de Kant, no que tange à sistematização do pensamento racional, surge o primeiro impasse para a ciência, ou seja, determinar a capacidade, os limites e as possibilidades da razão para encaminhar o conhecimento científico. Discute-se, desde os primeiros filósofos, que é por meio da razão humana que se alcança o conhecimento. Desse modo, a ciência vem se valendo do "conhecimento racional" para alcançar a certeza e estabilizar o discurso científico. A ideia de racionalidade tornou-se, assim, um dogma; cabe ao homem simplesmente desvelar seu saber para alcançar o progresso do conhecimento científico. Porém, não é qualquer pessoa que tem a capacidade para revelar os segredos do conhecimento racional. Esta é uma dádiva disponível a poucos predestinados. Daí a importante correlação entre razão e autoridade e suas implicações para o progresso do conhecimento científico.

5.3 RACIONALISMO CRÍTICO E PROGRESSO DA CIÊNCIA

A formação de um intelecto humano é o primeiro passo para assegurar o progresso do conhecimento científico. A questão é como se constrói um intelecto capaz de formular problemas e gerar respostas que possibilitem o avanço no campo da ciência. Depreende-se do

---

[16] KELSEN, Hans.**Teoria Pura do Direito**. Trad. João Baptista Machado, São Paulo: Martins Fontes, 2012, p. 218.

[17] KELSEN, Hans.**Teoria Pura do Direito**. Trad. João Baptista Machado, São Paulo: Martins Fontes, 2012, p. 225.

debate entre David Hume e Immanuel Kant a existência de duas matrizes teóricas, criadas por estes pensadores, que estabelecem hipóteses para melhor compreender os fatos e assegurar a expansão do conhecimento humano. Em Hume, a causalidade e o costume são fontes de conhecimento; em Kant, é por meio da razão que se alcança o progresso da ciência. Ambas as concepções científicas têm contribuído para a formulação de teorias, com certa prevalência do conhecimento racional sobre o determinismo.

Assim, será feito um contraponto à razão prática de Kant, a partir das conjeturas teóricas de Gaston Bachelard (racionalismo integrante) e Kal Popper (racionalismo crítico). Apesar de atribuírem nomenclaturas diferentes à ideia de racionalismo, há uma convergência de significado, entre os dois termos, nas teorias de ambos pensadores. Tanto o racionalismo integrante quanto o racionalismo crítico apontam os limites da *razão humana*, no que se refere à pretensão de atribuir certeza ao discurso científico. Desta forma, o progresso da ciência, tanto em Bachelard quanto em Popper, apontam para uma postura crítica em relação a todo o saber racional que propõe formular uma conjetura teórica.

O progresso do conhecimento científico, em uma perspectiva teórica que adota o *método de conjeturas e refutações*, é uma tentativa de estabilizar, provisoriamente, o discurso científico por meio de teorias mais competitivas. O método em questão é de autoria de Karl Popper e pode ser traduzido pelo esquema ($P_1 \rightarrow TT \rightarrow EE \rightarrow P_2$), de modo que ($P_1$) é o problema que gera uma investigação científica. A solução para o problema inicial se dá pela formulação de uma teoria experimental (TE). Em seguida, o autor da conjectura teórica estabelece um forte exame crítico em relação à sua própria produção científica, por conseguinte, a teoria então formulada se submete a um rigoroso teste crítico pela refutabilidade em face de outras teorias concorrentes. Como se observa, a criação de uma teoria, em uma concepção poperiana, não gera o propósito final da ciência. Para Popper, (P_2) é um novo problema que emerge da tentativa de solucionar o problema inicial por meio de um racionalismo crítico.[18] A função da crítica científica "*consiste*

[18] POPPER, Karl. **Conhecimento Objetivo**. Trad. Milton Amado. Belo Horizonte: Itatiaia, 1999, p. 159-160.

na procura de contradições e em sua eliminação: a dificuldade criada pela demanda de sua eliminação constitui o novo problema (P²). Assim, a eliminação do erro leva ao crescimento objetivo do nosso conhecimento."[19] Na mesma linha, observa Gaston Bachelard que, para alcançar objetividade científica, é necessário contraditar pensamentos e observações. Deve-se, portanto, em primeiro lugar, "*criticar tudo: a sensação, o senso comum, a própria prática mais constante, inclusive a etimologia, porque a palavra, que é feita para cantar e seduzir, raramente coincide com o pensamento. Longe de se maravilhar, o pensamento objetivo deve ironizar.*"[20]

Logo, a crítica é o recurso de indagação permanente da racionalidade humana, que gera as condições e possibilidades para o crescimento do pensamento científico. Contudo, é preciso salientar que tanto a crítica quanto a formulação de questionamentos se dirigem às contradições, às lacunas e aporias da teoria formulada e não ao seu idealizador. As teorias foram feitas para serem corroboradas ou falseadas, por isso, observa Popper, "*os cientistas tentam eliminar suas teorias falsas, tentam deixar que elas morram em lugar deles. O crente – seja animal ou homem – perece com suas crenças falsas.*"[21]Conclui-se que o racionalismo crítico consiste na possibilidade de o homem escolher, entre as teorias existentes, a mais habilitada a assegurar a construção de seu propósito científico.

Não há conhecimento científico que seja lastreado por dogmas de verdade irrefutável como imaginaram os primeiros filósofos. Tratando-se de progresso científico, todo saber é provisório, posto que seu objetivo não é alcançar a verdade real, mas propor conjecturas teóricas que aproximam da verdade. Portanto, o propósito de uma teoria científica não é a certeza, mas assegurar que a busca pelo esclarecimento não sofrerá censura em seu propósito, infindável, de eliminar os erros e contradições do pensamento humano. Dessa forma, "*todo crescimento de conhecimento consiste no aprimoramento do conhecimento*

---

19 POPPER, Karl. **Conhecimento Objetivo**. Trad. Milton Amado. Belo Horizonte: Itatiaia, 1999, p.126-127.

20 BACHELARD, Gaston. **Epistemologia**. Rio de Janeiro: Zahar, 1977, p. 116.

21 POPPER, Karl. **Conhecimento Objetivo**. Trad. Milton Amado. Belo Horizonte: Itatiaia, 1999, p. 123.

existente, que é mudado com a esperança de chegar mais perto da verdade."[22]

Toda proposição científica pode vir a corroborar uma teoria existente ou refutá-la, falseando seus argumentos e propondo uma teoria concorrente. Por isso, o teórico também deve preocupar-se com a falseabilidade de uma teoria, "*porque descobrir que uma asserção é falsa é o mesmo que descobrir que sua negação é verdadeira. Assim, a refutação de uma teoria será sempre de interesse teórico.*"[23]

Por conseguinte, colhe-se do pensamento de Bachelard que não há produção de conhecimento se não houver uma pergunta capaz de interrogar um saber que se apresenta como proposição. Por isso, "*se não há pergunta, não pode haver conhecimento científico. Nada é evidente. Nada é gratuito. Tudo é construído.*"[24] É tarefa do homem não apenas indagar o saber ofertado, mas também produzir um conhecimento em substituição ao que está sendo questionado. Por isso, nenhuma conjetura científica deve ser imune a refutações, pois, como bem alertou Bachelard, não há conhecimento que não seja antecedido por uma indagação crítica.

Sendo assim, se o produtor de um determinado conhecimento interdita a arguição do seu próprio saber, não permitindo que se instale o debate em torno de seus argumentos e proposições, isso gera entrave à ciência. Daí a impossibilidade de a denominada "ciência dogmática" encaminhar o progresso da ciência, quando se trata de promover um direito que se pretende democrático.

Nenhum saber que assume discurso democrático pode ter a pretensão de que sua tarefa é assegurar respostas, isto é impossível sob o ponto de vista científico. Todo o conhecimento produzido, ainda que seja pelo mais sábio, será limitado em suas asserções e proposições. Sempre haverá lacunas no pensamento humano, posto que "*todas as*

---

22 POPPER, Karl. **Conhecimento Objetivo**. Trad. Milton Amado. Belo Horizonte: Itatiaia, 1999, p. 76.

23 POPPER, Karl. **Conhecimento Objetivo**. Trad. Milton Amado. Belo Horizonte: Itatiaia, 1999, p. 24.

24 BACHELARD, Gaston. **A Formação do Espírito Científico**. Trad. de Estela dos Santos Abreu, Rio de Janeiro: Contraponto, 1996, p. 18.

teorias são hipóteses: todas podem ser derrubadas."[25]Surge daí a importância da crítica científica na arguição dos limites e possibilidades da racionalidade humana. Isto significa que não existe fonte segura para a produção do conhecimento humano: todas as conjeturas são passíveis de erros. A falibilidade do conhecimento racional é uma resultante sempre presente quando se tratar da produção de conhecimento não originado de crenças ou de dogmas. Pois, como bem observou Kal Popper, "*quando Kant disse que nossa inteligência impõe suas leis à natureza, estava certo – só que não notou quantas vezes nossa inteligência falha ao tentá -lo.*"[26] Conforme observa Bachelard, todo racionalismo "*que tenha tal pretensão de universalidade fica muito próximo das soluções solipsistas do idealismo.*"[27]

Portanto, o progresso da ciência não será conduzido pela razão em si, ao contrário, o homem, interrogando permanentemente os fundamentos de sua racionalidade, é que possibilita o avanço teórico. Mais uma vez, valendo-se das ideias de Bachelard, constata-se que é necessário substituir "*o saber fechado e estático por um conhecimento aberto e dinâmico, dialetizar todas as variáveis experimentais, oferecer enfim à razão razões para evoluir.*"[28] Prossegue o autor, indagando o "*que seria uma razão sem ocasião de funcionar? A pedagogia da razão deve, pois, tirar vantagem de todas as ocasiões de raciocinar. Ela deve procurar a variedade do raciocínio, ou melhor, as variações do raciocínio.*"[29]Esta é uma questão fundamental para o pensamento científico, já que permite sair da crença em uma razão que tudo pode, e redefinir como tarefa do ser humano a construção do seu existir, por meio de conjeturas e refutações.

---

25 POPPER, Karl. **Conhecimento Objetivo**. Trad. Milton Amado. Belo Horizonte: Itatiaia, 1999, p. 39.

26 POPPER, Karl. **Conhecimento Objetivo**. Trad. Milton Amado. Belo Horizonte: Itatiaia, 1999, p. 34.

27 BACHELARD, Gaston. **Epistemologia**. Rio de Janeiro: Zahar, 1977, Bachelard, p. 102.

28 BACHELARD, Gaston. **A Formação do Espírito Científico**. Trad. de Estela dos Santos Abreu, Rio de Janeiro: Contraponto, 1996, p. 24.

29 BACHELARD, Gaston. **Epistemologia**. Rio de Janeiro: Zahar, 1977, Bachelard, p. 113.

Todo pensamento, até então formulado, é fruto de concepções e racionalidades diversas e conflituosas, conforme tão bem salientou Francis Wolff[30], ou seja, não há garantia de certeza ou segurança epistêmica em nenhuma corrente filosófica. O homem deve interrogar, permanentemente, as matrizes e concepções teóricas que insistem em ditar os rumos da humanidade por meio de um saber dogmático e decifrável apenas pela figura da autoridade.

5.4 A RELAÇÃO JURÍDICA COMO RACIONALIZAÇÃO IDEOLÓGICA DA TÉCNICA

De acordo com o pensamento de Karl Popper, toda teoria parte de um problema, prático ou teórico. Neste sentido, para melhor compreensão do problema, é preciso se valer da crítica. A finalidade do racionalismo crítico é conhecer ao máximo um determinado problema, para depois gerar, por meio de teorias, soluções hipotéticas de maior grau explicativo. Conforme explica Rosemiro Pereira Leal, "*a ciência sem a crítica seria a alavanca sem o ponto de apoio, não teria força de razoável demonstrabilidade em função da ausência de justificação prolongadamente testificada.*"[31]Demarcar um problema tem um significado importante para o progresso da ciência, posto que "*o crescimento do conhecimento marcha de velhos problemas para novos problemas, por meio de conjecturas e refutações.*"[32]

No campo do Direito, a "*teoria do processo como relação jurídica*", idealizada por Oskar Von Bülow em 1868[33], tem-se destacado em relação a outras teorias processuais[34], como a mais apta a assegurar a

---

[30] WOLFF, Francis. Nascimento da razão, Origem da Crise. *In*: ADAUTO NOVAES (Coord.). **A crise da Razão,**São Paulo: Companhia das Letras, 2006, p. 67-82.

[31] LEAL, Rosemiro Pereira. **Teoria Geral do Processo**: primeiros estudos. 11.ed., Rio de Janeiro: Forense, 2012, p. 37.

[32] POPPER, Karl. **Conhecimento Objetivo**. Trad. Milton Amado. Belo Horizonte: Itatiaia, 1999, p. 236.

[33] BÜLOW, Von Oskar. **Teoria das Exceções e dos Pressupostos Processuais**. Campinas: LZN, 2005.

[34] Para maior compreensão das teorias processuais, são oportunas as lições de Rosemiro Pereira Leal, em sua obra *Teoria Geral do Processo: primeiros estudos*, 2012, p. 77-93.

efetividade do direito processual. Mesmo com o advento de teorias de maior grau científico, tais como o processo como procedimento em contraditório[35], a constitucionalista[36]e, mais recentemente, a neoinstitucionalista[37], a tese do processo como relação jurídica, apesar de refutada pelos pensamentos acima mencionados, ainda se mantém resistente em leis processuais como a brasileira.

O atual Código de Processo Civil brasileiro acolheu a tese da relação jurídica processual, em razão das ideias difundidas por Liebman – que aqui chegou em 1940 – e assimiladas por seu discípulo Alfredo Buzaid, autor do anteprojeto do CPC de 1973. Segundo a doutrina de Cintra, Grinover e Dinamarco, as ideias de Liebmam tornaram possível iniciar um movimento científico no país, o que, mais tarde, levaria ao reconhecimento de uma escola processual organizada em São Paulo.[38]

Dessa forma, a teoria do processo como relação jurídica se enraizou e vem sendo aprimorada e difundida, porém, sem maiores esclarecimentos científicos por parte de seus seguidores, acerca dos propósitos e objetivos de uma relação processual controlada pela racionalidade judicante do intérprete-decisor.

Apesar de sua grande aceitação e hegemonia, a teoria do processo como relação jurídica tem sido objeto de críticas, por pesquisadores e

---

35 FAZZALARI, Elio. **Instituições de Direito Processual**. 8.ed., Campinas: Bookseller, 2006.

36 BARACHO, José Alfredo de Oliveira. **Processo Constitucional**. Forense: Rio de Janeiro, 1984.

37 LEAL, Rosemiro Pereira. **A Teoria Neoinstitucionalista do Processo**: uma trajetória conjectural. Belo Horizonte: Arraes, 2013.

38 "Foi assim que os jovens dos anos quarenta se preparam para dar início a um verdadeiro movimento científico no Brasil, ligados por íntima unidade de pensamento, a ponto de mais tarde um autor estrangeiro se referir à Escola Processual de São Paulo. Vieram, em seguida, os trabalhos de alto nível de Luís Eulálio de Bueno Vidigal, Alfredo Buzaid e José Frederico Marques, discípulos de Liebman naqueles colóquios por este promovidos; de Moacyr Amaral Santos, de Celso Agrícola Barbi, de Alcides de Mendonça e de outros mais modernos, em processo civil."(CINTRA, Antônio Carlos de Araújo; GRINOVER, Ada Pellegrini; DINAMARCO, Cândido Rangel. **Teoria Geral do Processo**. 29ª. ed., São Paulo: Malheiros, 2013, p. 145).

teóricos[39], que passaram a estudar o processo a partir de um paradigma de Estado Democrático de Direito, conforme estabelece a Constituição Federal de 1988.

O exercício da função jurisdicional[40], no paradigma de direito democrático, assegura uma condição de isonomia entre todos os sujeitos processuais, não apenas formal, mas de igual oportunidade de influenciar na formação de todas as decisões proferidas em sede de Estado Democrático. Já a concepção relacionista do processo, ainda fiel a paradigmas de Estado liberal e social, estabelece um vínculo de *subordinação* do réu ao autor e de ambos ao Estado-Juiz.

Nessa perspectiva teórica, a racionalidade de uma decisão judicial não seria coextensiva ao argumento das partes, mas advinda de uma "razão judicante", completiva e até mesmo supletiva da lei, posta pela consciência do julgador. Conforme se verifica a partir da leitura de Oskar Von Bülow, idealizador da relação jurídica processual, "*o juiz também é autorizado pelo Estado para lidar com tais determinações legais que não estão contidas na lei estatutária, mas são exclusivamente encontradas pelo juiz, de fato inventado por ele, e não selecionados e destinados pelo estatuto.*" [41] É em razão desse poder exclusivo do julgador que, segundo Bülow, "*o direito romano deve boa parte de sua grandeza que garantiu sua potência mundial além da existên-*

---

39 Vale mencionar as contribuições da Escola Mineira de Processo, pois, conforme observou Dierle José Coelho Nunes, "*há mais de dez anos, o programa de pós-graduação stricto sensu da Pontifícia Universidade Católica de Minas Gerais vem desenvolvendo críticas e reflexões doutrinárias, por seus pesquisadores e professores, com o objetivo de contribuir, numa perspectiva plural, para uma reconstrução da teoria e da dogmática processual no marco do Estado Democrático de Direito.*" (**Processo Jurisdicional Democrático**. Curitiba: Juruá, 2011, p. 202).

40 Para melhor compreensão acerca do exercício da função jurisdicional, em um paradigma de Estado Democrático de Direito, recomenda-se a leitura da obra *Responsabilidade do Estado pela Função Jurisdicional*, de autoria de Ronaldo Brêtas de Carvalho Dias. Belo Horizonte: Del Rey, 2004.

41 No original: "*the judge is also empowered by the state to deal with such legal determinations that are not contained in the statutory law but are solely found by the judge, indeed invented by him, not selected and intended by the statute.*"(BÜLOW, Oskar. Statutory Law and the judicial function. **American Journal of legal History:** Temple University, jan. 1995, p. 90).

cia do Império Romano, ao trabalho de lei feita pelo juiz, que era laborioso, livre e ainda moderado, nobre de espírito, e liderado pela brilhante jurisprudência."[42]Depreende-se que o julgador assume um papel proeminente na relação processual, pois lhe é facultado atribuir e completar os sentidos da lei. O produto argumentativo proveniente de sua racionalidade é imune à crítica, porque carrega em si o atributo da certeza absoluta, que remonta ao pensamento grego do século V a.C. Logo, a decisão judicial é quase uma revelação mística, ou seja, um produto "*sagrado*", que coloca os sujeitos processuais mais perto da verdade, em razão da sabedoria privilegiada do *mystae*.[43]

Dessa forma, na tentativa de refutar a ideia de processo como relação jurídica, e estabelecer a democratização da atividade processual, Aroldo Plínio Gonçalves, em obra publicada em 1992, observa que "*se admitir o processo como relação jurídica, na acepção tradicional do termo, ter-se-ia que admitir, consequentemente, que ele é um vínculo constituído entre sujeitos em que um pode exigir do outro uma determinada prestação, ou seja, uma conduta determinada.*"[44] Seguindo a mesma perspectiva teórica, Ronaldo Brêtas de Carvalho Dias sustenta que "*essa teoria enxerga no processo uma relação jurídica autônoma, singular e unitária, embora complexa, que vincula juiz e partes, os sujeitos do processo, definindo-lhes sujeição ou subordinação.*"[45] Por

---

[42] No original: "*The Roman law owes most of the greatness that secured its world power beyond the existence of the Roman Empire to the work of judge-made law which was industrious, free and yet moderate, noble-minded, and led by brilliant jurisprudence.*"(BÜLOW, Oskar. Statutory Law and the judicial function. **American Journal of legal History:** Temple University, jan. 1995, p. 81).

[43] O *mystae*, segundo Giambattista Vico, é o interprete dos deuses, ou seja, aquele portador de uma racionalidade capaz de "entrar na mente de Deus" e compreender, melhor que outros seres humanos, "a jurisprudência divina". "*E tal jurisprudência estimava o justo apenas através da solenidade das divinas cerimônias; donde vieram aos romanos tantas superstições dos atos legítimos, e em suas leis permaneceram aquelas frases "iustae nuptiae" e "iustumtestamentum" por núpcias e testamentos solenes.*" (**A Ciência Nova**. Trad. Marco Lucchesi, Rio de Janeiro: Record, 1999, p. 407).

[44] GONÇALVES, Aroldo Plínio. **Técnica Processual e Teoria do Processo**. 2ª. ed., Belo Horizonte: Del Rey, 2012, p.83.

[45] BRÊTAS, Ronaldo de Carvalho Dias. **Processo Constitucional e Estado Democrático de Direito**. 2ª. ed., Belo Horizonte: Del Rey, 2012, p. 86.

fim, leciona André Del Negri que a relação jurídico-processual se revela como uma "*teoria incompreensível e deformizante pela influência genocida do Movimento de Direito Livre. Nesse cenário, tendo à frente Bülow, preocupado em assegurar um ampla liberdade ao juiz no valorar pessoalmente os casos concretos independentemente de lei,* (...)."[46]

Apesar das contundentes críticas, a teoria do processo como relação jurídica, ainda hoje permanece firme no seu propósito de encaminhar discurso processual brasileiro. Aliás, é importante destacar que nem o debate criado em torno da proposta de reforma do Código de Processo Civil tornou possível visualizar um desprendimento de uma concepção relacionista do processo no Brasil.

Ao tecer comentários sobre o projeto de novo Código aprovado pelo Senado, ainda sem as alterações recentemente produzidas pela Câmara Federal, Ronaldo Brêtas de Carvalho Dias já alertava para as impropriedades terminológicas nele lastreadas. As críticas, deveras pertinentes, eram dirigidas, em boa parte, aos dispositivos legislativos que não guardavam similaridade teórica com um modelo constitucional de processo. Dessa forma, o projeto aprovado pelo Senado Federal "*acarretou gama elevada de imperfeições e graves deficiências na sua sistematização e nos seus conteúdos normativos, muitas desrespeitando o devido processo constitucional.*"[47]

A crítica elaborada por Glauco Gumerato Ramos ao Código projetado diz respeito ao excesso de poder dado ao juiz, o que fortalece a tese do ativismo judicial, refutada pelo autor nos seguintes termos: "*não será o super-juiz autorizado pelo código atual, ou pelo projetado, que resolverá todos os males da justiça brasileira. Se esta fosse a receita, não precisaríamos ter reformado o Código Buzaid; não precisaríamos criar um Novo CPC.*"[48] Com asserções não menos contun-

---

[46] DEL NEGRI, André. **Controle de Constitucionalidade no Processo Legislativo**: teoria da legitimidade democrática. Belo Horizonte:Fórum, 2008, p. 93.

[47] BRÊTAS, Ronaldo de Carvalho Dias. Projeto do Novo Código de Processo Civil aprovado pelo Senado- Exame Técnico e Constitucional. *in*: ROSSI, Fernando *et al.* (Coords.). **O Futuro do Processo Civil no Brasil**: uma análise crítica ao projeto do novo CPC. Belo Horizonte: Fórum, 201, p. 564.

[48] RAMOS, Glauco Gumerato. Poderes do Juiz – Ativismo (=autoritarismo) ou Garantismo (=liberdade) no Projeto do novo CPC. In: Fernando Rossi *et al.* **O**

dentes, observa Sérgio Tiveron que o projeto de CPC "*continua a ser o que Bülow preconizou, há mais de um século: método, meio e instrumento para positivação do poder estatal. Então, ausente uma teoria (não técnica orientada a fins) apta a concretizar garantias constitucionais* (...)"[49], tendo em vista que preserva a ideia de um processo como instrumento habilitado a resolver conflitos. Nota-se que todas as críticas dirigidas a dispositivos do projeto de CPC demonstram a resistência dos legisladores em desgarrar de ideias que conceberam o processo como uma "*teoria da relação jurídica*" controlada pelo Estado.

As teorias, de acordo com as observações alinhavadas neste artigo, são elaboradas para serem testadas e substituídas quando se depara com hipóteses teóricas mais abrangentes. Por isto, com acerto, leciona André Del Negri que as teorias, em uma perspectiva científica, são "*abandonadas ou radicalmente transformadas após refutações, dando origem a outras teorias menos equivocadas (...). Assim, a teoria da relação jurídica hoje teria pouca importância, se não tivesse alguns empedernidos admiradores, inclusive no Brasil.*"[50] A questão que aqui se apresenta é de que modo a "*teoria da relação jurídica*" se mantém tão resistente entre as teorias processuais de maior amplitude científica. Que racionalidade da relação jurídico-processual justifica tanta proeminência perante os tribunais brasileiros? A hipótese que será alinhavada é a de que a relação jurídica não se trata de uma teoria, mas de uma técnica ideológica de controle da decisão judicial pelo Estado.

A relação jurídica processual permite que o acertamento do direito, em caso de omissão ou lacunas da lei, seja decidido de acordo com

---

Futuro do Processo Civil no Brasil: uma análise ao projeto do novo *CPC*. Belo Horizonte: Fórum, 2011, p. 710.

49 TIVERON, Sérgio. A relação jurídica como técnica de suspensão da lei pelo poder do juiz e a ideologia da decisão judicial como atividade complementar da função legislativa e fonte criadora do direito ainda presentesno novo CPC – Apontamentos críticos à exposição de motivos.*In*: ROSSI, Fernando *et al.* (Coords.). **O Futuro do Processo Civil no Brasil**: uma análise crítica ao projeto do novo CPC. Belo Horizonte: Fórum, 2011, p. 607-608.

50 DEL NEGRI, André. **Processo Constitucional e Decisão *Interna Corporis***. Belo Horizonte: Fórum, 2011, p. 39.

a racionalidade do julgador.[51] Partindo-se dessa asserção, é forçoso reconhecer que Bülow estabeleceu uma crença de que o agente público decisor detém saberes apriorísticos advindos de uma razão inata no sentido kantiano.[52] Assim, a proposta buloviana se revela uma estratégia de julgamento com a finalidade de conservar formas primitivas de dominação pela figura da autoridade. Daí a brilhante contribuição científica de André Cordeiro Leal, ao esclarecer que Bülow, ao publicar *Gesetund Richteramt,* em 1885, visava a fortalecer a magistratura nacional alemã, para que não houvesse "*a fragmentação do poder na Alemanha, a partir do século XIII, que conduzia ao risco de uma anomia total, a recepção só se empreendera e se tornara possível, em verdade, pelo trabalho salvador dos magistrados até então ignorado pelo legalismo.*"[53] Logo, a opção de Bülow, ao entregar o controle da relação jurídica processual ao julgador, com a finalidade de assegurar os interesses do Estado alemão, estruturou uma técnica ideológica de dominação e não uma proposta de teórica para a ciência processual. Sendo assim, as teorias processuais – que buscam construir ou aprimorar as suas proposições a partir das conjecturas do processo como relação jurídica – estão, no nosso entender, contribuindo para aperfeiçoar a técnica ideológica de julgamento e não uma teoria.

A técnica, conforme se depreende do magistério de André Lalande, significa um "*conjunto de procedimentos bem definidos e transmissí-*

---

[51] Vale mencionar o artigo 4º e 5º da Lei de Introdução às Normas do Direito Brasileiro que, em total desrespeito ao paradigma processual adotado pela Constituição Federal, faculta ao julgador controlar a relação processual por meio de "juízos" advindos de sua consciência privilegiada. Mais uma vez é possível perceber o impacto secular do chamado "conhecimento racional" na construção e explicação dos sentidos normativos pela figura autoridade. Assim dispõe o artigo mencionado: "*Quando a lei for omissa, o juiz decidirá o caso de acordo com a analogia, os costumes e os princípios gerais do direito.*" Prossegue o legislador: "*Na aplicação da lei, o juiz atenderá aos fins sociais a que ele se dirige e as exigências do bem comum.*" Nota-se que o dispositivo legal, ao proibir o *non-liquet*, estabelece que as lacunas da lei devem ser preenchidas pela racionalidade do julgador quando da construção das decisões.

[52] LEAL, Rosemiro Pereira Leal. **Processo como teoria da lei democrática**. Belo Horizonte: Fórum, 2010, p. 172.

[53] LEAL, André Cordeiro. **Instrumentalidade do Processo em Crise**. Belo Horizonte: Mandamentos, 2008, p. 55.

veis, destinados a produzir certos resultados considerados úteis."[54] O objetivo da técnica é alcançar uma resposta adequada, em face de algum interesse, seja de ordem econômica, política ou jurídica. Por isso, a técnica sempre dependerá de procedimentos, cada vez mais sofisticados – racionalização da técnica - com a finalidade de produzir resultados úteis e determinados. Daí a importância da ciência, no magistério de Rosemiro Pereira Leal, com a finalidade de promover o esclarecimento da técnica, das teorias e ideologias da técnica, para alcançar "*a produção e o crescimento esclarecido do conhecimento pela testificação teorizada dos enunciados técnicos-teóricos* (...)."[55] Sem a arguição da técnica pela ciência, o conhecimento científico se tornará mero instrumento de dominação sem qualquer progresso epistêmico. Por isto, vale transcrever a observação de Habermas, que, "*sob a suave dominação da técnica e da ciência como ideologia*"[56], se estabelecem as novas formas de controle e hegemonia.

No campo do direito não é diferente, a produção do conhecimento jurídico ainda se resume "*a estruturas técnicas e a ideologias jurídicas de manipulação pretoriana (sistema de common law) (...), ou pela ideologia medieval da civil law, onde a dominação político-econômica é componente histórica e direcionadora dos provimentos.*"[57] Partindo-se dessas considerações, é possível compreender a "*teoria da relação jurídica*" como "*uma proposta técnica de sustentação do decisionismo judicial, ou de uma jurisdição como atividade estatal salvacionista pelo juiz* (...)"[58], com a finalidade de obter um determinado resultado revestido de segurança e certeza por meio da decisão judicial.

---

[54] LALANDE, André. **Vocabulário Técnico e Crítico da Filosofia**. São Paulo: Martins Fontes, 1999, p. 1109.

[55] LEAL, Rosemiro Pereira. **Teoria Geral do Processo**: primeiros estudos. 11. ed., Rio de Janeiro: Forense, 2012, p. 34.

[56] HABERMAS, Jürgen. **Técnica e Ciência como Ideologia**. Lisboa: Edições 70, 1968, p. 87.

[57] LEAL, Rosemiro Pereira. **Teoria Geral do Processo**: primeiros estudos. 11. ed., Rio de Janeiro: Forense, 2012, p. 35.

[58] LEAL, André Cordeiro. **Instrumentalidade do Processo em Crise**. Belo Horizonte: Mandamentos, 2008, p. 134.

Nesse sentido, André Cordeiro Leal explica que o processo, idealizado por Bülow como relação jurídica, se resume a uma "técnica da jurisdição", uma vez que o controle da relação jurídica processual permite "*em última análise, o controle de todo o direito vigente, e somente mesmo a relação jurídica e a subordinação nela pressuposta poderiam dar sustentação a esse projeto*."[59]

Assim, a ideia de racionalidade da relação jurídica processual é ditada pela consciência do julgador, representante máximo do Estado, que se vale de uma técnica de julgamento – instrumentalidade do processo – com finalidade última de alcançar resultados de interesses do Estado. Daí a pertinente conclusão de André Leal, ao afirmar que Bülow não deve ser reconhecido como "*o fundador da ciência processual atual, mas o inaugurador de uma vertente tecnológica da jurisdição como atividade dos juízes* (...)."[60] Pois, conforme observa o pesquisador, "*suas cogitações não passam do plano da técnica procedimental a serviço da jurisdição como poder ou atividade do Estado* (...)."[61]No mesmo sentido, argumenta Sérgio Tiveron que a relação jurídica, além de uma técnica, é também uma ideologia da jurisdição, porque, "*para Bülow, a decisão judicial se constitui numa autêntica atividade criadora do direito*."[62]A asserção do pesquisador é pertinente, já que se depreende do próprio Bülow que, formada a relação jurídico processual, o "*tribunal assume a obrigação concreta de decidir e realizar o direito deduzido em juízo e, de outro lado, as partes ficam obrigadas, para isto, a prestar uma colaboração indispensável*

---

[59] LEAL, André Cordeiro. **Instrumentalidade do Processo em Crise**. Belo Horizonte: Mandamentos, 2008, p. 60.

[60] LEAL, André Cordeiro. **Instrumentalidade do Processo em Crise**. Belo Horizonte: Mandamentos, 2008, p. 65.

[61] LEAL, André Cordeiro. **Instrumentalidade do Processo em Crise**. Belo Horizonte: Mandamentos, 2008, p. 129.

[62] TIVERON, Sérgio. A relação jurídica como técnica de suspensão da lei pelo poder do juiz e a ideologia da decisão judicial como atividade complementar da função legislativa e fonte criadora do direito ainda presentes no novo CPC – Apontamentos críticos à exposição de motivos. *In*: ROSSI, Fernando *et al.* (Coords.). **O Futuro do Processo Civil no Brasil**: uma análise crítica ao projeto do novo CPC. Belo Horizonte: Fórum, 2011, p. 564.

e a submeter-se aos resultados desta atividade comum."[63]Nota-se que o processo, em uma concepção relacionista, é reduzido a um meio, melhor dizendo, a uma racionalização da técnica com o objetivo de controlar de forma efetiva os interesses postos em litígio.

Desse modo, ainda que a pretensão em juízo seja sobre direito já decidido no plano constituinte – direito fundamental – sempre caberá ao julgador, por meio de juízos de livre convicção, conveniência, proporcionalidade e adequabilidade, proferir a decisão que melhor corresponda aos interesses do Estado. Uma decisão proferida em sede de relação jurídica pode não apenas suspender a efetividade de um direito fundamental como também atribuir sentido figurativo ao texto Constitucional. Nessa perspectiva, a Constituição figura como norma hipotética de uma sociedade pressuposta, que pode ser cambiável pelo julgador conforme sua racionalidade, e a conveniência dos "interesses públicos".

Por isso, relação jurídica processual cumpre um papel fundamental, pois é por meio dela que se torna possível controlar as relações sociais e exercer o poder do Estado. Assim, para Bülow, é essencial fortalecer o controle da relação jurídica, pois:

> "[...] a validez da relação processual é uma questão que não pode deixar-se liberada em sua totalidade à disposição das partes, pois não se trata de um ajuste privado entre litigantes, só influenciados por interesses individuais, mas sim de um ato realizado com a ativa participação do tribunal e sob a autoridade do Estado, cujos requisitos são coativos e em maior parte, absolutos."[64]

As reflexões apresentadas permitem inferir que a denominada "*teoria do processo como relação jurídica*" – ao assegurar que o exercício da jurisdição é uma atividade monopolizada pelo julgador com a finalidade de controlar as pretensões postas em litígios – a relação processual se reduz a uma técnica ideológica de julgamento.

Assim, decisão judicial produzida em uma perspectiva relacionista do processo, sob o pretexto de assegurar maior agilidade na reso-

---

63 BÜLOW, Von Oskar. **Teoria das Exceções e dos Pressupostos Processuais**. Campinas: LZN, 2005, p. 6.

64 BÜLOW, Von Oskar. **Teoria das Exceções e dos Pressupostos Processuais**. Campinas: LZN, 2005, p. 258.

lução dos conflitos, atribuindo liberdade de decisão ao julgador, imuniza a racionalidade do saber judicante a uma fiscalidade processual democrática. A legitimidade da decisão judicial, em um paradigma de Estado Democrático de Direito, reclama uma teoria processual que assegure a todos do povo o direito de igual interpretação e construção, quanto à persecução de um direito democrático – cujos fundamentos não são imunes a um exame racional crítico.

5.5 POR UMA TEORIA PROCESSUAL DEMOCRÁTICA

Estudar o direito processual a partir de um paradigma de Estado Democrático que elege o povo, e não mais a figura da autoridade, como único detentor do poder (parágrafo único do art. 1º da CF), implica repensar a legitimidade do discurso jurídico (linguagem) sob novos horizontes teóricos. Sendo assim, a Constituição Federal suplica por uma teoria processual que concorra para a efetividade do paradigma de direito democrático instaurado no Brasil após a constituinte de 1988.

A teoria neoinstitucionalista do processo, elaborada por Rosemiro Pereira Leal a partir das conjecturas de Karl Popper, propõe enfrentar esse desafio, o que a qualifica e habilita, dentre outras teorias processuais, a concorrer para a efetividade do Estado Democrático de Direito.

Na concepção neoinstitucionalista do processo, o povo é legitimado incondicional a exercer uma fiscalidade processual irrestrita da normatividade jurídica. A ideia de fiscalidade está ligada à concepção de um sistema aberto (sociedade aberta no sentido de Popper), de modo que não se permite vedar ao povo o direito de construir, reconstruir, afirmar ou negar o direito posto por leis formalizadas (proposições legais).

Assim, a teoria neoinstitucionalista estabelece uma diferença entre outras teorias processuais, na medida em que propõe o exercício de uma **metalinguagem** em todos os níveis instituinte do direito. Pois, conforme argumenta Leal, a efetividade de um direito democrático depende de uma fiscalidade processual "*desde a sua base instituinte do ordenamento jurídico ao nível constituído suscetível à refutabilidade (testabilidade) constante pela via do controle de constitucio-*

nalidade difuso (incidental-concreto) e abstrato (concentrado) de modo amplo e irrestrito por ações (procedimentos) constitucionais e paraconstitucionais [...].[65] Porém, essa proposição teórica só é compreensível se forem ultrapassadas as barreiras impostas pela lógica da ciência dogmática do direito. Pois, produzir o direito democrático implica, primeiramente, demarcar a matriz teórica por meio da qual se pretende atingir tal objetivo.

Assim como Rosemiro Pereira Leal, Hans Albert, apoiando-se na epistemologia poperiana, também aponta para a impossibilidade de produzir conhecimento científico por meio da dogmática jurídica. O autor denuncia que a chamada "ciência do direito" se aproxima do pensar teológico, posto que ambas correntes filosóficas acreditam em um conhecimento imune à crítica, na medida que "*se submeterem, mais ou menos explicitamente, a um modelo de revelação do conhecimento, segundo o qual o que importa é derivar a verdade de comunicados de instâncias dotadas de autoridade indubitável para a solução dos respectivos problemas*."[66]

É por isso que, na concepção neoinstitucionalista, o Processo é o eixo teórico-crítico que assegura a legitimidade do Estado Democrático Direito – não dogmático por impedir a existência de proposições normativas sem que o povo – conjunto de legitimados ao processo – possa exercer uma *hermenêutica isoménica* quanto aos fundamentos de validade e legitimidade da existência legal. Afinal, o que é o processo democrático senão uma linguagem habilitada a arguir outra linguagem com o propósito de construir, ainda que provisoriamente, a legitimidade da normatividade jurídica.

Assim, contrário ao paradigma processual democrático, a anunciação do direito, tanto no Estado Liberal quanto no Social, se dá por uma linguagem monológica, disponível apenas para a figura da autoridade. O processo, em uma perspectiva dogmática do direito, não estabelece uma *metalinguagem* entre os sujeitos na construção do direito, mas se sustenta por um discurso autocrático profetizado pelo

---

65 LEAL, Rosemiro Pereira. **Processo como teoria da lei democrática**. Belo Horizonte: Fórum, 2010, p. 176.

66 ALBERT, Hans. **O Direito à luz do Racionalismo Crítico**. Trad. GüntherMaluschke, Brasília: Universa, 2013, p. 67.

Estado-Juiz. Daí o propósito da teoria neoinstitucionalista do processo em estabelecer um contraponto à dogmática jurídica, a partir da seguinte percepção:

> *De 1975 a 1999, pensei nessa possibilidade de escrever uma teoria do direito que pudesse contrapor-se, em sua elaboração, às teses seculares da Ciência Dogmática do Direito que vinha fornecendo as matrizes de operacionalização das diversas especialidades (áreas) do direito em todo o mundo. Decidi que, se a Ciência Dogmática do Direito era uma ferramenta lógico-linguística de construção do direito e de sua aplicação, só me restaria combatê-la com outra linguagem jurídica que, como metalinguagem, não apresentasse os seus mesmos escopos. A primeira descoberta foi perceber que o 'Processo' não era uma linguagem que, por suas características lógicas, serviria apenas à autoridade na discussão do Direito, porque a Ciência Dogmática do Direito adotava uma linguagem que só contemplava a autoridade: o mestre, o jurista doutrinador e o Estado-Juiz, uma vez que, pouco importando o que qualquer um argumentasse, esses três atores do império jurídico do sentido normativo acabariam por direcionar o decisum. Pensei que, se o legislador fazia a lei, era para entregar a essas autoridades o destino de sua interpretação.*[67]

Depreende-se que a saída encontrada por Rosemiro Pereira Leal foi compreender que, com a Constituição de 1988, o processo, e não mais a jurisdição, se tornara eixo norteador do sistema jurídico brasileiro. Com o propósito de sair dessa "encruzilhada" dogmática é que o teórico conjecturou a teoria neoinstitucionalista, calcada em uma epistemologia crítica. O processo, nessa perspectiva teórica, "é metalinguagem autocrítico-jurídica pela principiologia do contraditório, ampla defesa e isonomia", pois possibilita o exercício de uma hermenêutica isomênica – "*de todos na formação das decisões no tríplice nível de fundação, vigência e incidência da legalidade.*"[68] Porém, é preciso destacar que isomenia, na teoria neoinstitucionalista do processo, não se apoia em um discurso retórico-afirmativo de *"igualdade de todos perante a lei"*, mas "*define-se pela oportunidade de colocar todos os desti-*

---

67 LEAL, Rosemiro Pereira. **Processo como teoria da lei democrática**. Belo Horizonte: Fórum, 2010, p. 174-175;

68 LEAL, Rosemiro Pereira. **Processo como teoria da lei democrática**. Belo Horizonte: Fórum, 2010, p. 174-178.

natários normativos (intérpretes) em simétrica posição ante idêntico referente lógico-jurídico construtivo, aplicativo, modificativo ou extintivo do sistema jurídico (LEIS)."[69] Depreende-se, com essa concepção teórica, um ganho de democraticidade, na medida que o povo se torna autor e não ator da sua existência legal. Portanto, o processo democrático, ao possibilitar a arguição e interrogação da linguagem jurídica, assegura um "*direito a ser ativado (pós-ativo=positivo) e não mais um direito ativo miticamente surgido da natureza ou de um poder instituinte (constituinte) originário (egresso) da lei das culturas ou da razão pura ou apriorioristica.*"[70]

Nesse sentido, o processo:

> *[...] por ser uma teoria jurídica da argumentação por conteúdos procedimentais processualizados (metalinguagem) e em se proposicionando pelos enunciados do contraditório, ampla defesa e isonomia, nos níveis instituinte, constituinte e constituído do direito, é que exclui (proíbe) a vedação de liberdade em todos os instantes construtivos, operacionais, modificativos, aplicativos e extintivos, da normatividade.*[71]

Portanto, se a teoria processual não permite uma fiscalização irrestrita nos níveis instituinte, constituinte e constituído do direito, possibilitando que os destinatários normativos (povo) sejam de fato os autores da norma, não há superação de um sistema ideológico de dominação legal pela figura da autoridade. Por esse motivo, a teoria neoinstitucionalista se afasta de concepções dogmáticas (ideológicas), que acreditam que a supressão das aporias de um sistema jurídico se dá pela razão dogmática da autoridade ou pela intersubjetividade de racionalidades. Leal observa que "*entregar o suprimento dessa impossibilidade ao saber racional do decisor, que, por si próprio, possa acreditar que é portador de soluções ideais para todos, é erigir a crença numa racionalidade provedora das ausências normativas*

---

[69] LEAL, Rosemiro Pereira. **Processo como teoria da lei democrática**. Belo Horizonte: Fórum, 2010, p. 271.

[70] LEAL, Rosemiro Pereira. **A Teoria Neoinstitucionalista do Processo**: uma trajetória conjectural. Belo Horizonte: Arraes, p. 41.

[71] LEAL, Rosemiro Pereira. **Processo como teoria da lei democrática**. Belo Horizonte: Fórum, 2010, p. 184.

(anomias, aporias) pelo mito da tirania sublime que proíbe a crítica." Prossegue o pesquisador, argumentando que é "*a supressão da crença na racionalidade indutiva e prodigiosa que abre oportunidade para uma metodológica (metodologia) de produção, atuação, modificação ou extinção do direito como formulação de uma teoria do direito democrático* [...]."[72] Por isso, torna-se um grande desafio estudar o direito além dos contornos teóricos da dogmática jurídica, sustentado pela crença de que a autoridade é portadora de uma linguagem racional habilitada, desde sempre, a conduzir a sociedade já construída em algum momento da história (sociedade pressuposta).

Nesse sentido, para reconhecer a vitória momentânea que a dogmática jurídica vem impondo à possibilidade de pensar o direito pelo viés científico, vale transcrever as observações apresentadas por Hans Albert, em relação ao conhecimento jurídico disponibilizado pelas faculdades de direito:

> *Para os juristas, uma teoria da ciência orientada pelo puro interesse do conhecimento dificilmente pode ter grande importância. Quando se observa a prática do ensino das faculdades jurídicas, para se ter noção da especificidade dessa ciência, forma-se a impressão de que, sobretudo, uma coisa é importante: os futuros juristas devem aprender a utilização de certos textos –, a fim de que possam chegar, com o auxílio de tais textos, a decisões úteis, isto é, decisões que estão de acordo com o direito em vigor. O que importa é virem a conhecer as normas que pertencem à ordem vigente e suas possíveis aplicações, para, apoiando-se nelas, serem capazes de chegar à solução de certos problemas práticos.*[73]

De fato, o ensino ofertado pelas faculdades jurídicas, salvo raras exceções, tem-se resumido ao estudo do direito a partir das leis, súmulas e jurisprudência, ou seja, não existe pesquisa científica para arguir o conhecimento dado pela autoridade. Trata-se de uma catástrofe e de uma cegueira mental que impede o estudo do direito além das formas primitivas de dominação estratégica. Daí a importância singular da

---

72 LEAL, Rosemiro Pereira. **Processo como teoria da lei democrática**. Belo Horizonte: Fórum, 2010, p. 174-175.

73 ALBERT, Hans. **O Direito à luz do Racionalismo Crítico**. Trad. Günther Maluschke, Brasília: Universa, 2013, p. 69-70.

teoria neoinstitucionalista, que, ao acenar para novas possibilidades de produção do conhecimento científico, permite, enfim, ultrapassar as barreiras da dogmática jurídica.

5.6 CONCLUSÃO

Estudar o direito, além dos estreitos limites de uma ciência dogmática, implica enfrentar grandes desafios e percorrer caminhos tortuosos. Significa não se render ao discurso estratégico do direito positivo, que, por razões pragmáticas, acredita ser capaz, como num passe de mágica, de se igualar a todos do povo em direitos fundamentais de vida, igualdade e dignidade. Por outro lado, também não se estabelece o direito democrático entregando a interpretação da Constituição Federal à "razão" solipsista do julgador.

Assim, torna-se imprescindível para o progresso do conhecimento científico a compreensão e o esclarecimento de matrizes filosóficas, que, por séculos, vêm impactando a ciência jurídica. A concepção do processo como relação jurídica atribui uma racionalidade judicante ao julgador – a decisão judicial é o produto valorativo de sua consciência. Por isso, o estudo do direito processual democrático reclama uma reflexão crítica acerca de seus fundamentos, a fim de possibilitar um distanciamento de concepções que teorizaram o direito como produto estratégico somente compreensível pela figura da autoridade. A importância da teoria neoinstitucionalista do processo desse modo se explica: ela abre possibilidades de se pesquisar o direito fora dos contornos ideológicos da dogmática jurídica.

5.7 REFERÊNCIAS BIBLIOGRÁFICAS

ARISTÓTELES. **Metafísica**. Trad. Edson Bini, 2.ed., São Paulo: Edipro, 2012.

ALBERT, Hans. **O Direito à luz do Racionalismo Crítico**. Trad. Günther-Maluschke, Brasília: Universa, 2013.

BACHELARD, Gaston. **A Formação do Espírito Científico**. Trad. de Estela dos Santos Abreu.Rio de Janeiro: Contraponto, 1996.

BACHELARD, Gaston. **Epistemologia**. Rio de Janeiro: Zahar, 1977.

BARACHO, José Alfredo de Oliveira. **Processo Constitucional**. Forense: Rio de Janeiro, 1984.

BRÊTAS, Ronaldo de Carvalho Dias. Projeto do Novo Código de Processo Civil aprovado pelo Senado- Exame Técnico e Constitucional. *In*: ROSSI, Fernando *et al.* (Coords.). **O Futuro do Processo Civil no Brasil**: uma análise crítica ao projeto do novo CPC. Belo Horizonte: Fórum, 2011.

BRÊTAS, Ronaldo de Carvalho Dias. **Processo Constitucional e Estado Democrático de Direito**. 2. ed., Belo Horizonte: Del Rey, 2012.

BÜLOW, Von Oskar. **Teoria das Exceções e dos Pressupostos Processuais**. Campinas: LZN, 2005.

BÜLOW, Oskar. Statutory Law and the judicial function.**American Journal of legal History**: Temple University.p.71-91, jan. 1995.

CINTRA, Antônio Carlos de Araújo; GRINOVER, Ada Pellegrini; DINAMARCO, Cândido Rangel. **Teoria Geral do Processo**. 29.ed., São Paulo: Malheiros, 2013.

DEL NEGRI, André. **Controle de Constitucionalidade no Processo Legislativo**: teoria da legitimidade democrática. Belo Horizonte:Fórum, 2008.

DEL NEGRI, André. **Processo Constitucional e Decisão Interna Corporis**. Belo Horizonte: Fórum, 2011.

DUDLEY, Will. **Idealismo Alemão**. Trad. de Jaques A. Winberg. Petrópolis: Vozes, 2013.

FAZZALARI, Elio. **Instituições de Direito Processual**. 8.ed. Campinas: Bookseller, 2006.

GONÇALVES, Aroldo Plínio. **Técnica Processual e Teoria do Processo**. 2.ed., Belo Horizonte: Del Rey, 2012.

HABERMAS, Jürgen. **Técnica e Ciência como Ideologia**. Lisboa: Edições 70, 1968.

HUME, David. **Investigação sobre o Entendimento Humano**. 2.ed., Trad. André Campos Mesquita. São Paulo: Escala.

KANT, Immnuel. **Crítica da Razão Pura**. 2.ed., Trad. Fernando Costa Mattos. Petrópolis: Universitária São Francisco, 2013.

Kelsen, Hans.**Teoria Pura do Direito**. Trad. João Baptista Machado. São Paulo: Martins Fontes, 2012.

LALANDE, André. **Vocabulário Técnico e Crítico da Filosofia**. São Paulo: Martins Fontes, 1999.

LEAL, Andre Cordeiro. **Instrumentalidade do Processo em Crise**. Belo Horizonte: Mandamentos, 2008.

LEAL, Rosemiro Pereira. **Processo como teoria da lei democrática**. Belo Horizonte: Fórum, 2010.

LEAL, Rosemiro Pereira. **Teoria Geral do Processo**: primeiros estudos. 11.ed. Rio de Janeiro: Forense, 2012.

LEAL, Rosemiro Pereira. **A Teoria Neoinstitucionalista do Processo**: uma trajetória conjectural. Belo Horizonte: Arraes, 2013.

NUNES, Dierle José Coelho. **Processo Jurisdicional Democrático**. Curitiba: Juruá, 2011.

PLATÃO. **A República**. 3.ed. Trad. Carlos Alberto Nunes.Pará: Edufpa, 2000.

POPPER, Karl Raimund. **Conjecturas e Refutações**. 4ª. ed.Trad. Sérgio Bath. Brasília: Universidade de Brasília, 1972.

POPPER, Karl Raimund. **A Sociedade Aberta e seus Inimigos**. Trad. Milton Amado. Tomo I, Belo Horizonte: Itatiaia, 1998.

POPPER, Karl Raimund. **Conhecimento Objetivo**. Trad. Milton Amado. Belo Horizonte: Itatiaia, 1999.

RAMOS, Glauco Gumerato. Poderes do Juiz – Ativismo (=autoritarismo) ou Garantismo (=liberdade) no Projeto do novo CPC. In: Fernando Rossi *et al.* **O Futuro do Processo Civil no Brasil**: uma análise ao projeto do novo *CPC*. Belo Horizonte: Fórum, 2011.

SEVERINO, Emanuele. **A Filosofia Antiga**. Lisboa: Edições 70, 1984.

TIVERON, Sérgio. A relação jurídica como técnica de suspensão da lei pelo poder do juiz e a ideologia da decisão judicial como atividade complementar da função legislativa e fonte criadora do direito ainda presentes no novo CPC – Apontamentos críticos à exposição de motivos.*in*: ROSSI, Fernando *et al.* (Coords.). **O Futuro do Processo Civil no Brasil**: uma análise crítica ao projeto do novo CPC. Belo Horizonte: Fórum, 2011.

VICO, Giambattista Vico. **A Ciência Nova**. Trad. Marco Lucchesi, Rio de Janeiro: Record, 1999.

WOLFF, Francis. **Nascimento da Razão**. In: NOVAES, Adalto (Coord.). **A crise da Razão**. São Paulo: Companhia das Letras, 2006.

VI

CAPÍTULO

TÉCNICA DE AJUIZAMENTO DA AÇÃO

Carlos Henrique Soares[1]

Ronaldo Brêtas de Carvalho Dias[2]

5.1 INTRODUÇÃO

O termo **técnica** pode ser entendido como conjunto de procedimentos bem definidos e transmissíveis destinados a produzir certos resultados considerados úteis[3]. No entanto, é preciso ressaltar que a **técnica** nem sempre é desenvolvida a partir da **ciência**. É possível o desenvolvimento de uma técnica, mesmo sem refletir e conhecer determinados fundamentos e princípios próprios do conhecimento humano. Assim, quando se estuda uma técnica, **é preciso compreender se** foi desenvolvida com base em reflexões racionais.

---

1 Doutor e Mestre em Direito Processual Civil pela PUCMinas. Professor da PUC Minas de Direito Processual Civil – Campus Barreiro (Graduação e Pós-Graduação). Coordenador de Curso de Pós-Graduaçao em Direito Processual Civil do IEC-PUCMinas-Barreiro. Advogado sócio da Pena, Dylan, Soares & Carsalade Sociedade de Advogados. Escritor. Palestrante.

2 Doutor em Direito Constitucional pela UFMG. Mestre em Direito Civil pela UFMG. Professor de Direito Processual Civil, Processo Constitucional e Elementos de Técnica Processual na Faculdade Mineira de Direito da PUC Minas (Graduação, Mestrado e Doutorado). Advogado militante.

3 GONÇALVES, Aroldo Plínio. *Técnica processual e teoria do processo*. Rio de Janeiro: Aide, 1992, p. 22.

Quando a técnica é desenvolvida com base no conjunto de conhecimentos humanos reflexivos (ciência), obviamente, se sustenta em bases mais sólidas do que as técnicas que não foram racionalmente desenvolvidas ou que foram desenvolvidas com base exclusivamente em conhecimentos empíricos.

Segundo Rosemiro Pereira Leal, "*é de se afirmar que a ciência, como atividade que tem por objeto o esclarecimento da técnica e das teorias e ideologias da técnica, busca a produção e o crescimento esclarecido do conhecimento pela dialetização dos enunciados técnico-teóricos, já que, como observa Popper, 'nossa linguagem está impregnada de teorias: não existem enunciados de pura observação*[4]*'.*"

Ao utilizarmos a expressão **técnico-jurídico-processual**, estamos fazendo referência ao desenvolvimento de procedimentos a serviço da criação, estruturação, sistematização e aplicação das normas procedimentais no âmbito do Direito Processual[5].

Discorrendo sobre a ***técnica de ajuizamento da ação***, analisaremos os principais elementos que permitem a dedução de pretensão, a retirada do juízo da inércia e os requisitos legais para que esse conjunto de atos procedimentais possa revelar e garantir o contraditório entre as partes.

5.2 PRETENSÃO E AÇÃO

De início, cabe o registro de que as noções de pretensão e de ação, na prática do foro, surgem embaralhadas, envoltas por muita confusão. Aliás, na atualidade, o praxismo forense, de caráter infeccioso, golpeando de morte a técnica e a ciência do direito processual, em parte, é o responsável pela morosidade da atividade jurisdicional do Estado, retardando sobremaneira as soluções decisórias postuladas nos processos.

---

4 LEAL, Rosemiro Pereira. ***Teoria Geral do Processo – Primeiros Estudos***. 7ª. ed. Rio de Janeiro: Forense, 2008, p. 43.

5 LEAL, Rosemiro Pereira. ***Teoria Geral do Processo – Primeiros Estudos***. 7ª. ed. Rio de Janeiro: Forense, 2008, p. 47.

Há um hiato, um colossal abismo, um enorme fosso, entre os conteúdos científicos, técnicos e metodológicos do direito processual, expostos em milhares e notáveis livros de doutrina, há um século e meio, e o que se passa na conturbada prática do foro, a gerar tumulto, balbúrdia, atecnias e deturpações nos processos, o que vai desaguar na interposição de recursos, de modo a se restabelecer a ordem procedimental, visando à realização do direito material ou direito substancial.

Em razão dessas circunstâncias, é válida a tentativa de se fixar as noções de *pretensão* e de *ação*, estabelecendo-lhes as principais diferenças, porque, na sistemática adotada pelo vigente Código de Processo Civil, a escolha acertada (e obrigatória) do procedimento a ser empregado pelo autor (arts. 271 e 272), quando ajuíza (ou propõe) a *ação*, dando início ao *processo* e pleiteando a *jurisdição* (Código de Processo Civil, arts. 2º, 262 e 263), é feita segundo a *pretensão* (de direito material) que deduz em juízo, o que, a seguir, será objeto de nossa explanação.

Sobre pretensão e ação, principiamos por lembrar que, desde 1856, na Alemanha, quando iniciada a fase do chamado processualismo científico, discute-se a respeito, portanto, há 158 anos, inicialmente, com Bernard Windscheid e a célebre polêmica, histórica e acirrada, que travou com Muther, discussão retomada, depois, por Adolf Wach, em 1885, adotando como ponto de partida as afirmações de Muther. Sustentou Windscheid que seria equívoco esquecer o lado processualístico da *ação* (*actio*) e não ter em consideração que esta, antes de tudo, é o ato de impor a *pretensão (anspruch)* em juízo. Esquivando-nos de adentrar em pormenores, o que fugiria aos objetivos colimados na presente obra, podemos considerar, entretanto, que, em torno destas questões, basicamente, travou-se a renhida discussão entre os referidos professores germânicos, sempre mencionada pela doutrina, ao tratar do tema.

O pensamento de Windscheid, em síntese, era o de que a expressão vocabular *pretensão (anspruch)*, ao que parece, primeiro doutrinador a falar sobre ela, corresponderia à necessidade de se exprimir a tendência do direito de sujeitar a si a vontade alheia, enquanto a *ação* seria o ato de agir em juízo. No estudo que empreendeu da *ação (actio*, do direito romano), em confronto com o *direito de ação (klagerecht*, do direito alemão), concluiu Windscheid, o que nasce da lesão de um direito, por exemplo, do direito de propriedade, não é um direito de acionar (*ação)*, senão um direito do proprietário à restituição da coisa, dirigido contra o violador de seu direito, ou seja, em face da violação do direito de propriedade, surge um direito do proprietário contra o violador, que ainda não é o direito de ação, mas a *pretensão (anspruch)*. Este brevíssimo relato tem o fito de evidenciar que não é fácil discorrer sobre o assunto, embora apontadas concepções tenham despertado a atenção dos doutrinadores sobre ele há um século e meio.[6]

Como dito, essas questões provocaram reflexões doutrinárias, principalmente na Itália, país que sucedeu a Alemanha no estudo do processualismo científico, fazendo com que um de seus expoentes, Francesco Carnelutti, desenvolvesse doutrina acompanhada até os dias de hoje pela grande maioria dos estudiosos do direito processual. Com efeito, Carnelutti considerou que *"pretensão é exigência de subordinação de um interesse alheio ao interesse próprio"*. Havendo conflito de interesses, configurada estaria a *lide*, entendida esta, pois, *"como um conflito de interesses qualificado por uma pretensão resistida (discutida)"*. Neste quadro, o conflito de interesses seria o elemento material da lide, enquanto a pretensão e a resistência seus elementos formais. Objeto do interesse é *um bem* (*um bem da vida*, por exemplo, um imóvel, um móvel, um semovente, uma importância em dinheiro, um valor indenizatório, um comportamento omissivo ou comissivo de uma pessoa). Para Carnelutti, a pretensão opera pela *razão*, em outras palavras, *razão da pretensão* é seu fundamento, segundo o direito (direito material ou direito substancial). A pretensão é um *ato*, portanto, manifestação de vontade, não um *poder.* Se a pretensão é afirmada por quem não possui o direito, tem-se a "*pretensão infundada.*" Quem afirma ter ou sustenta uma pretensão, apregoando sua razão, *"faz valer um direito"*. Logo, as pretensões podem ser classificadas em conformidade com os direitos, motivo pelo qual as

6 Cf. TORNAGHI. *Instituições de direito penal,* v. 1, p. 245- 272. *Comentários ao Código de Processo Civil*, v. I, p. 79-90. FREIRE, Homero. *Pretensão*, p. 177-185. LIEBMAN. *Manual de direito processual civil*, v. I, p. 148-150. PRATA, Edson. *Processo de conhecimento*, v. I, p. 45-46. GONÇALVES, Aroldo Plínio. *Técnica processual e teoria do processo*, p. 76-78.

pretensões (não as *ações*) se distinguiriam em reais, pessoais, mobiliárias ou imobiliárias.[7]

Partindo das considerações até aqui expostas, consideramos que a *pretensão* exsurge no campo do direito material, antes do processo, vale dizer, é anterior ao ajuizamento ou à propositura da *ação*. Como o exercício do direito de ação, por aquele que sustenta ou alega ter uma pretensão fundada no direito material (ou direito substancial) e resistida por outrem, enseja o início do processo (Código de Processo Civil, arts. 262 e 263), a pretensão deve ser entendida, então, como diz expressivamente Pontes de Miranda, *"por pré-processual, do lado de fora das relações jurídicas processuais, como a abrir às partes as portas para essas"*. Nitidamente influenciado pela doutrina de Carnelutti, José Frederico Marques disserta sobre a pretensão e seus fundamentos, afirmando: *"A lide resulta de uma pretensão insatisfeita. Pretensão é o ato jurídico, isto é, declaração de vontade em que se formula, contra outro sujeito, determinada exigência. E a pretensão se torna insatisfeita, quando, por qualquer motivo, a exigência fica sem atendimento. Razão da exigência ou da pretensão é o conjunto de motivos em que esta se funda, denominando-se questão ao motivo controvertido. Questão, portanto, é razão controvertida"*.

Após tecer essas considerações sobre a pretensão, José Frederico Marques considera que a ação *"consiste no direito de pedir a tutela jurisdicional do Estado, para ser atendida uma pretensão insatisfeita"*. Para Couture, a ação *é "o poder jurídico, que tem todo sujeito de direito, de acudir aos órgãos jurisdicionais, para reclamar-lhes a satisfação de uma pretensão"*. Considera Couture que pretensão é a afirmação de um sujeito de direito de merecer a tutela jurídica do Estado, ao ajuizar a ação, promovendo e levando adiante o processo, em últimos termos, *"a ação é o poder jurídico do autor de fazer valer a pretensão"*.

Explica Couture *"que todo sujeito de direito tem, como tal, junto com seus direitos, que chamamos, por comodidade de expressão, materiais ou substanciais (exemplo, a propriedade), seu poder jurídico de acudir à jurisdição"*, poder, este, que chama de *ação*. No

---

7 CARNELUTTI. *Instituciones del proceso civil*, v. I, p. 27-34.

mesmo diapasão, Humberto Theodoro Júnior leciona que, *"além da invocação da tutela jurisdicional [...], o exercício do direito de ação revela a pretensão do autor, por meio da qual este quer subjugar um interesse antagônico do réu. [...]. A ação – direito subjetivo público exercitado pelo autor contra o Estado-juiz – revela, pois, a par do pedido de tutela jurídica estatal, uma pretensão de direito material contra o réu. Na realidade, o que quer o autor, nem sempre o consiga, é que a tutela jurisdicional redunde na proteção de seu interesse e na subjugação do interesse do réu. A solução da* <u>*ação*</u>*, afinal, será a solução da* <u>*pretensão*</u>*. [...]. A ação sem a pretensão é, como se vê, idéia vazia e sem maior significado, donde se deduz que esta é, na realidade, pressuposto daquela".*[8]

Em face dessas considerações doutrinárias, queremos crer que a *ação* é proposta de forma *conectada* ou *coligada* a uma *pretensão*, colocada à apreciação do Estado pelo autor, mediante processo de conhecimento constitucionalmente instaurado, por meio de um pedido certo e determinado especificado na petição inicial (Código de Processo Civil, arts. 263, 282, IV e 286), quase sempre contestada tal pretensão pelo réu (Código de Processo Civil, art. 300), devendo o órgão jurisdicional lhe dar uma resposta decisória pela forma da sentença de mérito, no sistema do Código de Processo Civil (arts. 128, 162, § 1º, 269, I e 458), o que ainda será objeto de nossos comentários, com exemplos elucidativos, no presente trabalho.

Sobre a ação, vale ainda lembrar Celso Agrícola Barbi, para quem *"o conceito de ação talvez seja o mais polêmico entre todos os do direito processual"*, porque, *"iniciada a divergência há um século, até hoje não se harmonizaram os doutrinadores sobre o que seja ação"*. No mesmo sentido, Alexandre Freitas Câmara, ao dissertar: *"tema dos mais polêmicos, senão o mais polêmico de toda a ciência processual, não há (nem se vislumbra possibilidade de que haja)*

---

8 PONTES DE MIRANDA. *Comentários ao Código de Processo Civil*, t. I, p. 57-58. FREDERICO MARQUES, José. *Manual de Direito Processual Civil,* v. 1, p. 144-145. COUTURE. *Fundamentos del derecho procesal civil*, p. 57, 59, 61, 67, 72 e 73. THEODORO JÚNIOR, Humberto. *Curso de direito processual civil*, v. I, p. 71.

consenso doutrinário acerca do conceito de ação. Há tantas teorias sobre o tema que já se chegou a dizer que cada processualista tinha a sua própria". Em abono de tais assertivas, louvando-se em estudo de Pekelis, revela Couture já terem sido detectadas cerca de *quinze* acepções distintas sobre o que seja *ação*, no direito contemporâneo.[9]

Por isso, ao tratar da natureza jurídica da ação, Edson Prata traz o seguinte relato comparativo de algumas das doutrinas concebidas e de seus seguidores: *"Reafirmamos que várias doutrinas explicam a natureza jurídica da ação, contando com maior número de adeptos as seguintes: a) civilista, com Savigny, Vinnius, Unger, Guelfi, Mattirolo, Paula Batista, João Mendes Júnior, João Monteiro; b)- a ação como direito público e concreto, ou como direito concreto de agir, de Adolf Wach, Helwig, Stein, Holder, Simoncelli, Gierke; c)- ação como direito potestativo, de Chiovenda, cujo grande adepto brasileiro é o Prof. Celso Agrícola Barbi; d)- ação como direito abstrato de agir, criação alemã de Degenkolb, e húngara de Plasz, tendo como seguidores a maior parte dos juristas deste século, como Afredo Rocco, Ugo Rocco, Alfredo Buzaid, Amaral Santos, Lopes da Costa, Eduardo Couture, Zanzucchi, Carnelutti, Emílio Betti, Enrico Tullio Liebman, Calmon de Passos, Arruda Alvim, Alberto dos Reis, Humberto Theodoro Júnior, Ronaldo Cunha Campos, dentre outros"*.[10]

5.3 AÇÃO E DIREITO-DE-AÇÃO

Essa profusão de teorias e de doutrinas a respeito da *ação* faz com que seus conceitos, definições ou acepções não sejam unívocos, variando no curso do tempo, muito embora Couture, a nosso ver com razão, diga que, em seu sentido estrito e decantado, ação é só isto: *"um direito à jurisdição"*. Tal afirmação desponta confirmada por pesquisa na doutrina, conferindo-se, por exemplo, Hélio Tornaghi, ao afirmar que *"ação é o direito subjetivo público que tem qualquer pessoa de exigir do Estado a prestação jurisdicional"*, e Ernane Fi-

[9] BARBI, Celso Agrícola. *Comentários ao Código de Processo Civil*, v. I, p. 16. CÂMARA, Alexandre Freitas. *Lições de Direito Processual Civil*, v. I, p. 115. COUTURE. *Fundamentos del derecho procesal civil*, p. 59. *Introdução ao estudo do processo civil*, p. 15.

[10] PRATA, Edson. *Processo de conhecimento*, v. I, p. 44.

délis dos Santos, ao conceituá-la ainda mais objetivamente: *"o direito do particular de solicitar prestação jurisdicional é o que se chama ação"*. Em sentido jurídico amplo, porém, Couture entende a ação como *"fórmula típica do direito constitucional de petição. Este é o gênero; a ação é a espécie"*, enxergando-a, a partir daí, como *"o poder jurídico, que tem todo sujeito de direito, de acudir aos órgãos jurisdicionais, para reclamar-lhes a satisfação de uma pretensão"*.[11]

Inspirando-nos na doutrina de Couture e levando em conta o princípio da supremacia da Constituição, do qual deriva a idéia de processo constitucional, entendemos que, em sentido jurídico amplo, *ação, espécie do gênero direito de petição, é direito constitucionalmente assegurado a qualquer pessoa (natural ou jurídica, de direito público ou de direito privado), exercido contra o Estado, consistindo em lhe exigir seja prestada a função jurisdicional, tendo por base a instauração de um processo legal e previamente organizado, segundo o modelo constitucional, no qual postulará decisão sobre uma pretensão de direito material* (Constituição Federal, art. 5º, inciso XXXIV, alínea *a*, e incisos XXXV, LIV e LV).

Não se deve pensar, porém, como fazem alguns doutrinadores, seguindo à risca o Código de Processo Civil, em interpretação literal, que o direito de ação se exaure no seu ajuizamento ou propositura, isto é, no sistema do Código, quando o autor entrega a petição inicial ao Estado-Judiciário (art. 263). Muito pelo contrário, como bem enfatiza José Marcos Rodrigues Vieira, *"seu exercício, sim, é concomitante ao processo, que dela surge"*, mas *"o drama da ação – que*

---

[11] COUTURE. *Estudios de derecho procesal civil*, t. I, p. 34 e 39. *Fundamentos del derecho procesal civil*, p. 58. *Introdução ao estudo do processo civil*, p. 15. TORNAGHI. *Instituições de processo penal*, v. 1, p. 301. SANTOS, Ernane Fidélis. *Manual de direito processual civil*, v. 1, p. 45. Se bem examinarmos o texto da atual Constituição Federal, talvez possamos considerar que as ideias de Couture, de certa forma, ali foram acolhidas. Efetivamente, o direito de petição (gênero) vem assegurado a qualquer pessoa no enunciado normativo do seu art. 5º, inciso XXXIV, alínea *a*: *"são a todos assegurados, independentemente do pagamento de taxas, o direito de petição aos Poderes Públicos em defesa de direitos ou contra ilegalidade ou abuso de poder"*. Já o direito de ação (espécie) está concedido a todos, na seguinte fórmula normativa do seu art. 5º, inciso XXXV: *"a lei não excluirá da apreciação do Poder Judiciário lesão ou ameaça a direito"*.

exauriu os teóricos – está em que a ação se produz ao longo de todo o processo, constrói-se extensamente, não em único momento". Com o mesmo sentido, levando em conta o modelo constitucional do processo, certas se revelam as considerações de Misael Montenegro Filho, para quem *"o direito de ação, depois de exercitado, desencadeia uma série de garantias constitucionais voltadas ao processo, de sorte que apenas o exercício de todas elas, na sua plenitude, é que nos faz concluir ter sido assegurado o direito de ação".*[12]

No entanto, evoluindo sobre as principais teorias da ação, e buscando entender o conceito de **ação** sob o prisma constitucional e democrático, temos que a **ação** desencadeia ou instaura o **procedimento,** que é uma estrutura normativa em contraditório, por meio da qual os atos processuais são praticados. Portanto, procedimento é o conjunto de atos destinados a obter uma sentença (favorável ou desfavorável, com ou sem a resolução do mérito). Já o **direito-de-ação** seria o direito constitucional de movimentar a jurisdição.[13]

Admitindo-se que o direito-de-ação é o direito de movimentar a jurisdição, tal significa dizer que, em termos constitucionais democráticos, não se impõe qualquer condição ou qualidade para agir, em juízo, tendo-se, portanto, sua instrumentalização por meio de **petição**.

Nesse sentido, "*pressupostos e requisitos do procedimento são aspectos endoprocedimentais apuráveis no correr da estruturação do procedimento, após a instauração deste pelo instrumento da petição formalística, ou até inepta, em observância, ou não, ao rigor dos termos dos arts. 282 e 283 do CPC.*"[14] Conclui Rosemiro Pereira Leal que "*a petição inicial é instrumento do direito-de-ação e instaura o procedimento, antes do conhecimento do juízo, quando se faz pela distribuição 'onde houver mais de uma vara' (art. 263 do CPC).*

---

12 VIEIRA, José Marcos Rodrigues. *Da ação cível*, p. 54. MONTENEGRO FILHO, Misael. *Curso de direito processual civil*, v. 1, p. 138.

13 LEAL, Rosemiro Pereira. ***Teoria Geral do Processo – Primeiros Estudos***. 7ª. ed. Rio de Janeiro: Forense, 2008, p. 129.

14 LEAL, Rosemiro Pereira. ***Teoria Geral do Processo – Primeiros Estudos***. 7ª. ed. Rio de Janeiro: Forense, 2008, p. 191.

A petição, por conseguinte, instaura o procedimento pelo ato de sua distribuição.[15]"

Assim, verificamos uma estrita relação entre os termos ação, procedimento, processo e petição inicial. Os termos ação e procedimento, sob tal ótica, poderiam ser tidos como correlatos, indicando o conjunto de atos processuais encadeados. Tal conjunto de atos é inaugurado por meio da petição inicial, que significa a peça gráfica reveladora da pretensão, que corresponde ao pedido formulado na petição inicial. E, por fim, o processo, que significa o procedimento em contraditório.

5.4 TÉCNICA DE AJUIZAMENTO DA AÇÃO

Postas essas ideias, apresentamos um exemplo muito simples de sua adequação técnica à situação concreta, colhida da prática forense, mas útil, já que, costuma-se dizer, um exemplo vale mais do que mil palavras.

Suponha-se que Asdrúbal seja proprietário de um terreno urbano, no qual edificou um prédio rústico, nele permanecendo aos finais de semana, almejando lazer. A Constituição Federal lhe reconhece tal direito fundamental, o direito de propriedade (art. 5º, inciso XXII). Recepcionando a norma constitucional, o Código Civil de 2002 prescreve que o proprietário tem a faculdade de usar, gozar e dispor da coisa, e, por consequência, o direito de reavê-la do poder de quem quer que injustamente a possua ou detenha (art. 1.228). Referidas normas pertencem ao direito material ou direito substancial (algumas vezes, chamado de direito de fundo). Entretanto, Rolando, de mal com a humanidade, rebelde e desobediente ao ordenamento jurídico, derruba parte do muro que circunda a propriedade de Asdrúbal, invadindo-a, ali montando barraca e passando a morar. Ora, em face do comportamento de Rolando, Asdrúbal terá a pretensão, fundada no direito de propriedade, que lhe é assegurado pelas normas da Constituição (direito fundamental) e do Código Civil, de reaver o imóvel do qual é proprietário, dirigida contra Rolando, violador de seu direito.

---

15 LEAL, Rosemiro Pereira. ***Teoria Geral do Processo – Primeiros Estudos***. 7ª. ed. Rio de Janeiro: Forense, 2008, p. 192.

Vê-se, pois, que a pretensão de Asdrúbal está situada no mundo do direito material e se dirige contra Rolando. Como Rolando oporá resistência, não podendo Asdrúbal exercer seu direito de propriedade por conta própria, restará a este proprietário o direito de ajuizar ação (plano do direito processual), provocando o início e o prosseguimento de um processo, no qual exigirá do Estado lhe seja prestada a jurisdição, de sorte a ser acolhida sua pretensão, qual seja, a de reaver o imóvel (bem da vida) invadido por Rolando, que será o pedido formulado na petição inicial (reivindicação do imóvel). Vê-se que a ação será proposta por Asdrúbal (autor) contra o Estado-juízo (órgão jurisdicional), exigindo-lhe resposta decisória, enquanto sua pretensão será deduzida no processo contra Rolando (réu). Se e quando Rolando apresentar sua contestação (defesa completa em juízo), ter-se-á configurada a *pretensão resistida*.

Assim, verificamos que o processo de conhecimento ou de cognição se constitui de um conjunto de atos procedimentais preparatórios da decisão jurisdicional, que devem ser realizados com a observância do contraditório entre as partes. O processo de conhecimento tem como objetivo permitir aos litigantes e ao juízo um campo discursivo obrigatório para verificar a existência ou não de um direito material alegado e deduzido por meio da *pretensão* formulada pelo autor e pela *pretensão resistida* apresentada pelo réu.

A pretensão (pedido) e a causa de pedir, reunida nos fatos e nos fundamentos jurídicos em conjunto com o pedido (imediato e mediato), constituem o mérito do processo. A pretensão-resistida, que se constitui na resistência do réu aos fundamentos de fato e de direito narrados pelo autor, forma a lide (questões controvertidas) a ser decidida pelo Estado-Judiciário.

Os procedimentos (conjunto de atos procedimentais) para o desenvolvimento da atividade cognitiva ou de conhecimento podem ser divididos, conforme o atual Código Processo Civil brasileiro, em: 1º.) procedimento comum (sumário e ordinário) e 2º.) procedimentos especiais.

Assim, têm-se vários *procedimentos especiais*, previstos nos arts. 890 e seguintes do Código de Processo Civil, bem como em legislação extravagante (por exemplo, alimentos, despejo, renovação de contrato de locação comercial). Tais procedimentos especiais se caracterizam justamente por ser uma previsão legislativa destinada a adequar determinada pretensão a um procedimento normativamente estruturado em contraditório. Significa dizer, por exemplo, que, se alguém busca receber alimentos de determinada pessoa, tem que adotar um procedimento específico e adequado para atender a tal pretensão, que, na prática do foro, rotula-se como ação de alimentos. Os procedimentos especiais nada mais são do que uma técnica legislativa de padronizar o procedimento próprio ou adequado às variadas pretensões que são postas à apreciação do Estado-Judiciário.

O *procedimento comum* recebeu esse nome, justamente por não ser especial. O procedimento comum é dividido em *procedimento comum ordinário* e *procedimento comum sumário*.[16] O procedimento comum ordinário é aquele que possui quatro fases lógicas. Tais fases são: 1ª.) fase postulatória; 2ª.) fase de saneamento ou saneatória; 3ª.) fase probatória ou instrutória; 4ª.) fase decisória. Em síntese, a fase postulatória se inicia com a entrega da petição inicial pelo autor e termina com a manifestação do autor (réplica) sobre a defesa (contestação) apresentada pelo réu. Observa-se que a fase postulatória, na sua maior parte, é caracterizada pela prática de atos processuais das partes (autor, réu e terceiro interveniente, quando há intervenção de terceiros). Segue-se a fase de saneamento (ou saneatória), na qual o juízo examina se há no processo os requisitos ou pressupostos processuais de admissibilidade ao exame do mérito (competência, citação válida, capacidade processual, legitimidade, interesse, procedimento adequado, conexão e inexistência de coisa julgada, litispendência e perempção). Se não houver tais requisitos ou pressupostos, o processo será extinto sem julgamento do mérito. Se houver, ou o juízo julgará o mérito, se não houver necessidade da produção de outras provas, sendo suficiente a prova documental já apresentada pelas partes (ter-se-á, então, o julgamento antecipado da lide, espécie de julgamento do processo no estado em que se encontra), ou o juízo deferirá as provas que as partes ainda pretendem produzir (testemunhal, depoimento pessoal, pericial). Segue-se a fase

---

16 No projeto de novo Código de Processo, não há procedimento comum ordinário e procedimento comum sumário. Aprevisão normativa é procedimento ordinário e precedimentos especiais para o processo de conhecimento.

probatória ou instrutória, na qual são produzidas as provas pericial e testemunhal, sendo a audiência de instrução e julgamento seu ato processual mais importante. Após, tem-se a fase decisória, com a sentença de mérito.

No procedimento ordinário, as enumeradas fases são de fácil percepção, sendo possível apontar o início e o término de cada uma, melhor dizendo, distinguir os atos do processo que as delimitam, iniciando e terminando cada uma delas.

O procedimento comum sumário é um procedimento mais célere, do ponto de vista estrutural-procedimental. Por isso, o legislador processual entendeu que referido procedimento deveria evitar a sistemática emoldurante das fases processuais (procedimentais) existentes no procedimento comum ordinário. Assim, no procedimento sumário, chama a atenção o fato de se caracterizar por uma concentração de fases. Não é possível verificar onde começa e termina cada fase processual, tal como ocorre no procedimento comum ordinário.

Resumindo, o processo de conhecimento, na sistemática normativa do Código de Processo Civil de 1973, possui dois procedimentos: o especial (várias estruturas normativas) e o comum. No procedimento comum, tem-se o ordinário e o sumário. Agora, a dúvida que resta é saber qual seria a forma de escolha do procedimento adequado em situações concretas. Ou seja, como se deve escolher o procedimento correto ou adequado e, em caso de equívoco, será que se poderia modificar o procedimento erroneamente escolhido ou adaptá-lo?

Assim, para a escolha do procedimento legal cabível (adequado), é necessário observar três regras.

> Primeira regra: havendo procedimento especial este exclui os demais. Isto significa que, se o legislador criou um procedimento especial, este é para ser seguido. Caso haja a adoção de outro, tal importará na extinção do procedimento, nos termos do art. 250 do Código de Processo Civil (CPC). Infelizmente, não há técnica ou método infalível para a escolha do procedimento especial cabível. Deve-se conhecer todos os procedimentos especiais e as pretensões para as quais servem ou foram normativamente criados, a fim de se verificar, então, aquele que é o legalmente cabível, na situação concreta considerada.

Segunda regra: não sendo caso de procedimento especial, passa-se então para o procedimento comum e, dentro do procedimento comum, o obrigatório é o sumário e o ordinário é excepcional. Ou seja, dentro do procedimento comum, adota-se em primeiro lugar o sumário e somente excepcionalmente o ordinário. Em outras palavras, o critério é o da exclusão. Assim, o procedimento comum sumário é obrigatório em duas situações distintas descritos pelo art. 275 do CPC. Na primeira situação, prevista pelo inciso I do art. 275 do CPC, o legislador utilizou o critério do *valor da causa* para a delimitação do cabimento do procedimento comum sumário. Neste sentido, nas causas cujo valor não exceda a 60 (sessenta) vezes o valor do salário mínimo, será obrigatoriamente utilizado o procedimento comum sumário. Se a causa contiver valor superior a 60 vezes o salário mínimo, então, por excepcionalidade, teremos que adotar o procedimento comum ordinário. A segunda hipótese de cabimento do procedimento comum sumário está prevista no inciso II do art. 275 do CPC. Neste inciso, o legislador adotou o critério em *razão da matéria*, tal significando que foram eleitas algumas matérias nas quais obrigatoriamente seria cabível o procedimento sumário, *independentemente do valor da causa*. Portanto, se a causa ultrapassar 60 vezes o valor do salário mínimo, mas for uma das matérias acima indicadas, será adotado o procedimento sumário. No entanto, caso não seja uma das matérias acima indicadas, ou caso ultrapasse o valor da causa 60 vezes o salário mínimo, então, deve-se adotar o procedimento comum ordinário, que apenas é utilizado excepcionalmente.

Terceira regra: como procedimento opcional, caso seja possível a escolha entre o procedimento comum sumário e o procedimento do Juizado Especial Cível, a escolha cabe ao autor, que irá optar por aquele que melhor atenda aos seus interesses. Tal significa que, se a pretensão for ajuizada no procedimento do Juizado Especial, poderá dispensar-se o advogado, se a causa for de valor até 20 salários mínimos, como também, o autor não pagará custas e nem necessitará de cumprir uma série de formalidades que, no procedimento comum sumário, são obrigatórias. Assim, quando verificamos, no art. 3º da Lei 9.099/95, as hipóteses de cabimento do procedimento do Juizado, percebemos que sua proximidade com as situações legais de cabimento do procedimento comum sumário. Portanto, havendo identidade de cabimento entre o procedimento do Juizado Especial e o procedimento sumário, qualquer um pode ser o escolhido pelo autor. São as seguintes as hipóteses de cabimento do procedimento do Juizado Especial Cível estadual, na previsão do art. 3º. da Lei 9.099/95: I – as causas cujo valor não exceda a quarenta vezes o salário mínimo; II – as enumeradas no art. 275, inciso II, do Código de Processo Civil; III – a ação de despejo para uso próprio; IV – as ações possessórias sobre bens imóveis de valor não excedente ao fixado no inciso I do referido artigo. Também, segundo determina o § 1º, do art. 3º. da Lei do Juizado, tem cabimento o mesmo procedimento na execução: I – dos seus julgados; II – dos títulos executivos extrajudiciais, no valor de até quarenta vezes o salário mínimo, observado o disposto no § 1º do art. 8º, da Lei do Juizado. O procedimento do Juizado Especial Cível Estadual não é obrigatório. A escolha cabe ao autor, que, verificando sua condição financeira ou talvez a questão da celeridade, pode optar por tal procedimento, que se constitui em uma via mais rápida e desburocratizada para a solução do conflito.

Assim, com a observância dessas três regras, entendemos que a possibilidade de erro na adoção do procedimento legal cabível às situações concretas é muito difícil.

Para qualquer procedimento, seja especial ou comum, seja do juizado especial cível, aplicam-se as regras de formação, suspensão e resolução do procedimento previstas nos arts. 262 a 269 do Código de Processo Civil. Todos os procedimentos começam com a apresentação de uma pretensão em juízo, delineada na petição inicial, estabilizam-se com a citação do réu (arts. 213/232 do Código de Processo Civil), desenvolvem-se validamente, podendo ocorrer alguma situação de paralisação temporária (suspensão – art. 265 do Código de Processo Civil). Ao final, extingue-se o procedimento com ou sem resolução do mérito, por meio de sentença (ato decisório final do juízo, arts. 267 e 269 do Código de Processo Civil).

Como dito, segundo as normas do art. 262 do Código, o processo de conhecimento começa por iniciativa da parte, que se concretiza na apresentação da pretensão do autor em juízo, por meio de um pedido certo e determinado, formulado no instrumento processual qualificado tecnicamente de petição inicial. A petição inicial é importante instrumento de garantia da ampla defesa e do contraditório, exigindo o domínio da sua técnica de elaboração e de entrega ao Estado-Judiciário (ajuizamento da ação), a fim de que os direitos da parte autora sejam reconhecidos.

A petição inicial pode ser definida como o instrumento gráfico cartular ou por meio virtual (Lei n. 11.419/2006), que revela a causa de pedir (fatos e fundamentos jurídicos) e o pedido (pretensão), permitindo retirar da inércia o juízo e revelar o conhecimento de situações fáticas lesivas ao direito. A tanto, é preciso observar os pressupostos processuais de formação e de desenvolvimento válido e regular do processo e as condições da ação (requisitos de admissibilidade do exame do mérito, na situação levada à apreciação do juízo), o que exige petição inicial elaborada com os requisitos técnicos recomendados no Código de Processo Civil, art. 282 (procedimento comum ordinário) e art. 276 (procedimento comum sumário).

Saber elaborar a petição inicial com clareza e objetividade irá permitir que a sentença também seja proferida com clareza e objetividade, pois a prestação da atividade jurisdicional está vinculada ao pedido (art. 128 do CPC). Assim, aquilo que não foi pedido na petição inicial (que inicia o processo) não pode ser atendido na sentença que encerrará o processo de conhecimento iniciado, eis que vedadas sentenças *citra petita, extra petita ou ultra petita.*

Segundo a previsão normativa do art. 282 do Código de Processo Civil, obrigatoriamente, pelo procedimento ordinário, a petição inicial deverá indicar:

> ***Procedimento.*** Embora não previsto explicitamente no art. 282 do Código, é de obrigatória indicação, vez que, na elaboração da petição inicial, já se deve saber qual o procedimento a ser adotado, segundo a previsão legal. A escolha do procedimento certo leva em consideração o valor da causa e as matérias de mérito, como indica o art. 275 do Código de Processo Civil. Assim, somente deve ser adotado o procedimento ordinário nas causas com valor acima de 60 salários mínimos e que não haja relação com as matérias previstas no art. 275, inciso II do CPC. Também merece ser lembrado o parágrafo único do art. 275 do Código, que enumera matérias impeditivas de serem processadas pelo procedimento sumário, como as questões de estado e capacidade civil. O procedimento ordinário possui aplicação excepcional, somente sendo utilizado em casos de não aplicação do procedimento sumário, o que se constitui em regra no Código de Processo Civil vigente.
>
> ***Competência.*** De acordo com o art. 282, I, do Código, ao se deduzir a pretensão, é necessário que seja indicado o juízo ou o tribunal

(=órgão jurisdicional) competente para decidir o processo. A escolha do juízo competente se dá, legalmente, pelo critério da competência em razão da matéria e em razão do território, ou da pessoa. Assim, para que se possa definir o juízo competente, necessário se faz saber se o judiciário brasileiro é competente (arts. 88 e 89 do Código de Processo Civil). Se o for, ter-se-á que examinar a divisão de competência prevista da Constituição Federal (arts. 98 a 125) e, depois, verificar o local ou a pessoa que pode levar à fixação da competência, nos termos dos arts. 94 a 100 do Código. Como regra geral, nos termos do art. 94, o local para o ajuizamento de ações de direito pessoal e de direito real sobre coisas móveis é sempre o domicílio do réu, cabendo as exceções previstas nos arts. 96, 97, 99, 100, I, todos do Código de Processo Civil, e art. 101, do Código de Defesa do Consumidor.

Legitimidade. É a relação ou pertinência do autor ou do réu com a causa de pedir e pedido. Assim, é legitimado para ser autor ou réu aquele que demonstrar sua relação de direito com o bem da vida que se pretende proteger ou tutelar. Para a individuação completa do autor ou do réu é necessário que se faça a sua qualificação completa, mencionando-se seu endereço, estado e registro civil e profissão. Também deve ser observado, quando do ajuizamento das ações, a necessidade de formação do litisconsórcio. Assim, para a dedução da pretensão, é necessário que o autor e o réu demonstrem a vinculação que possuem com o direito alegado, bem como, demonstrando a capacidade civil (arts. 8º. e 9º. do Código), além de estarem representados por advogado (capacidade postulatória). Em alguns casos, é legitimado a figurar em juízo, tanto a pessoa física como a pessoa jurídica. Assim, importante levar em consideração a necessidade de se observar a regra do art. 10, do Código de Processo Civil, para as partes casadas, nos casos de discussão sobre bens imóveis, e as normas do art. 12 do Código, para o caso de representação das pessoas jurídicas de direito privado ou de direito público. É necessário ressaltar que a irregularidade de representação, nos termos do art. 13 do Código, pode gerar para o autor o indeferimento da petição inicial, e no caso do réu, pode lhe acarretar a revelia, nos termos do art. 319 do CPC. Para ser parte legitimada, não basta a dedução de pretensão (autor) ou a dedução de pretensão resistida (réu), é também necessária a *participação,* bem como a observância dos direitos e deveres previstos no art. 14 do CPC e as hipóteses de litigância de má-fé referidas no art. 17 do CPC.

Causa de pedir. A causa de pedir é a indicação dos fatos e dos fundamentos jurídicos, dos quais decorrerão a conclusão, que é o pedido formulado. Assim, é indispensável que, ao apresentar a petição inicial em juízo, o autor narre os fatos que entenda ser lesivos aos seus direitos, de forma a possibilitar exata compreensão e raciocínio lógico de tais narrativas. Nos fundamentos jurídicos, normalmente, são apresentados ou indicados os enunciados normativos do ordenamento jurídico que respaldam a pretensão deduzida em juízo e a proteção dos direitos lesionados alegados.

Pedido. O pedido é a conclusão da causa de pedir. Assim, a importância do pedido se revela por ser o elemento processual que limita a prestação da atividade jurisdicional (art. 128 do Código). Portanto, para que haja boa prestação da atividade jurisdicional, na forma invocada pela petição inicial, é necessário que o pedido seja certo e (também) determinado, embora o Código de Processo Civil (art. 287), tecnicamente errôneo, mencione pedido certo *ou* determinado. O pedido genérico (relativamente determinado) só é admitido em casos excepcionais, quais sejam: nas ações universais, se não puder o autor individuar na petição os bens demandados; quando não for possível determinar, de modo definitivo, as consequências do ato ou do fato ilícito; quando a determinação do valor da condenação depender de ato que deva ser praticado pelo réu. Exemplo: como ação universal, a ação de petição de herança; como ato ou fato ilícito, as ações de indenização; e, no último caso, a ação de prestação de contas. É necessário ressaltar que os pedidos são interpretados restritivamente, compreendendo-se, entretanto, no principal, os juros legais (art. 293 do Código de Processo Civil). Assim, não é necessário fazer o pedido expresso de inclusão dos juros, pois isto já se encontra legalmente subtendido. Dito artigo não dispõe sobre a correção monetária, mas certo é que isso também está subtendido, pois, do contrário, a demora na prestação da atividade jurisdicional levaria a um favorecimento ou enriquecimento do réu em detrimento do direito do autor. Antes da citação, o autor poderá aditar o pedido, correndo à sua conta as custas acrescidas em razão dessa iniciativa (art. 294 do Código). Depois de decorrido o prazo para a resposta do réu, só é possível alterar o pedido mediante sua anuência, conforme determina o art. 267, § 4º. do Código.

Existem várias espécies de pedidos passíveis de formulação, quais sejam:

a) Cominatório – Art. 287 do Código de Processo Civil. Se o autor pedir que seja imposta ao réu a abstenção da prática de algum ato, tolerar alguma atividade, prestar ato ou entregar coisa, poderá requerer cominação de pena pecuniária para o caso de descumprimento da sentença ou da decisão antecipatória de tutela (arts. 461, § 4º, e 461-A). O Código, em várias outras normas, denomina esta *pena pecuniária* de *multa*. Muito se discute sobre o momento para exigir o recebimento da pena pecuniária ou multa. Alguns entendem que pode ser exigida no transcorrer do processo, mesmo não havendo o transito em julgado da sentença e outros já sustentam a necessidade da coisa julgada sendo esta a posição sufragada no acórdão seguinte: *"A multa pelo descumprimento da decisão judicial só passa a ser devida a partir do trânsito em julgado da sentença, pois somente neste momento é que será reconhecido o direito da parte".* (Agravo de Instrumento n. 463.694-0, Tribunal de Justiça de Minas Gerais, relator Desembargador Osmando Almeida, julgamento em 8/3/2005)."

b) Alternativo – Art. 288 do Código. O pedido será alternativo, quando, pela natureza da obrigação, o devedor puder cumprir a prestação de mais de um modo. Quando, pela lei ou pelo contrato, a escolha couber ao devedor, o juiz lhe assegurará o direito de cumprir a prestação de um ou de outro modo, ainda que o autor não tenha formulado pedido alternativo.

c) Sucessivo – Art. 289 do CPC. É lícito formular mais de um pedido em ordem sucessiva, a fim de que o juiz conheça do posterior, em não podendo acolher o anterior.

d) Prestação periódica – Art. 290 do CPC. Quando a obrigação consistir em prestações periódicas, considerar-se-ão elas incluídas no pedido, independentemente de declaração expressa do autor; se o devedor, no curso do processo, deixar de pagá-las ou de consigná-las, a sentença as incluirá na condenação, enquanto durar a obrigação.

e) Cumulado – Art. 292 do CPC. É permitida a cumulação, num único processo, contra o mesmo réu, de vários pedidos, ainda que entre eles não haja conexão. São requisitos de admissibilidade da cumulação: que os pedidos sejam compatíveis entre si; que seja competente para conhecer deles o mesmo juízo; que seja adequado para todos os pedidos o tipo de procedimento. Quando, para cada pedido, corresponder tipo diverso de procedimento, admitirse-á a cumulação, se o autor empregar o procedimento ordinário[17]. A circunstância de haverem sido formulados na petição inicial pedidos diversos dirigidos a réus distintos não impede que o feito, em atenção ao preceito da economia processual, prossiga com relação a apenas um dos pleitos, sobretudo quando tal procedimento é requerido pelo autor.

f) ***Antecipação de tutela*** – art. 273 do CPC– O juiz poderá, a requerimento da parte, antecipar, total ou parcialmente, os efeitos da tutela pretendida no pedido inicial, desde que, existindo prova inequívoca, se convença da verossimilhança da alegação e haja fundado receio de dano irreparável ou de difícil reparação; ou fique caracterizado o abuso de direito de defesa ou o manifesto propósito protelatório do réu.

g) Tutela **antecipada específica** – art. 461 e 461-A do CPC – Na ação que tenha por objeto o cumprimento de obrigação de fazer ou não fazer (*tutela inibitória*), o juiz concederá a tutela específica da obrigação ou, se procedente o pedido, determinará providências que assegurem o resultado prático equivalente ao do adimplemento. A obrigação somente se converterá em perdas e danos se o autor o requerer ou se impossível a tutela específica ou a obtenção do resultado prático correspondente. A indenização por perdas e danos dar-se-á sem prejuízo da multa (Art. 287). É importante informar que o § 3º do art. 461, do CPC, estabelece que sendo relevante o fundamento da demanda e havendo justificado receio de ineficácia do provimento final, é lícito ao juiz conceder a tutela liminarmente

---

17 "Ação de consignação em pagamento. Cumulação de pedidos. Precedentes da Corte. 1. Já decidiu a Corte ser possível em ação de consignação em pagamento "examinar o critério de reajustamento em contratos de mútuo para a aquisição da casa própria" (REsp nº 257.365/SE, de minha relatoria, DJ de 18/6/01). Há, também, precedente no sentido de que se admite "a cumulação dos pedidos de revisão de cláusulas do contrato e de consignação em pagamento das parcelas tidas como devidas por força do mesmo negócio jurídico" e de que quando o autor cumula pedidos "que possuem procedimentos judiciais diversos, implicitamente requer o emprego do procedimento ordinário" (REsp nº 464.439/GO, Relatora Ministra Nancy Andrighi, DJ de 23/6/03). 2. Não viola o art. 292, § 1º, I e II, do Código de Processo Civil a decisão que defere ao autor a possibilidade de opção pelo procedimento ordinário antes do indeferimento da inicial. 3. Recurso especial não conhecido." (Superior Tribunal de Justiça, REsp 616357/PE, Rel. Ministro Carlos Alberto Menezes Direito, julgado em 07/06/2005, DJ 22/08/2005, p. 263).

ou mediante justificação prévia, citado o réu. A medida liminar poderá ser revogada ou modificada, a qualquer tempo, em decisão fundamentada. O juiz poderá, na hipótese do parágrafo anterior ou na sentença, impor multa diária ao réu, independentemente de pedido do autor, se for suficiente ou compatível com a obrigação, fixando-lhe prazo razoável para o cumprimento do preceito. Nos termos do § 5º do art. 461 do CPC, para a efetivação da tutela específica ou a obtenção do resultado prático equivalente, poderá o juiz, de ofício ou a requerimento, determinar as medidas necessárias, tais como a imposição de multa por tempo de atraso, busca e apreensão, remoção de pessoas e coisas, desfazimento de obras e impedimento de atividade nociva, se necessário com requisição de força policial. O juiz poderá, de ofício, modificar o valor ou a periodicidade da multa, caso verifique que se tornou insuficiente ou excessiva. No art. 461-A do CPC, verificamos a tutela específica nas ações que tenham por objeto a entrega de coisa, o juiz, fixará o prazo para o cumprimento da obrigação. Tratando-se de entrega de coisa determinada pelo gênero e quantidade, o credor a individualizará na petição inicial, se lhe couber a escolha; cabendo ao devedor escolher, este a entregará individualizada, no prazo fixado pelo juiz. Não cumprida a obrigação no prazo estabelecido, expedir-se-á em favor do credor mandado de busca e apreensão ou de imissão na posse, conforme se tratar de coisa móvel ou imóvel. Aplica-se à ação prevista neste artigo o disposto nos §§ 1º a 6º do art. 461.

h) Valor da causa. O valor da causa é necessário para duas finalidades. A primeira, para fixação do procedimento. O procedimento comum ordinário só é permitido quando a causa for superior a 60 vezes o valor do salário mínimo. Já o procedimento comum sumário só pode ser utilizado nas causas até 60 vezes o salário mínimo. A segunda finalidade da atribuição do valor da causa é justamente para fins de cobrança das custas iniciais. Quanto maior o valor da causa maior será o valor das despesas processuais necessárias à distribuição da petição inicial. Por isso, a toda causa deverá ser atribuído um valor certo, ainda que não tenha conteúdo econômico imediato. É pacífico na jurisprudência do Superior Tribunal de Justiça o entendimento de que o valor da causa deve corresponder ao interesse econômico em discussão. O valor da causa constará sempre da petição inicial e será: I – na ação de cobrança de dívida, a soma do principal, da pena e dos juros vencidos até a propositura da ação; II – havendo cumulação de pedidos, a quantia correspondente à soma dos valores de todos eles; III – sendo alternativos os pedidos, o de maior valor; IV – se houver também pedido subsidiário, o valor do pedido principal; V – quando o litígio tiver por objeto a existência, validade, cumprimento, modificação ou rescisão de negócio jurídico, o valor do contrato; VI – na ação de alimentos, a soma de 12 (doze) prestações mensais, pedidas pelo autor; VII – na ação de divisão, de demarcação e de reivindicação, a estimativa oficial para lançamento do imposto (arts. 258 e 259 do CPC). Quando se pedirem prestações vencidas e vincendas, tomar-se-á em consideração o valor de umas e outras. O valor das prestações vincendas será igual a uma prestação anual, se a obrigação for por tempo indeterminado, ou por tempo superior a 1 (um) ano; se, por tempo inferior, será igual à soma das prestações (art. 260 do CPC). Caso o autor, no momento da elaboração da petição, se equivoque na colocação do valor correto da causa, isto poderá ter implicações no procedimento a ser adotado, como também no pagamento de custas judiciárias. Assim, colocando valor baixo à causa, pode ser que a petição inicial processada pelo procedimento não permitido em lei e levar à solução jurisdicional sem o devido pagamento das despesas processuais, o que realmente é repudiado pelo Estado, por não gostar de perder em arrecadação. Aliás, as custas correspondem ao preço público pago pela parte ao Estado, para obter a prestação do serviço público jurisdicional. O art. 261 do CPC estabelece que somente o réu poderá impugnar o valor da causa atribuído pelo autor. No entanto, acreditamos que o juiz também possa determinar a retificação do valor atribuído à causa, pois, assim, ele está fiscalizando o autor que não atendeu ao que determina o art. 259 do CPC. Ademais, o juiz exerce uma fiscalização sobre as custas arrecadadas pela prestação jurisdicional e, quando há o pagamento a menor, isso revela a tentativa de burlar seu pagamento, o que deve ser repreendido pelo Estado-juiz, porque, em nosso Estado, o serviço público jurisdicional não é gratuito.

i) ***Provas***. Outro ponto que merece destaque na petição inicial são as provas. No procedimento ordinário, na petição inicial, devem ser juntada a prova documental indispensável à propositura da ação, segundo determina o art. 283 do CPC. Além disto, é necessário indicar outras provas pretendidas, nos termos do art. 322 do CPC. A diferença entre a petição inicial do procedimento ordinário e a do procedimento sumário reside neste aspecto, pois o art. 276 do CPC determina que, na petição inicial pelo procedimento sumário, o autor deverá também indicar o rol de testemunhas e, se requerer perícia, desde logo, já deve apresentar os quesitos, podendo indicar assistente técnico.

j) Citação. A citação é ato de validade do processo e, por isto, na petição inicial, é indispensável que o autor indique a forma de citação que pretende. As formas de citação são: citação por carta, com aviso de recebimento, citação por oficial de justiça, citação por edital e citação por meio eletrônico (arts. 213 a 233 do CPC).

O momento oportuno para apresentar documentos pelo autor é justamente na petição inicial. Assim é o que determina o art. 283 do CPC. Caso falte algum documento necessário na petição inicial, deve o juiz determinar sua emenda, nos termos do art. 284 do CPC. O simples fato da petição inicial não se fazer acompanhada dos documentos indispensáveis à propositura da ação, não implica de pronto no seu indeferimento pelo juízo.

Como o prazo para juntada de documentos é o da apresentação da inicial, se houver algum documento faltoso e não for considerado essencial, o autor não mais poderá juntá-lo, pois operou-se a preclusão. No entanto, existindo documento novo, nos termos do art. 397 do CPC, este poderá ser juntado.

Estando a petição inicial redigida dentro das exigências dos arts. 282 e 283 do CPC, o juiz a despachará, ordenando a citação do réu. Do mandado citatório constará que, não sendo contestada a ação, se presumirão aceitos pelo réu, como verdadeiros, os fatos articulados pelo autor (art. 285 do CPC). É o efeito processual que se chama de *revelia* (art. 319 do CPC). É nula a citação cujo mandado citatório não contiver a advertência do artigo 285 do CPC, não sendo suficiente para a validade do ato somente a intimação do réu para os termos da ação e o prazo para apresentação de defesa. Não constando no mandado o prazo para apresentação da defesa (CPC, art. 225, VI) e a advertência a que se refere o art. 285, segunda parte, se o litígio versar sobre direitos disponíveis (CPC, art, 225, II), também a citação será considerada nula.

A determinação de emendar a petição inicial é ato judicial necessário ao procedimento, quando se verificar que a petição inicial não preenche os requisitos exigidos pelos arts. 282 e 283 do CPC ou que apresenta defeitos e irregularidades capazes de dificultar o julgamento do mérito. Em face do princípio da economia processual, antes de sentenciar o indeferimento da petição inicial, nos termos do art. 295 do CPC, e para viabilizar a renovação da propositura da ação, o juiz determinará que o autor a emende, ou a complete, no prazo de 10 (dez) dias. Se o autor não cumprir a diligência, o juiz indeferirá a petição inicial (art. 284 do CPC). A emenda da petição inicial só é possível quando os vícios apresentados nela detectados forem passíveis de correção ou saneamento. Caso contrário, não sendo possível aproveitar seus elementos, outra coisa não cabe ao juiz senão o indeferimento direto (art. 284 do CPC).

A petição inicial será indeferida, nos termos do art. 295 do CPC, havendo sentença fundada no art. 267, inciso I, do CPC, quando: a) for inepta; b) a parte for manifestamente ilegítima; c) o autor carecer de interesse processual; d) o juiz verificar, desde logo, a decadência ou a prescrição (art. 219, § 5º); e) o tipo de procedimento, escolhido pelo autor, não corresponder à natureza da causa, ou ao valor da ação; caso em que só não será indeferida, se puder adaptar-se ao tipo de procedimento legal; f) não atendidas as prescrições dos arts. 39, parágrafo único, primeira parte, e 284 do CPC.

Considera-se inepta a petição inicial quando faltar pedido ou causa de pedir; da narração dos fatos não decorrer logicamente a conclusão; o pedido for juridicamente impossível; contiver pedidos incompatíveis entre si (art. 292 do CPC). Em resumo, a inépcia se evidencia pela narrativa defeituosa do mérito, feita na petição inicial.

Indeferida a petição inicial, por sentença terminativa, o autor poderá manifestar recurso de apelação, facultado ao juiz, no prazo de 48 (quarenta e oito) horas, reformá-la (art. 296 do CPC). Não sendo reformada a sentença, os autos serão imediatamente encaminhados ao tribunal competente, para o julgamento do recurso de apelação.

Inovação do Código de Processo Civil encontra-se no conteúdo normativo do art. 285-A. Assim, quando a matéria controvertida for unicamente de direito e no juízo já tiver sido proferida sentença de total improcedência em outros casos idênticos, poderá ser dispensada a citação e proferida sentença, reproduzindo-se o teor da anteriormente prolatada. A sentença é definitiva, nos termos do art. 269 do CPC, ou seja, com resolução do mérito.

A doutrina chama a aplicação do art. 285-A do CPC de *julgamento liminar de improcedência ou julgamento antecipadíssimo da lide*. A figura foi introduzida no Código diante de questões que já estão mais do que resolvidas pelo Judiciário. Assim, não haveria necessidade de determinação da citação e muito menos de apresentação de defesa pelo réu (*teoria da causa madura*), e o julgamento do processo seria realizado de imediato.

Para que sejam aplicadas as normas do referido artigo a um caso concreto, é necessária a observância de três requisitos:

1) ***matéria controvertida for exclusivamente de direito*** – significa que a questão posta no Judiciário não pode depender de realização de prova em audiência. Admite-se apenas a prova documental para a discussão do direito. Assim, verifica-se que a matéria pode ser exclusivamente de direito ou de fato e de direito já provado o fato. Não se admite dilação probatória.

2) ***no juízo já houver sido proferida sentença de total improcedência*** – o artigo não indica quantos julgados seriam suficientes para que o juízo possa aplicar o julgamento liminar de improcedência. Acreditamos que mais de dois julgamentos sejam suficientes para justificar sua aplicação, no entanto, seria interessante termos um número maior de julgamentos, a fim de se obter maior segurança jurídica.

3) ***casos idênticos*** – casos idênticos seriam os processos com causa de pedir e pedidos iguais, mas com partes diversas. Para que haja aplicação do art. 285-A do CPC, é indispensável que, na sentença liminar de improcedência, sejam indicadas as outras decisões, números de processos e até mesmo as cópias das sentenças demonstrando os julgamentos idênticos.

Sendo aplicado o art. 285-A, do CPC, é possível que o autor possa recorrer da sentença, apresentando recurso de apelação. Se o autor apelar, é facultado ao juiz reformar a sentença, no prazo de 5 (cinco) dias, determinando o prosseguimento do processo. Caso seja mantida a sentença, será ordenada a citação do réu, permitindo-lhe resposta ao recurso.

Referida norma vem sendo muito questionada pelos doutrinadores, ao fundamento de que a ausência de citação estaria ferindo o contraditório, o que estaria inviabilizando a participação e ciência do réu sobre a ação ajuizada.

Também se discute a questão de, se caso realizado o julgamento liminar de improcedência, e posteriormente o Tribunal reformar a sentença de primeiro grau, estaria ou não o juiz impedido de proferir novo julgamento, já que seu entendimento sobre o mérito da causa já foi exteriorizado.

Outra questão polêmica refere-se à possibilidade de o Tribunal, em julgamento da apelação contra a sentença liminar de improcedência, aplicar normas do art. 515, § 3º, do CPC. Assim, se a resposta for negativa, o réu, quando da apresentação de resposta ao recurso de apelação, deverá limitar-se a defender a presença dos requisitos previstos no *caput* do art. 285-A, requerendo que a sentença de improcedência seja mantida. Lado outro, se a resposta for positiva, o réu, além de defender a presença dos mencionados requisitos, deverá, também, manifestar-se sobre o mérito da demanda.

Acreditamos que o Tribunal, ao examinar a apelação interposta pela parte autora, com base no § 1º, do art. 285-A, do CPC, se entender que não estão presentes os requisitos do *caput*, poderá aplicar o art. 515, § 3º., realizando o julgamento do mérito do processo. Caso o Tribunal entenda que a matéria versada não é unicamente de direito, torna-se inviável a aplicação da teoria da causa madura, devendo determinar novo julgamento pelo juízo de primeiro grau.

Por fim, uma dúvida que surge, ao se analisar o art. 285-A, é saber como se deve apresentar a resposta ao recurso de apelação manifestado pelo autor. Alguns sustentam que deve o réu, em sua resposta, apresentar as questões, as preliminares e de mérito, versando a manutenção do julgamento improcedente. Outros defendem que só deveria ser arguida matéria que envolve a questão de aplicação do art. 285-A do CPC, não devendo ser arguida qualquer questão preliminar. Acreditamos que as questões previstas no art. 301 do CPC são de ordem pública, e que devem, sim, ser arguidas na reposta do réu ao recurso.

Assim, existem ainda muitas discussões sobre a aplicação do art. 285-A do CPC. Será necessário aguardar um posicionamento jurisprudencial mais sedimentado, a fim de se saber quais serão os limites de sua aplicação, ou se o Supremo Tribunal Federal irá declarar sua inconstitucionalidade, já que a Ordem dos Advogados do Brasil ajuizou ação direta de inconstitucionalidade em relação à referida norma (ADI 3.695/DF).

Além disso, precisamos, sim, de celeridade e, com certeza, a norma art. 285-A veio com tal objetivo, mas, infelizmente, a celeridade processual não pode sobrepor-se aos princípios da segurança jurídica e do contraditório. Resolver a demanda, sem dar ciência da existência do processo ao autor ou à parte contrária, impedindo-lhes que dele participem efetivamente, pode lesar seus direitos processuais constitucionais.

A Lei n. 12.810, de 2013, alterou o Código de Processo Civil e terminou com a possibilidade de realização de pedido genérico nas ações que tenham por pretensões empréstimos, financiamentos ou arrendamento mercantil.

Assim, foi incluído o art. 285-B do CPC, para se determinar que o autor deverá discriminar na petição inicial, dentre as obrigações contratuais, aquelas que pretende controverter, quantificando o valor incontroverso, que deverá continuar a ser pago no tempo e modo contratados.

Portanto, significa que o art. 285-B do CPC estabelece um requisito especial para as pretensões, bastante comuns, de discussão dos valores contratuais relativos a juros e encargos considerados abusivos e ilegais. Assim, sob pena de indeferimento da petição inicial, deve o autor apresentar a planilha de débito, indicando o valor que entende devido e que irá pagar, bem como, o valor e os elementos pelos quais deixa de pagar o que entende indevido, ilegal ou abusivo.

Cabe ressaltar que a aplicação do art. 285-B do CPC deve ser flexibilizada, quando o autor, ao ajuizar a ação, não tiver documentos hábeis para discriminar as parcelas que entender devidas e os encargos e juros que reputar ilegais ou abusivos. Assim, ocorrerá o indeferimento da petição inicial, se o autor não fizer a indicação de tais valores por inércia ou por desídia. Porém, se demonstrar a impossibilidade de fazê-lo por falta de documentos, o indeferimento da petição inicial não poderá ser possível.

Também se verifica que a aplicação das normas do art. 285-B pode dificultar o acesso ao judiciário. Na realidade, quase sempre, a elaboração das petições iniciais com a indicação de cálculos e valores incontroversos dependem de prévia prova pericial, ou seja, prova documental pré-constituída, a ser providenciada ou obtida pelo autor, impossível àqueles que são carentes economicamente, obrigados a litigarem sob os benefícios da justiça gratuita.

Enfim, as novidades normativas do art. 285-B, em alguns casos, criam embaraços ao direito constitucional de ação e ao direito fundamental da jurisdição. Na realidade, ditas normas exigem prova documental pré-constituída e onerosa (pareceres de assistentes técnicos), sem a qual o autor não tem condições de indicar os valores incontroversos na petição inicial.

6.5 CONCLUSÕES

Com essas considerações, percebe-se que a boa técnica de ajuizamento da ação não pode ser apreendida por quem desconhece os fundamentos e conceitos da ciência do direito processual, ignorando o que seja ação, pretensão, processo, procedimento, pressupostos de admissibilidade do exame de mérito, causa de pedir, pedido e mérito.

Ressalte-se, ainda, que a dedução da pretensão em juízo, com a propositura (ou ajuizamento) da ação, a exigir adequada técnica de elaboração da petição inicial que será apresentada ao Estado-Judiciário, subscrita por um advogado, ainda deve levar em consideração exame da posição jurisprudencial firmada nos chamados Tribunais Superiores (Superior Tribunal de Justiça e Supremo Tribunal Federal), pois irracional a postura de se levar teses jurídicas à apreciação do Estado-Jurisdição já desacolhidas ou desconsideradas naqueles Tribunais, cuja missão constitucional é a de manter a inteireza e aplicação uniforme do direito federal (Superior Tribunal de Justiça) e a de zelar pela observância da supremacia das normas constitucionais (Supremo Tribunal Federal) em todo o território nacional.

Ao lado disso, dominar a boa argumentação, a fim de narrar os fatos e fundamentos jurídicos com clareza, formular o pedido de modo certo e determinado, atendendo aos requisitos legais, é passo necessário para o possível êxito da demanda.[18]

Dominando-se a técnica de elaboração da petição inicial, por certo haverá, também, o domínio da técnica da defesa (ou da dedução da pretensão-resistida) e, consequentemente, a técnica de elaboração da sentença (decisão jurisdicional).

6.6 REFERÊNCIAS BIBLIOGRÁFICAS

BARACHO, José Alfredo de Oliveira. *Direito processual constitucional*: aspectos contemporâneos. Belo Horizonte: Fórum, 2006.

BARBI, Celso Agrícola. *Comentários ao Código de Processo Civil*. 7. ed. Rio de Janeiro: Forense, 1992, v. I.

BRÊTAS C. DIAS, Ronaldo. As reformas do Código de Processo Civil e o processo constitucional. *In:* BRÊTAS C. DIAS, Ronaldo; NEPOMUCENO, Luciana Diniz (Coords.) *Processo civil reformado*. Belo Horizonte: Del Rey, 2007.

BUZAID, Alfredo. *Estudos e Pareceres de Direito Processual Civil*. São Paulo: RT, 2002.

CÂMARA, Alexandre Freitas. *Lições de Direito Processual Civil*. 12. ed. rev., atual. Rio de Janeiro: Lúmen Júris, 2005, v. I.

CARNELUTTI, Francesco. *Sistema de Direito Processual Civil*. Trad. Hiltomar Martins Oliveira. São Paulo: Classic Book, 2000.

CHIOVENDA, Giuseppe. *Principii di diritto processuale civile*. Napoli: Eugenio Jovene, 1980.

CINTRA, Antônio Carlos de Araújo; GRINOVER, Ada Pellegrini; DINAMARCO, Cândido Rangel. *Teoria geral do processo*. 18. ed., São Paulo: Malheiros, 2002.

COUTURE, Eduardo Juan. *Estudios de derecho procesal civil*. 3. ed. Buenos Aires: Depalma, 1979, t.1, 2 e 3.

COUTURE, Eduardo Juan. *Fundamentos del derecho procesal civil*. 3. ed. póstuma. Buenos Aires: Depalma, 1985.

---

[18] A propósito, ver o que foi considerado em ensaio escrito sobre *técnica de arrazoar recursos*. SOARES, Carlos Henrique; BRÊTAS, Ronaldo de Carvalho Dias. *Manual elementar de processo civil*, 2ª. ed., p. 539-546.

CUNHA CAMPOS, Ronaldo. *Comentários ao Código de Processo Civil.* Rio de Janeiro: Forense, 1979, v. I, t. I.

FAZZALARI, Elio. *Instituições de direito processual civil.* Trad. Elaine Nassif. 8. ed. Campinas: Bookseller, 2006.

FAZZALARI, Elio. *Istituzioni di diritto processuale.* 6. ed. Padova: CEDAM, 1992.

FIUZA, César. *Direito civil*: curso completo. 9. ed. rev., atual., ampl. Belo Horizonte: Del Rey, 2006.

FREDERICO MARQUES, José. *Manual de Direito Processual Civil.* São Paulo: Saraiva, 1982, v. 1.

FREIRE, Homero. Pretensão (verbete). *In: Digesto de Processo.* Rio de Janeiro: Forense, 1980, v. 4.

GONÇALVES, Aroldo Plínio. *Nulidades no processo.* Rio de Janeiro: Aide, 1993.

GONÇALVES, Aroldo Plínio. *Técnica processual e teoria do processo.* Rio de Janeiro: Aide, 1992.

LEAL, Rosemiro Pereira. *Teoria processual da decisão jurídica.* São Paulo: Landy, 2002.

LIEBMAN, Enrico Tullio. *Manual de direito processual civil.* Trad. e notas Cândido R. Dinamarco. Rio de Janeiro: Forense, 1985.

LIEBMAN, Enrico Tullio. *Manual de direito processual civil.* Trad. Cândido Rangel Dinamarco. Rio de Janeiro: Forense, 1984, v. I.

MONTENEGRO FILHO, Misael. *Curso de direito processual civil.* 2. tir. São Paulo: Atlas, 2005, v. 1.

PONTES DE MIRANDA, Francisco Cavalcanti. *Comentários ao Código de Processo Civil.* 2. ed. Rio de Janeiro: Forense, 1979, t. I.

PRATA, Edson. *Processo de conhecimento.* São Paulo: LEUD, 1989, v. I.

SANTOS, Ernane Fidélis dos. *Manual de Direito Processual Civil.* 11. ed. rev., atual. São Paulo: Saraiva, 2006, v. 1.

SOARES, Carlos Henrique. *O advogado e o processo constitucional.* Belo Horizonte: Decálogo, 2004.

SOARES, Carlos Henrique. BRÊTAS, Ronaldo C. Dias. Manual Elementar de Processo Civil. 2ª. ed.. Belo Horizonte: Del Rey, 2013.

THEODORO JÚNIOR, Humberto. *Curso de Direito Processual Civil.* 44. ed. 2. tir. Rio de Janeiro: Forense, 2006, v. I.

TORNAGHI, Hélio. *Comentários ao Código de Processo Civil.* São Paulo: RT, 1974, v. I.

TORNAGHI, Hélio. *Instituições de processo penal*. São Paulo: Saraiva, 1977.

VIEIRA, José Marcos Rodrigues. *Da ação cível*. Belo Horizonte: Del Rey, 2002.

WAMBIER, Luiz Rodrigues; CORREIA DE ALMEIDA, Flávio Renato; TALAMINI, Eduardo. *Curso avançado de processo civil*. 7. ed. rev., atual. São Paulo: RT, 2005, v. 1.

XAVIER, Ronaldo Caldeira. *Português no direito (linguagem forense)*. 2. ed. rev., aum. Rio de Janeiro: Forense, 1982.

VII

CAPÍTULO

TÉCNICA DE REPRESSÃO AO ABUSO DO DIREITO PROCESSUAL

Carlos Henrique Soares[1]

7.1 INTRODUÇÃO

As reflexões sobre a técnica de repressão ao abuso do direito processual ora apresentadas serão feitas levando-se em considera*ção a técnica processual*, qual seja, aquela que "*importa na superação do critério de aplicação da justiça do tipo salomônico, inspirada apenas na sabedoria, no equilíbrio e nas qualidades individuais do julgador, ou na sensibilidade extremada do juiz*".[2] Tal significa buscar estabelecer parâmetros técnico-processuais que possibilitem qualidade nas decisões e repressão ao abuso do direito processual, mesmo não estando a parte diante de um juiz que concentre os melhores dotes intelectuais.

A expressão *abuso de direito* é atualmente considerada pelos juristas como sendo o mau uso ou uso excessivo ou extraordinário do direito. Isto significa que a expressão *abuso do direito* remete à ideia de que alguém está exercendo um ato ilícito, em razão de

---

[1] Doutor e Mestre em Direito Processual (PUC Minas), Professor da PUC Minas de Direito Processual Civil, Coordenador de Pós-Graduação em Direito Processual Civil do IEC/PUCMinas, Professor de Pós-Graduação em Direito Processual Civil, Escritor, Palestrante. Advogado e Sócio da Pena, Dylan, Soares e Carsalade - Sociedade de Advogados.

[2] GONÇALVES, Aroldo Plínio. *Técnica Processual e teoria do processo.* Rio de Janeiro: Aide, 1992, p. 45.

um excesso. Assim, a expressão, de forma isolada, quer informar ao intérprete que o justo é exercer o direito, nem mais (abuso), nem menos (aquém).

Etimologicamente, a expressão em latim *abusos* e *abuti não possuíam a ideia de mau uso, mas significava um uso intenso*, um aproveitamento completo da coisa ou do direito[3]. Falar em abuso de direito, etimologicamente, significa o uso completo do direito, em todas as suas formas e modalidades. Ou seja, o uso intenso do direito, o que *não sofria punição e nem era considerado ilegal.*

Em termos atuais, a expressão *abuso do direito* obteve nova conotação, significando o excesso dos limites do poder da faculdade (*facultas* agendi) que o direito objetivo (*normas* agendi) confere ao indivíduo, na qualidade de sujeito de direito (*sui iuris*)[4].

Segundo sustenta Helena Najjar Abdo:

> "*Muitos doutrinadores enxergam na consagrada locução 'abuso do direito' uma contradição intrínseca. De fato, a combinação não é das mais felizes, pois dá margem a variadas interpretações, tanto em razão da imprecisão técnica do termo abuso quanto da amplitude do termo direito. Todavia, quando se atenta para o fato de que o direito de que se abusa é evidentemente o direito subjetivo, a contradição tende a desaparecer: abusa-se do direito subjetivo, ou seja, da faculdade que a norma (direito objetivo) confere ao indivíduo (sujeito de direitos).*" [5]

No direito brasileiro, a expressão *abuso do direito já se encontra sedimentada e consagrada, querendo informar aquele que extrapola os limites de atuação do direito subjetivo, ou* seja, o abuso da faculdade ou do poder conferido ao indivíduo pela norma de direito positivo, a qual reconhece a prevalência de um interesse juridicamente protegido.

---

3 ROTONDI, Mario. *L'abuso di diritto – "AEmulatio"*. Pádua: Cedam, 1979, p. 37/38.

4 ABDO, Helena Najjar. *O abuso do processo*. São Paulo: Editora Revista dos Tribunais, 2007, p. 32.

5 ABDO, Helena Najjar. *O abuso do processo*. São Paulo: Editora Revista dos Tribunais, 2007, p. 32.

7.2 ELEMENTOS CARACTERIZADORES DO ABUSO DO DIREITO

Colocada a questão sobre a utilização da expressão *abuso de direito*, verificamos ser necessário indicar quais são os elementos que concorrem para a verificação da existência do abuso do direito.

São três os elementos que concorrem para a caracterização do abuso do direito, quais sejam: a) ***a aparência de legalidade***; b) ***preexistência de um direito subjetivo*** e c) ***o fato de o abuso do direito se referir ao exercício do direito e não ao direito em si.*** [6] O que fica em discussão, essencialmente, sobre o abuso do direito, é, justamente, a questão do *elemento subjetivo*, qual seja, o ***dolo*** ou a ***culpa*** para a sua verificação. Para quem defende a teoria subjetiva do abuso do direito, o elemento dolo ou culpa se torna indispensável, já para quem defende a teoria objetiva do abuso do direito, esses elementos subjetivos são desnecessários ou irrelevantes.

O atual Código Civil brasileiro, em seu artigo 187, elegeu a opção pela *teoria objetiva* do abuso do direito. A sua redação é neste sentido: "*Art. 187. Também comete ato ilícito o titular de um direito que, ao exercê-lo, **excede** manifestamente os limites impostos pelo seu fim econômico ou social, pela boa-fé ou pelos bons costumes.*"

O artigo 187 do Código Civil indica outro elemento para a caracterização do abuso do direito, qual seja, ***aquele que age excedendo os limites impostos pela lei, no que tange aos fins econômicos e sociais, pela boa-fé e pelos bons costumes***. Este artigo, na verdade, é uma cláusula geral do direito civil.

A boa-fé também se encontra constitucionalmente prevista no Brasil, no inciso I do art. 3º, o qual prevê, expressamente, que a República Federativa do Brasil tem por objetivo "*construir uma sociedade livre, justa e solidária*". Interpretando-se tal dispositivo constitucional, pode-se dizer que o mesmo está "*elevando a um grau máximo o dever de cooperação e lealdade no trato social*[7]".

---

6 ABDO, Helena Najjar. *O abuso do processo*. São Paulo: Editora Revista dos Tribunais, 2007, p. 37.

7 VICENZI, Brunela Vieira de. A Boa-fé no Processo Civil. São Paulo: Atlas, 2003, p. 163.

O abuso de direito está relacionado diretamente com o combate a ***aparência de licitude***. Isto significa que o caminho para aferir um ato abusivo é mais complexo, pois, num primeiro momento, deve-se quebrar a falsa ideia de licitude que paira sobre o referido ato.

Pela leitura do referido artigo 187 do Código Civil, verificamos que o direito brasileiro estabelece critérios para a configuração do abuso do direito, quais sejam: a) **que o abuso do direito é um ato ilícito**; b) **esse ato ilícito deve ser praticado pelo titular do direito subjetivo**; c) **que tenha sido excedido os limites impostos pelo seu fim econômico ou social, pela boa-fé ou pelos bons costumes** e d) **que tenha sido o ato ilícito abusivo manifesto**.

Assim, verificando a ocorrência desses elementos, o agente (titular do direito subjetivo) causador ficará com a obrigação de indenizar, nos termos do art. 187[8] e 927[9] do Código Civil, lembrando que tal indenização deve ser medida pela extensão do dano, nos termos do art. 944 do Código Civil[10].

7.3 ABUSO DO DIREITO PROCESSUAL

O abuso do direito processual é uma variação do abuso de direito. As normas de direito material e as normas processuais possuem objetos diferentes. Enquanto as primeiras buscam estabelecer direitos e deveres para as pessoas, sujeitos de direitos, a norma processual, no entendimento de Aroldo Plínio Gonçalves, é justamente aquela "*que disciplina a jurisdição e seu instrumento de manifestação, o processo (...).*[11]

Assim, levando-se em consideração os parâmetros para a fixação do abuso de direito, podemos estabelecer também parâmetros para a

8 Brasil. Código Civil, **art. 187.** Também comete ato ilícito o titular de um direito que, ao exercê-lo, excede manifestamente os limites impostos pelo seu fim econômico ou social, pela boa-fé ou pelos bons costumes.

9 Brasil. Código Civil, **art. 927.** Aquele que, por ato ilícito (arts. 186 e 187), causar dano a outrem, fica obrigado a repará-lo.

10 Brasil. Código Civil, art. 944. A indenização mede-se pela extensão do dano.

11 GONÇALVES, Aroldo Plínio. *Técnica Processual e teoria do processo.* Rio de Janeiro: Aide, 1992, p. 58.

verificação do abuso de direito processual, bem como a melhor técnica para sua repressão.

O Código de Processo Civil brasileiro de 1939 já demonstrava a preocupação com o abuso do direito processual em suas linhas gerais. Conforme se verifica na análise conjunta dos art. 3º. e 63 desse Código (1939), o abuso era caracterizado pela verificação dos seguintes elementos: *dolo, temeridade, fraude, emulação, capricho, erro grosseiro, violência, protelação da lide, falta do dever de dizer a verdade e o anormal uso do poder de disposição do processo*[12].

Pelo que se verifica no CPC de 1939, constata-se a presença do elemento subjetivo, ou seja, a intenção do sujeito para a prática do ato processual abusivo. No entanto, tal necessidade do elemento subjetivo foi revogada pelo Código de Processo Civil de 1973, sugerindo critérios objetivos para a verificação do abuso do direito processual[13].

O Código de Processo Civil de 1973 aboliu a expressão *abuso do direito processual* e utilizou a expressão *litigância de má-fé* e *responsabilidade processual*. Assim, passou a disciplinar do mesmo modo do CPC anterior (1939), o caráter reprovável dos sujeitos processuais que abusam dos direitos processuais[14].

---

[12] CASTRO FILHO, José Olímpio de. Abuso do Direito no Processo Civil. 2.ª ed. Rio de Janeiro: Editora Forense, 1960, p. 88.

[13] No direito estrangeiro, verificamos que os países tratam de forma diferenciada a questão do abuso de direito processual. Na França, por exemplo, existem regras claras e gerais concernentes ao abuso de direito processual e investindo a Corte com o poder de sancionar abusos. Na extremidade oposta, há sistemas jurídicos internacionais nos quais o direito não fala abertamente do abuso de direito processual, mas algumas disposições gerais falam de lealdade e honestidade como padrões para a conduta processual das partes (ver, e.g., art. 88 do Código de Processo Civil italiano). TARUFFO, Michele. *Abuso de direitos processuais: padrões comparativos de lealdade processual (relatório geral)*. Revista de Processo, São Paulo. ano 34, n. 177, p. 155, nov/2009.

[14] Conforme esclarece Patrícia de Deus Lima, o novo Código de Processo (1973) demonstra a preocupação do legislador em conferir eticidade ao processo, para ela: "*as regras processuais éticas delineariam esboço muito nítido do princípioda probidade processual, cujos desdobramentos, no processo, fariam detodos os sujeitos processuais (isto é, juiz, partes, terceiros, auxiliares da justiça, ministério público, etc) seus legítimos destinatários.*" (LIMA, Patrícia Carla de Deus. Abuso do direito e tutela ética do processo .231 f. Dissertação (Mestrado

É importante lembrar que violar uma regra de direito processual não é abusivo *per se*. Isto significa que a violação de uma norma processual não caracteriza o mau uso do direito processual e muito menos pode ser considerado como um ato abusivo. Ou seja, se o recorrente interpõe um recurso ao invés de outro, isto, por si só, não é um ato abusivo, mas somente um ato equivocado, um erro grosseiro, que não causa prejuízo a parte contrária e nem impede o regular curso do processo. No entanto, um ato processual passa a ser ***abusivo*** quando o mesmo recurso é interposto, não com o fim específico de alterar a decisão jurisdicional, mas, simplesmente, para retardar ou impedir a execução ou cumprimento da sentença, com manifesto propósito protelatório.

Ronaldo Brêtas de Carvalho Dias entende que o abuso do direito processual possui semelhanças com a *fraude processual* mas com ela não se confunde. O abuso do direito distingue-se da fraude à lei, embora, se comparadas, certos traços semelhantes sejam percebidos. Há fraude com a realização, por meios lícitos, de fins que a lei não permite sejam atingidos diretamente, porque contrários ao seu preceito. No abuso de direito sobressai apenas irregularidade no exercício do direito, aí resultando dano ou constrangimento para terceiro. Enquanto a sanção, na hipótese de fraude, necessariamente será a nulidade do ato, no abuso do direito consistirá principalmente, na obrigação de indenizar o prejuízo[15].

Pedro de Albuquerque sustenta que o abuso do direito e a litigância de má-fé não se confundem. Segundo ele, as principais diferenças estariam no fato de que o abuso do direito possui natureza objetiva e pressupõe a existência de dano, enquanto para a verificação da má-fé é imprescindível o elemento subjetivo e a aferição de dano não é essencial.[16] Isso significa dizer que, no caso de litigância de má-fé, o

---

em Direito Econômico e Social) – Centro de Ciências Jurídicas e Sociais, Pontifícia Universidade Católica, Orientador: Francisco Carlos Duarte. Curitiba, 2006, p. 180).

15 BRÊTAS, Ronaldo de Carvalho Dias. *Fraude no Processo Civil*. Belo Horizonte: Del Rey, 1998, p. 34.

16 ALBUQUERQUE, Pedro de. Responsabilidade Processual por Litigância de Má-fé, Abuso de Direito e Responsabilidade Civil em virtude de actos praticados no processo . Coimbra: Almedina, 2006, p. 92.

importante é a verificação de uma conduta reprovável, do ponto de vista processual e da lealdade processual e da boa fé, mas se houver, ainda, danos ou prejuízos, os mesmos devem ser indenizados. A litigância de má-fé permite a punição pelo Judiciário por meio da multa processual, mas, em casos excepcionais, também a condenação em indenização por danos morais e materiais, nos termos do Código Civil (art. 927 do CC).

Abusa do direito processual o sujeito que, aparentemente, exerce o contraditório e a ampla defesa, mas busca com isso, simplesmente, causar prejuízos à dignidade da prestação jurisdicional e aos interesses da parte contrária no cumprimento das decisões jurisdicionais e das normas processuais, em flagrante deslealdade processual.

O dever de lealdade processual, indicado no art. 14 do CPC, não deve ser levado em consideração, apenas entre as partes litigantes, mas, sobretudo, por todos os sujeitos processuais, incluindo os Juízes, membros do Ministério Público e terceiros. Essa afirmação pode ser corroborada pela simples leitura do 133 do CPC (responsabilidade do juiz), pelo art. 314 do CPC (suspeição e impedimento do juiz), pelo art. 85 do CPC (responsabilidade do Ministério Público). É bom lembrar que o dever de lealdade também vale para o advogado, que deve proceder no objetivo de buscar observar o procedimento, nunca se pautando apenas pela vitória da causa, a qualquer custo.

Cândido Rangel Dinamarco afirma que :

> "o Código de Processo Civil brasileiro, que se mostra particularmente empenhado em cultuar a *ética no processo*, traz normas explícitas quanto aos limites da combatividade permitida e impõe sanções à deslealdade; o dever de manter comportamentos condizentes com os mandamentos éticos está sintetizado na fórmula ampla e genérica *proceder com lealdade e boa-fé*, contida no inc. II de seu art. 14.[17]"

As partes, assim, devem exercer o contraditório e a ampla defesa, mas não podem, em nome deste exercício, abusar, em flagrante e

---

[17] DINAMARCO, Cândido Rangel. ***A reforma da reforma.*** 2. ed. São Paulo: Malheiros, 2002, p. 56.

manifesta intenção de protelar a prestação da atividade jurisdicional, ou atrapalhar que as decisões sejam devidamente cumpridas e executadas.

Celso Hiroshi Iocohama explica que *"a expressão* **lealdade** *se confundirá com a boa-fé objetiva, pois que ser leal significa estar de acordo com determinados padrões de conduta que independem da concepção particular do sujeito. Isto quer dizer que ninguém é honesto somente porque acredita sê-lo. É preciso que tal concepção se projete na visão social e, diante dela, sejam observados os elementos existentes para o preenchimento do* **modelo padrão** *de honestidade/lealdade. Logo, a boa-fé subjetiva não pode ser confundida com a noção de lealdade, pois, se há importância para o estudo da primeira e sua conotação jurídica, a lealdade vista do ângulo exclusivo do sujeito para o qual é atrelada não tem qualquer relevância*[18]."

Infelizmente, não coadunamos com Celso Hiroshi sobre o princípio da lealdade processual e boa-fé. Quando se procura por padrões de lealdade processual e boa fé processual, devemos encontrar as respostas, justamente com a observância do respeito às normas processuais e o procedimento e com o seu devido desenvolvimento previsto em lei. Isso significa dizer que a lealdade processual e boa-fé processual são conceitos que devem estar intimamente ligados à observância do devido processo legal (constitucional) e nunca a questões de moralidade ou eticidade. Defender a lealdade processual e a boa-fé processual não tem o objetivo de proteger a parte inocente da parte faltante, mas tem o objetivo de proteger o processo e a dignidade da prestação jurisdicional.

O abuso do direito processual aparece no momento em que o sujeito processual age dissimuladamente, sob a aparência de um exercício regular de seu direito, o resultado que pretende é ilícito ou reprovável, uma vez que posterga a prestação jurisdicional, causando prejuízos inimagináveis à parte contrária e à dignidade do judiciário e de sua atividade.

É bom ressaltar que, na violação de uma norma processual, a sanção será aquela prevista no próprio ordenamento jurídico processual.

---

18 IOCOHAMA, Celso Hiroshi. ***Litigância de má-fé e lealdade processual.*** Curitiba: Juruá, 2006, p. 45.

Isto significa que, se houver a interposição de uma defesa fora do prazo, verificamos a violação de uma norma processual e tal violação acarreta a revelia do réu, com a presunção de verdade sobre os fatos narrados na petição inicial. No entanto, quando verificamos o abuso do direito processual, estamos diante de uma prática processual que se afasta de sua finalidade com o manifesto propósito de retardar a prestação jurisdicional e interferir no direito da parte contrária.[19] No ato processual abusivo não há qualquer direito sendo exercido, é somente um ato aparentemente lícito, mas com propósitos de causar prejuízos ao regular andamento processual e à prestação jurisdicional, bem como, os interesses da parte contrária. Assim, o agente abusador dos direitos processuais deve, a um só tempo, ser sancionado com pena pecuniária (multa), bem como, reparar os danos causados à parte contrária, se assim ficar constatado o dano. É o que o Código de Processo Civil chama de *responsabilidade processual por litigância de má-fé*.

7.4 RESPONSABILIDADE PROCESSUAL POR LITIGÂNCIA DE MÁ-FÉ

A *responsabilidade processual por litigância de má-fé*[20] se constitui no dever de reparar os danos causados a uma parte pela outra em razão de prática de atos processuais abusivos e que atrasam a prestação jurisdicional.

---

19 TARUFFO, Michele. *Abuso de direitos processuais: padrões comparativos de lealdade processual (relatório geral)*. Revista de Processo, São Paulo. ano 34, n. 177, p. 166, nov/2009.

20 Cf. D'Plácido e Silva, *"a expressão derivada do baixo latim malefacius [que tem mau destino ou má sorte], empregada na terminologia jurídica para exprimir tudo que se faz com entendimento da maldade ou do mal que nele se contém. A má-fé, pois, decorre do conhecimento do mal, que se encerra no ato executado, ou do vício contido na coisa, que ser quer mostrar como perfeita, sabendo-se que não o é [...] A má-fé opõe-se à boa-fé, indicativa dos atos que se praticam sem maldade ou contravenção aos preceitos legais. Ao contrário, o que se faz contra a lei, sem justa causa, sem fundamento legal, com ciência disso, é feito de má-fé."* SILVA, De Plácido e. *Vocabulário Jurídico*. Atualizadores Nagib Slaibi Filho e Geraldo Magela Alves. 15ª ed., Rio de Janeiro: Forense, 1998, pág. 131.

Verificada qualquer atitude dos sujeitos no sentido de evitar a atuação jurisdicional eficiente, efetiva e eficaz, poderá a parte faltante (litigante de má-fé) ser multada e responsabilizada civilmente, com a condenação em pagamento de indenização por sua conduta antijurídica.

O ato abusivo, no âmbito processual, é aquele que possui a aparência de normalidade e legalidade, mas o objetivo pretendido não é lícito, se não causar prejuízo à outra parte ou ao andamento regular do procedimento e à dignidade da prestação jurisdicional. É o que chamamos de *desvio de finalidade* do ato processual. O abuso do direito processual, segundo estudos de Cordopatri, seria a violação do dever de lealdade e probidade, isto é, na distorção cometida pela parte ao empregar o instrumento processual ou ao praticar ato processual válido.[21]

Segundo podemos verificar no Código de Processo Civil brasileiro (1973), seu art. 16 determina que *responde por perdas e danos aquele que pleitear de má-fé como autor, réu ou interveniente*. Este artigo estabelece a teoria da responsabilidade processual em razão da litigância de má-fé, ou seja, a possibilidade de determinar, pelo próprio juízo da demanda, a condenação da parte que litiga de má-fé, em pagamento de indenização pelo seu ato processual abusivo, bem como, em multa, para indicar que sua atitude é reprovável do ponto de vista processual.

A legislação processual civil possui regra específica e dirigida aos sujeitos do processo, sobre o dever de lealdade que deverá ser observado na busca da prestação da tutela jurisdicional (art. 14 do Código de Processo Civil) e mecanismos consistentes em sanções processuais, que visam a combater a atuação desleal e procrastinatória dos sujeitos do processo (arts. 16 e seguintes do Código de Processo Civil). Também, presente, está a tipificação dos atos definidos como *atentatórios à dignidade da justiça*, condutas consideradas como desrespeitosas ao exercício da função jurisdicional, às suas decisões e à administração da justiça (art. 600, incisos I a IV, do Código de Pro-

[21] CORDOPATRI, Francesco. *L'abuso del processo*. Pádua: Cedam, 2000, v.2, p. 487/488.

cesso Civil), com sanções processuais previstas no art. 601 do Código de Processo Civil.

O Código de Processo Civil brasileiro utilizou da metodologia discriminatória e enumerativa, para indicar quais são os atos processuais considerados de má-fé e, portanto, passíveis de sancionamento processual e de reparação. Assim, segundo verificamos no art. 17 do CPC, reputa-se litigante de má-fé, aquele que: *a) deduzir pretensão ou defesa contra texto expresso de lei ou fato incontroverso; b) alterar a verdade dos fatos; c) usar do processo para conseguir objetivo ilegal; d) opuser resistência injustificada ao andamento do processo; e) proceder de modo temerário em qualquer incidente ou ato do processo; f) provocar incidentes manifestamente infundados; g) interpuser recurso com intuito manifestamente protelatório*[22].

O art. 17 do Código de Processo Civil brasileiro estabelece diversos comportamentos processuais reprováveis, e que, se verificarmos a presença do elemento dolo, devemos punir o agente do ponto de vista processual, como também, do ponto de vista de direito material, com a reparação dos prejuízos, nos termos do art. 927 do Código Civil.

É bom ressaltar que as condutas processuais previstas no art. 17 do Código de Processo Civil podem simplesmente gerar uma sanção pecuniária, com a aplicação apenas de multa, como também, se verificado o dano, aplicar a teoria da responsabilidade civil e determinar o ressarcimento pelos prejuízos materiais e morais causados à parte contrária. Assim, um ato processual pode ser apenas um ilícito pro-

[22] PROCESSUAL CIVIL. ADMINISTRATIVO. INTERPOSIÇÃO DE RECURSO. LITIGÂNCIA DE MÁ-FÉ NÃO VERIFICADA. MULTA AFASTADA. RECURSO ESPECIAL CONHECIDO E PROVIDO.1. O Superior Tribunal de Justiça firmou entendimento no sentido de que não se presume a litigância má-fé quando a parte se utiliza dos recursos previstos em lei, sendo necessária, em tais hipóteses, a comprovação da intenção do recorrente de obstruir o trâmite regular do processo, nos termos do art. 17, VI, do CPC.2. Incabível a condenação por litigância de má-fé quando a parte, na primeira oportunidade que lhe é conferida, interpõe agravo de instrumento contra decisão que fixou honorários advocatícios em execução não embargada. 3. Recurso especial conhecido e provido para afastar a condenação da recorrente ao pagamento de multa por litigância de má-fé.(REsp 749629/PR, Rel. MIN. ARNALDO ESTEVES LIMA, QUINTA TURMA, julgado em 16/05/2006, DJ 19/06/2006, p. 193).

cessual e gerar a aplicação de multa, mas não causar prejuízos à parte contrária, o que, portanto, não justificaria a condenação em indenização por danos morais e materiais. É o que está previsto no art. 18 do Código de Processo Civil Brasileiro.

Sobre o tema litigância de má-fé e abuso de direito, informa Cândido Rangel Dinamarco que:

> "Ao disciplinar a repressão à deslealdade das partes mediante normas referentes à litigância de má-fé (arts. 16-18) e ao contemp of court (arts. 600-601), o Código de Processo Civil arrola algumas condutas ilícitas e estabelece sanções à sua prática (arts. 16-18 e 600-601). Depreende-se de cada uma dessas figuras o dever de comportar-se de modo contrário, porque cada uma delas contém em si, pelo lado negativo, a especificação de um aspecto inerente ao dever de lealdade[23]".

Deve-se tratar, pois, que as condutas tipificadas como de má-fé podem ser realizadas de modo ativo ou passivo (omissivo, portanto), e optou, nosso legislador, por numerar de forma taxativa as hipóteses de litigância de má-fé, diferentemente do que ocorre no Código de Processo Civil alemão (artigo 138) e do Código de Processo Civil italiano (art. 88).

O art. 17, inciso I do CPC, traz a indicação de ***vedação das partes de deduzir pretensão ou defesa contra texto expresso de lei ou fato incontroverso***. Isso significa que as partes têm, constitucionalmente, o direito de ação e de defesa, para movimentar a jurisdição e a aplicação do direito material. No entanto, não é permitido buscar tal direito de ação ou de defesa, sabidamente, quando a lei não acoberta ou protege tal pretensão ou quando o fato que se opõe é um fato cujo o qual não existe contradição pelas partes. Assim, litiga de má-fé aquele que busca a declaração ou condenação de outrem, ou reconhecimento de algum direito, em juízo, com texto de lei claramente se posicionando ao contrário do pretendido. Talvez, um exemplo simples sobre tal hipótese de litigância de má-fé seria o ajuizamento de ação para buscar receber dívidas de jogo, que são, pelo ordenamento jurídico brasileiro, impossíveis de ser exigidas. Lado outro, há uma linha

---

[23] DINAMARCO, Cândido Rangel. *Instituições de direito processual civil*. vol. 3. 3ª ed., São Paulo: Malheiros, 2009, pág. 265.

bastante tênue entre a caracterização da litigância de má-fé, por dedução ou apresentação de defesa contra texto expresso de lei ou fato incontroverso, e a questão de interpretação de lei diversa do que entende a maioria dos Tribunais. Isso significa que a dedução de ação ou a apresentação de defesa que busque uma interpretação diferente para determinado artigo de lei não pode ser considerado um ato processual abusivo. Apenas estamos diante do livre exercício do direito de ação.

O art. 17, inciso II, do CPC, indica que reputa litigante de má-fé aquele que no processo ***alterar a verdade dos fatos***. Nesse ponto, precisamos, em primeiro lugar, indicar que estamos diante de uma cláusula de litigância de má-fé geral e muito aberta, do ponto de vista hermenêutico. A verdade que se refere o presente inciso do artigo 17 é a *verdade processual*. A verdade processual significa a dedução de pretensão ou defesa com a devida demonstração dos mesmos com provas. Quanto as partes, no momento de dedução de pretensão ou de defesa, alteram a verdade dos fatos, significa dizer que estão buscando provar algo que não existiu ou que não ocorreu efetivamente e que as provas foram feitas mediante fraude, emulação, erro ou vício. Altera a verdade dos fatos, por exemplo, quem instrui as testemunhas para que informe fatos que nunca ocorreram, num claro objetivo de buscar o reconhecimento dos argumentos deduzidos na pretensão na defesa. Cândido Rangel Dinamarco afirma que: *"O inc. II do art. 17 sanciona transgressão intencional do dever de veracidade quanto aos fatos. As inveracidades só são contrárias à ética quando acompanhadas da intenção de falsear os fatos, caracterizando-se assim como mentiras*[24]".

O art. 17, inciso III do CPC estabelece que atua em litigância de má-fé ***as partes que usam o processo para conseguir objetivo ilegal.*** Verifica-se, nesse inciso, a preocupação do legislador com o desvio de finalidade da norma. Assim, esse inciso busca reprimir aqueles que se utilizam do processo com o objetivo de obter direito ou vantagem que a norma proíbe.

O art. 17, inciso IV do CPC determina que litiga de má-fé a parte que ***opuser resistência injustificada ao andamento do processo.***

[24] DINAMARCO, Cândido Rangel. *Fundamentos do processo civil moderno.* 5ª ed., São Paulo: Malheiros, 2002, p. 268.

Trata-se de um dispositivo normativo processual que reprimi a conduta comissiva e omissiva das partes que impedem a duração razoável do processo, conforme estabelece o art. 125 do CPC e art. 5º., inciso LXXVIII, da Constituição Federal. Opor resistência injustificada ao andamento do processo significa colocar obstáculos ao regular curso do processo. Isso significa que manifestações impertinentes e fora do prazo são exemplos e formas de se opor ao regular andamento do processo e atentam contra a celeridade processual e contra a dignidade da justiça.

O art. 17, inciso V do CPC, determina que a parte responde por litigância de má-fé quando ***proceder de modo temerário em qualquer incidente ou ato do processo.*** Temerário é o ato da parte contrário imprudente, que não observas nas normas processuais e legais. Age de forma temerária quem provoca um incidente processual apenas para paralisar o processo ou para impedir os efeitos da preclusão. Age de forma temerária, quem não pratica ato processual irresponsável, apenas para evitar prejuízos processuais para as partes. Assim, um bom exemplo de ato temerário seria a interposição de dois recursos, contra a mesma decisão, sendo que a primeira já havia se pronunciado sobre o seu não cabimento e a segunda, é uma conduta temerária, que busca desviar a finalidade da norma e evitar a preclusão. Enfim, temeridade é o dolo processual.

O art. 17, inciso VI, do CPC, determina que responde por litigância de má-fé a parte que ***provocar incidentes manifestamente infundados.*** Incidentes infundados são incidentes inexistentes, do ponto de vista formal e legal. Assim, não é possível, por exemplo, instaurar o incidente de falsidade documental, previsto pelo art. 390 do CPC, sem a observância do prazo de 10 dias, a contar da juntada do documento que se busca a caracterização como falso. Ora, o desrespeito à essa norma e ao prazo, é um flagrante exemplo de incidente infundado. Também podemos informar que a palavra incidente, indicado nesse inciso, é utilizada de forma genérica, querendo referenciar, ainda, qualquer conduta ativa ou passiva das partes no objetivo de atrasar a prestação jurisdicional. Isso significa que a oposição de *embargos de terceiros*, por exemplo, que, obviamente, pode paralisar o procedimento principal, pode ser caracterizado como sendo um incidente manifestadamente infundado, se, ao final, for considerado um ato apenas com o intuito de evitar a prestação jurisdicional ou retardar seu julgamento.

Por fim, o art. 17, inciso VII, do CPC, estipula que responde por litigância de má-fé a parte que interpõe ***recurso manifestadamente protelatório***. Recurso protelatório é aquele que não tem o objetivo de reformar a decisão, mas sim, apenas de protelar o transito em julgado ou a preclusão de uma decisão. O recurso protelatório é apresentado como um recurso destituído de fundamentos para reformar a decisão e em flagrante comportamento da parte em evitar e impedir a execução e cumprimento da decisão judicial.[25]

As condutas previstas no art. 17 do CPC são condutas objetivas e possuem o objetivo de balizar o julgador no objetivo de reprimir as condutas antijurídicas claramente contrárias aos interesses processuais (art. 125, III do CPC). No entanto, verificando a ocorrência de uma das hipóteses indicadas no art. 17 do CPC, surge a seguinte questão a ser enfrentada, qual seja: *qual seria a melhor técnica para que o processo possa reprimir as condutas antijurídicas praticadas pelos sujeitos processuais, em litigância de má-fé*? Tentaremos responder a indagação no item seguinte.

7.5 TÉCNICA DE REPRESSÃO AO ABUSO DE DIREITO PROCESSUAL (LITIGÂNCIA DE MÁ-FÉ)

Segundo afirma Rosemiro Pereira Leal, a *técnica* é atividade humana que abrange a capacidade de conjunção do mundo da realidade com o mental e a consequente expressão de pensamentos abstratos organizados (teoria) sobre o contexto dessa realidade.[26]

Assim, quando nos referirmos à técnica de repressão ao abuso de direito processual, estamos querendo indicar o conjunto de procedimentos adequados pelos quais o direito transforma em regras claras e práticas as diretivas da política jurídica de repressão à litigância de má-fé.

---

25 Sobre recurso protelatório, ver BRÊTAS. *Fraude no processo civil.* 3ª. ed., p. 49-55.

26 LEAL, Rosemiro Pereira. **Teoria Geral do Processo – Primeiros Estudos**. 7ª. Ed. Rio de Janeiro: Forense, 2008, p. 43/44.

Nesse sentido, para que possamos responder à indagação sobre a melhor técnica para a repressão do abuso de direito processual, precisamos, antes de mais nada, estabelecer os seguintes pressupostos para nossas reflexões.

O **primeiro.** É o processo um instrumento de garantias processuais fundamentais, isso significa dizer que o mesmo se constitui de um espaço de discussão e debate, e o contraditório e ampla defesa são seus princípios estruturantes, os quais não podem ser suprimidos.

O **segundo**. O princípio do contraditório é elemento indispensável a existência do processo e, portanto, não é possível o exercício da jurisdição e da repressão do abuso de direito processual sem a sua observância.

Nas palavras de Fazzalari, o processo é um procedimento com a garantia de participação das partes para a obtenção do ato final, em contraditório, devendo os participantes do processo se entenderem como co-autores da decisão judicial (provimento)[27].

É bom ressaltar, nas palavras de Aroldo Plínio Gonçalves, que:

> *"O contraditório não é apenas 'a participação dos sujeitos do processo. O contraditório é a garantia de participação, em simétrica paridade, das partes, daqueles a quem se destinam os efeitos da sentença, daqueles que são "interessados", ou seja, aqueles sujeitos do processo que suportarão os efeitos do provimento e da medida jurisdicional que o Estado vier a impor.*[28]"

Explicando melhor, reforça o mesmo autor que:

> *O contraditório não é o "dizer" e o "contradizer" sobre matéria controvertida, não é a discussão que se trava no processo sobre a relação de direito material, não é a polêmica que se desenvolve em torno dos interesses divergentes sobre o conteúdo do ato final. Constitui-se, necessariamente, da igualdade de oportunidade no processo, é a igual oportunidade de tratamento, que se funda na liberdade de todos perante a lei. É essa igualdade que compõe a*

---

27 FAZZALARI, Elio. *Istituzioni di diritto processuale*. 6. ed., Padova: CEDAM, 1992, p. 82-83.

28 GONÇALVES, Aroldo Plínio. *Técnica Processual e teoria do processo*. Rio de Janeiro: Aide, 1992, p. 120-124.

essência do contraditório enquanto garantia de simétrica paridade de participação no processo.[29]

Elio Fazzalari caracteriza a estrutura do **contraditório** com os seguintes elementos: a) participação dos destinatários do ato final na fase preparatória do processo; b) simétrica paridade destes interessados; c) mútua implicação de seus atos; relevância de tais atos para o ato final. [30]

Nesse sentido, o contraditório é a garantia da participação das partes, em simétrica igualdade, é a igual oportunidade de igual tratamento, que se funda na liberdade de todos perante a lei. E tal participação das partes não significa que tenha de ser atual, mas uma participação potencial, convertendo, assim, o direito em ônus. Tanto é assim, que Marcelo Galuppo lembra a possibilidade de o interessado, na produção do provimento, deixar de participar, por vontade própria, da sua formação. Bem como o fato de não se exigir a existência de controvérsia, sendo possível, por exemplo, que o réu (contrainteressado) concorde com a pretensão do autor. Aliás, o próprio Direito brasileiro prevê e estimula tal possibilidade, ao tornar obrigatória, na maioria dos processos, a tentativa de conciliação das partes pelo juiz. Pode-se mesmo afirmar que a nova sistemática brasileira erige como primeiro dever do juiz, na qualidade de "mediador", a tentativa de fazer com que se restabeleça racionalmente, no âmbito de uma comunidade real de comunicação, o diálogo, ou seja, o discurso entre autor e réu.[31]

Sobre o assunto, assevera Didier Junior:

> *Não adianta permitir que a parte, simplesmente, participe do processo; que ela seja ouvida. Apenas isso não é o suficiente para que se efetive o principio do contraditório. É necessário que se permita que ela seja ouvida, é claro, mas em condições de poder influenciar a decisão do magistrado. Se não for conferida a possi-*

---

[29] GONÇALVES, Aroldo Plínio. *Técnica Processual e teoria do processo.* Rio de Janeiro: Aide, 1992, p. 127.

[30] FAZZALARI, Elio. *Istituzioni di diritto processuale.* 6. ed., Padova: CEDAM, 1992, p. 82.

[31] GALUPPO, Marcelo Campos. *Elementos para uma compreensão metajurídica do processo legislativo.* Disponível em: Http://marcelogaluppo.sites.uol.com.br/elementos_para_uma_compreensão_mct.htm. Acesso em: 5 maio 2003.

> *bilidade de a parte influenciar a decisão do magistrado – e isso é poder de influência, poder de interferir na decisão do magistrado, interferir com argumentos, interferir com ideias, com fatos novos, com argumentos jurídicos novos; se ela não puder fazer isso, a garantia do contraditório estará ferida. É fundamental perceber isso: o contraditório não se implementa, pura e simplesmente, com a ouvida, com a participação; exige-se a participação com a possibilidade, conferida à parte, de influenciar no conteúdo da decisão.*[32]

Na verdade, o contraditório significa a garantia da proibição da decisão surpresa, ou seja, decisões que não sofreram o devido debate prévio pelas partes, ou seja, que não lhes foi garantido o efetivo direito de participação, o que significa muito mais do que apenas dizer e contradizer nos autos, mas, sobretudo, o direito de influenciar o resultado da decisão com argumentações, fatos e provas.

Lebre de Freitas afirma que:

> *"a proibição da chamada decisão-surpresa tem sobretudo interesse para as questões, de direito material ou de direito processual, de que o tribunal pode conhecer oficiosamente: se nenhuma das partes as tiver suscitado, com concessão à parte contrária do direito de resposta, o juiz – ou o relator do tribunal de recurso – que nelas entenda dever basear a decisão, seja mediante o conhecimento do mérito seja no plano meramente processual, deve previamente convidar ambas as partes a sobre elas tomarem posição, só estando dispensado de o fazer em casos de manifesta desnecessidade."* [33]

Assim, entendendo o contraditório como um princípio que veda uma decisão surpresa, temos que entender que o art. 18 do CPC deve ser aplicado de outra maneira pelos Tribunais. Segundo estabelece o artigo, "*o juiz ou tribunal, de ofício ou a requerimento, condenará o litigante de má-fé a pagar multa não excedente a 1% sobre o valor da causa e a indenizar a parte contrária dos prejuízos que esta sofreu*

---

[32] DIDIER, Jr. Fredie. *Curso de Direito Processual Civil*: Teoria Geral do Processo e Processo de Conhecimento. Salvador: JusPodivm, 2008, p. 45.

[33] LEBRE DE FREITAS, José. *Introdução ao processo civil*: conceito e princípios gerais à luz do código revisto. Coimbra: Coimbra Editora, 1996, p. 103.

(dano processual), mais os honorários advocatícios e todas as despesas que efetuou".

Uma leitura descomprometida do princípio do contraditório pode levar o intérprete e julgador a entender que bastaria, em suas convicções pessoais, a verificação de um comportamento das partes caracterizado como litigante de má-fé, a fim de lhes impor as penas de multa e condenação em perdas e danos apresentados e permitidos pelo art. 18 do CPC brasileiro.

No entanto, a melhor técnica para a repressão do abuso de direito processual e, consequentemente, a litigância de má-fé, não seria a aplicação de ofício pelo julgador das hipóteses previstas, enumerativas e exaustivas do art. 17 do CPC, pois, assim, estar-se-ia vedando o contraditório, entendido como garantia de vedação a uma decisão surpresa.

Em nome da garantia do contraditório, verificando o juiz que ocorreu algumas das hipóteses previstas no art. 17 do CPC, deve permitir e possibilitar, ainda que incidentalmente, nos próprios autos do procedimento ou em procedimento próprio, uma discussão paralela entre as partes, sobre a ocorrência ou não de algumas das hipóteses de litigância de má-fé e seus eventuais danos. Isso significa dizer que, se o julgador tomar a decisão pela aplicação de alguma das sanções por litigância de má-fé, sem que haja o devido respeito ao contraditório, tal decisão estaria vedando a participação em contraditório, e seria, do ponto de vista ***constitucional-democrático***, uma decisão passível de anulação, por absoluta falta de garantia do contraditório e da ampla defesa.

É claro que não basta apenas que o julgador, no momento da verificação da litigância de má-fé, conceda às partes vista dos autos para que possam sobre ela se pronunciar; há necessidade, também, atendendo ao disposto no art. 5º., inciso LV, da Constituição, e art. 130 do CPC, a ampla defesa, com a garantia de produção de todas as provas possíveis e necessárias para demonstrar ou não a ocorrência de umas das situações tipificadas no art. 17 do CPC.

Assim, a melhor técnica para a repressão do abuso do direito processual pode ser indicada pela abertura de uma discussão profunda e dialógica sobre a sua ocorrência e os eventuais danos que a conduta ímproba ocasionou. No entanto, ainda no direito processual brasileiro, os Tribunais não gostam dessa técnica, pois entendem que a verificação da ocorrência de abuso processual é de responsabilidade exclusiva do julgador, no momento da sentença, não necessitando maiores considerações e argumentações das partes. Claro, no momento em que percebemos a condenação de uma das partes em litigância de má-fé, percebemos que a técnica democrática e constitucional do processo não está plenamente observada, segundo o ordenamento jurídico-processual-constitucional do Estado Democrático de Direito brasileiro.

Se a discussão será feita nos próprios autos ou em incidente processual, isto revela uma preocupação com a economia processual. No entanto, o que não pode faltar, é o devido respeito ao contraditório e à ampla defesa, bem como, é vedado ao julgador, de ofício, aplicar sanções processuais, pelas hipóteses verificadas no art. 17 do CPC, sem oportunizar a devida manifestação e provas pelas partes interessadas no resultado do julgamento.

Em razão da caracterização quase que automática e isolada do julgador de uma das condutas ilícitas praticadas pelas partes no processo e previstas no art. 17 do CPC, verificamos que não há qualquer discussão sobre os prejuízos causados e a extensão do dano (art. 944 do Código Civil), o que dificulta ao juiz estabelecer uma reparação pelos danos causados à outra parte. Dificilmente se acerta sobre os danos patrimoniais em razão de condutas processuais, pela conclusão lógica de que, infelizmente, não há debate e produção de prova sobre os efetivos danos ocorridos.

Estamos defendendo o contraditório e ampla defesa, em nome do processo democrático. Sem o devido contraditório, fica praticamente impossível que a condenação em indenização por perdas e danos se realize, bem como, a quantificação dos prejuízos causados pela parte infratora ou litigante de má-fé.

No Código de Processo Civil e nos Tribunais brasileiros, não verificamos a preocupação para evitar a *decisão-surpresa* e resguardar a garantia do contraditório e da ampla defesa. Pelo contrário, o que notamos, na prática cotidiana forense brasileira, é que, em nome da celeridade, decisões surpresas são proferidas a todo momento, sem o devido contraditório, o que entendemos ser violação à Constituição.

Apenas para justificar nossas considerações, citamos algumas decisões do Superior Tribunal de Justiça que aplicam, de forma automática e autoritariamente, o art. 18 do CPC, sem entender sobre a necessidade de oportunizar às partes o indispensável contraditório, com base apenas na convicção pessoal do julgador.

Veja-se, nesse sentido:

> AGRAVO REGIMENTAL. AGRAVO EM RECURSO ESPECIAL. LOCAÇÃO. PRORROGAÇÃO DO PRAZO. FIANÇA. NOVAÇÃO. RATIFICAÇÃO DA GARANTIA PELO FIADOR. EXONERAÇÃO. NÃO OCORRÊNCIA. LITIGÂNCIA DE MÁ-FÉ. CONFIGURAÇÃO. AFASTAMENTO. SÚMULA 7/STJ. 1. Na prorrogação do contrato de locação, havendo cláusula expressa de responsabilidade do garante após a prorrogação do contrato, este deverá responder pelas obrigações posteriores, a menos que tenha se exonerado na forma dos artigos 1.500 do Código Civil de 1916 ou 835 do Código Civil vigente. 2. Na hipótese, o Tribunal de origem identificou a ratificação expressa do fiador para estender a garantia fiduciária quando da novação. Não incidência da Súmula 214/STJ. Precedentes. 3. **A aplicação das penas do art. 17, I e II, do CPC, deu-se pela manifestação de fatos comprovadamente inverídicos, situação que não guarda semelhança com o simples exercício do direito de defesa**. Rever tais fundamentos fáticos, somente com reexame do conjunto probatório, medida de impossível realização no âmbito do recurso especial, haja vista o óbice do enunciado 7 da Súmula desta Corte. 4. Agravo regimental a que se nega provimento[34].

Repare-se que, na decisão transcrita, o Superior Tribunal de Justiça entendeu que a aplicação do art. 17 do CPC não necessita da observância do contraditório e da ampla defesa, bastando, a tanto, que o julgador, em análise discricionária e solipsista, decida sobre a ocorrência ou não de litigância de má-fé.

Outra decisão do Superior Tribunal de Justiça sobre a aplicação automática do art. 17 do CPC à parte faltante é a que o ora se colaciona:

---

[34] Superior Tribunal de Justiça. AgRg no AREsp 242.123/SP, Rel. Ministra MARIA ISABEL GALLOTTI, QUARTA TURMA, julgado em 08/10/2013, DJe 23/10/2013

> RECONSIDERAÇÃO EM AGRAVO REGIMENTAL EM RECURSO ORDINÁRIO. RECURSO INTERPOSTO CONTRA DECISÃO MONOCRÁTICA. NÃO CONHECIMENTO. LITIGÂNCIA DE MÁ-FÉ. INTENÇÃO PROTELATÓRIA. MULTA. 1. Nos termos do art. 105, II, "b", da Constituição Federal, não cabe interposição de recurso em mandado de segurança no âmbito desta Corte Superior contra decisão monocrática de relator. 2. **Sendo evidente a intenção protelatória do exercício da jurisdição, mediante a interposição de recursos e petições desprovidos de razão e notoriamente incabíveis, cabível a cominação de multa nos termos do art. 18 c/c o art. 17, VI e VII do CPC.** 3. Pedido de reconsideração improvido[35].

Nesse acórdão transcrito, mais uma vez, verificamos o desrespeito ao contraditório e à ampla defesa, na condenação em litigância de má-fé. Entendemos que, mesmo nos casos em que os autos já se encontrarem em sede recursal, o cumprimento ao contraditório deve ser observado. Tal significa que, nesse aspecto, não poderia o relator ter aplicado a pena prevista no art. 18 do CPC, apenas com base em entendimento formado e consolidado pelo anteriores votos e convicções formadas em seu trabalho junto ao Tribunal. Deveria instaurar, mesmo em sede recursal, um procedimento adequado à discussão e demonstração de ocorrência ou não da litigância de má-fé. Do contrário e da forma que foi adotada, mesmo informando a evidência de que houve a interposição de recurso manifestamente protelatório, entendemos que estamos diante de uma decisão arbitrária e inconstitucional, destoante de bases democráticas.

Portanto, dentro da constitucionalidade democrática e dentro do respeito ao contraditório e da ampla defesa, é preciso que o debate sobre o abuso do direito processual seja efetivamente concedido às partes. Além disso, e como consequência, deve-se permitir a amplitude de produção de prova e ampliação do debate procedimental adequado às discussões sobre a prática de atos de má-fé e de dolo pelas partes, bem como os prejuízos causados, para fins de indenização. Do contrário, qualquer condenação em litigância de má-fé será ato

[35] Superior Tribunal de Justiça. RCD no RMS 39.985/PA, Rel. Ministro LUIS FELIPE SALOMÃO, QUARTA TURMA, julgado em 01/10/2013, DJe 11/10/2013.

jurisdicional de autoritarismo e antidemocrático, sob violação frontal e direta à Constituição do Estado Democrático de Direito brasileiro.

7.6 CONCLUSÃO

Por essas considerações, podemos alinhar as seguintes conclusões sobre o abuso do direito processual e a sua técnica de repressão, quais sejam:

a) A expressão abuso de direito é atualmente considerada pelos juristas como sendo o mau uso ou uso excessivo ou extraordinário do direito. Isso significa que a expressão abuso do direito nos remete à ideia de que alguém está exercendo um ato ilícito, em razão de um excesso. Assim, a expressão, de forma isolada, quer informar ao intérprete que o justo é exercer o direito, nem mais (abuso), nem menos (aquém). Etimologicamente, a expressão em latim *abusos* e *abuti* não possuíam a ideia de mau uso, mas significava um uso intenso, um aproveitamento completo da coisa ou do direito. Em termos atuais, a expressão abuso do direito obteve nova conotação, significando o excesso dos limites do poder da faculdade (facultas agendi) que o direito objetivo (normas agendi) confere ao indivíduo, na qualidade de sujeito de direito (sui iuris).

b) Pelo Código Civil (arts. 187 e 188), verificamos que o direito brasileiro estabeleceu critérios para que possa ser configurado o abuso do direito, quais sejam: a) que o abuso do direito é um ato ilícito; b) esse ato ilícito deve ser praticado pelo titular do direito subjetivo; c) que tenha sido excedido os limites impostos pelo seu fim econômico ou social, pela boa-fé ou pelos bons costumes e d) que tenha sido o ato ilícito abusivo manifesto.

c) Violar uma regra de direito processual não é abusivo *per se*. Isso significa que o mau uso do direito processual não é um ato abusivo. Ou seja, se o recorrente interpõe um recurso ao invés de outro, isto, por si só, não é um ato abusivo, mas somente um ato equivocado, um erro grosseiro, que não causa prejuízo à parte contrária e nem impede o regular curso do processo. No entanto, um ato processual passa a ser ***abusivo,*** quando o mesmo recurso é interposto, não com o fim específico de alterar a decisão jurisdicional, mas, simplesmente, para retardar ou impedir a execução ou cumprimento da sentença.

d) Violar uma regra de direito processual pode ter duas consequências. A primeira, consequência eminentemente processual, uma punição para a parte faltante, estritamente dentro dos limites das faculdades, poderes e possibilidades das normas processuais. Assim, a ausência de apresentação de defesa no prazo correto é uma violação de norma processual e gera um ônus processual, qual seja, a revelia e a presunção de verdade sobre os fatos articulados pelo autor. No entanto, ocorre o abuso do direito processual, quando temos um ato aparentemente lícito, mas seus objetivos são reprováveis do ponto de vista da lealdade processual e boa-fé. Assim, abusando do direito processual, temos a possibilidade de aplicação de multa ou, ainda, a reparação dos danos.

e) A boa-fé e lealdade processual não são elencos caracterizadores de uma moralidade ou eticidade processual, mas sim de elementos vinculados à observância do devido processo legal. Abusa do direito processual quem, de ma-fé, busca empregar uma conduta processual com o objetivo de causar contrariedade à marcha processual, à eficácia das decisões e até mesmo à dignidade da justiça e da prestação jurisdicional. Toda litigância de má-fé é um abuso do direito processual. O abuso é gênero e a litigância é espécie. O dever de lealdade processual, indicado no art. 14 do CPC, não deve ser levado em consideração, apenas entre as partes litigantes, mas, sobretudo, por todos os sujeitos processuais, incluindo os juízes, membros do Ministério Público e terceiros. Essa afirmação pode ser corroborada pela simples leitura do 133 do CPC (responsabilidade do juiz), pelo art. 314 do CPC (suspeição e impedimento do juiz), pelo art. 85 do CPC (responsabilidade do Ministério Público). É bom lembrar que o dever de lealdade também vale para o advogado, que deve proceder no objetivo de buscar a verdade e observar o procedimento, nunca se pautando apenas pela vitória da causa, a qualquer custo.

f) O Código de Processo Civil brasileiro (1973) utilizou-se da metodologia discriminatória e enumerativa, para indicar quais são os atos processuais considerados de má-fé e, portanto, passíveis de sanção processual e de reparação.

g) A melhor técnica para a repressão do abuso de direito processual e, consequentemente, a litigância de má-fé, não seria a aplicação das sanções respectivas de ofício pelo julgador, pois, assim, estaria vedando o contraditório como garantia de vedação a uma decisão surpresa. Em nome da garantia do contraditório, verificando o juiz que aconteceu algumas das hipóteses previstas no art. 17 do CPC, deve permitir, ainda que incidentalmente, nos próprios autos do procedimento, uma discussão paralela entre as partes sobre a ocorrência ou não da litigância de má-fé e de seus eventuais danos. Isso significa dizer que, se o julgador tomar a decisão pela aplicação de algumas das punições por litigância de má-fé, sem que haja o devido respeito ao contraditório, sua decisão estaria vedando a participação, e seria, do ponto de vista democrático, decisão passível de anulação, por absoluta falta de garantia do contraditório e da ampla defesa. É claro que não basta apenas que o julgador, no momento da verificação da litigância de má-fé, abra às partes vista dos autos para que possam sobre ela se pronunciar, há necessidade, também, atendendo ao disposto no art. 5º., inciso LV, da Constituição, e art. 130 do CPC, a ampla defesa, com a garantia de produção de todas as provas necessárias para demonstrar ou não a ocorrência de umas das hipóteses previstas no art. 17 do CPC. Não vislumbramos a necessidade de um procedimento ao incidente processual para a caracterização e verificação da ocorrência da litigância de má-fé. Porém, se tal for necessário, para evitar prejuízo às partes e às argumentações, verificamos que nada existe no ordenamento jurídico brasileiro que desaconselhe tal prática. Se a discussão será feita nos próprios autos ou em incidente processual, isto revela uma preocupação com a economia processual. No entanto, o que não pode faltar é o devido respeito ao contraditório e ampla defesa, bem como, vedado ao julgador, de ofício, aplicar sanções processuais pelas hipóteses verificadas no art. 17 do CPC, sem oportunizar a devida manifestação e provas pelas partes interessadas no resultado do julgamento.

h) Quando temos a verificação de um ato processual abusivo, com intuito de atrasar o processo e ferir a dignidade da justiça e sua prestação jurisdicional, estamos diante de uma violação de um direito fundamental, e a violação de um direito fundamental deve ser punida de forma enérgica, com a aplicação de multa e indenização pagas pelo infrator, pois é inconcebível que direitos fundamentais sejam flagrantemente violados pelas partes com o objetivo escuso de lesar a credibilidade do Judiciário e da parte contrária. Infelizmente, o que observamos no Brasil é que a discussão sobre a violação de direitos fundamentais e a possibilidade de reparação e aplicação de multa processual ainda está caminhando bem devagar, do ponto de vista prático. Apesar de grande parte da doutrina defender a possibilidade e até necessidade de responsabilizar o Estado pelas violações da garantia constitucional da duração razoável do processo, no Brasil ainda há grande resistência dos tribunais em condenar o Estado a indenizar o jurisdicionado nos casos.

7.7 REFERÊNCIAS BIBLIOGRÁFICAS

ABDO, Helena Najjar. *O abuso do processo*. São Paulo: Editora Revista dos Tribunais, 2007.

ALBUQUERQUE, Pedro de. Responsabilidade Processual por Litigância de Má-fé, Abuso de Direito e Responsabilidade Civil em virtude de actos praticados no processo . Coimbra: Almedina, 2006.

BRASIL. Código Civil.

BRASIL. Constituição Federal.

BRASIL. STJ. AgRg no AREsp 242.123/SP, Rel. Ministra MARIA ISABEL GALLOTTI, QUARTA TURMA, julgado em 08/10/2013, DJe 23/10/2013.

BRASIL. STJ. RCD no RMS 39.985/PA, Rel. Ministro LUIS FELIPE SALOMÃO, QUARTA TURMA, julgado em 01/10/2013, DJe 11/10/2013.

BRASIL. STJ. REsp 442428/RS, Rel. MIN. CARLOS ALBERTO MENEZES DIREITO, TERCEIRA TURMA, julgado em 22/05/2003, DJ 30/06/2003, p. 240.

BRASIL. STJ. REsp 749629/PR, Rel. MIN. ARNALDO ESTEVES LIMA, QUINTA TURMA, julgado em 16/05/2006, DJ 19/06/2006, p. 193.

BRASIL. STJ. RMS 27.868/DF, Rel. Ministra LAURITA VAZ, QUINTA TURMA, julgado em 25/10/2011, DJe 11/11/2011.

BRASIL. TJRS. AI 70017272626, 8ª Câmara Cível do TJRS, REL. Des. CLAUDIR FIDELIS FACCENDA. J 16.11.2006.

BRASIL. TJSC. Apelação cível n.º 2005.027514-5, SANTA cível n.º 2005.027514-5, SANTA CATARINA, 2008.

BRASIL. TJSC. Apelação cível n°. 2007.003529-3, SANTA 2007.003529-3, SANTA CATARINA, 2009.

BRÊTAS C. DIAS, Ronaldo. Fraude no processo civil. 3ª. ed. Belo Horizonte: Del Rey, 2001.

BRÊTAS C. DIAS, Ronaldo. Direito ao Advogado. *Revista Jurídica Consulex*, ano VII, n. 150, 15 abr. 2003.

CANOTILHO, José Joaquim Gomes. *Direito constitucional e teoria da constituição*. 7 ed. Coimbra: Almedina, 2003.

CASTRO FILHO, José Olímpio de. Abuso do Direito no Processo Civil. 2.Ed. Rio de JaneiroJaneiro: Editora Forense, 1960.

CARVALHO DIAS, Ronaldo Brêtas de. *Fraude no Processo Civil*. Belo Horizonte: Del Rey, 1998.

CARVALHO DIAS, Ronaldo Brêtas de. Responsabilidade do Estado para Função Jurisdicional. Editora Del Rey. Belo Horizonte. 2004.

CORDOPATRI, Francesco. *L'abuso del processo*. Pádua: Cedam, 2000, v.2.

DIDIER, Jr. Fredie. *Curso de Direito Processual Civil: Teoria Geral do Processo e Processo de Conhecimento. Salvador*: JusPodivm, 2008.

DINAMARCO, Cândido Rangel. *A reforma da reforma*. 2. ed. São Paulo: Malheiros, 2002.

DINAMARCO, Cândido Rangel. *Fundamentos do processo civil moderno*. 5ª ed., São Paulo: Malheiros, 2002.

DINAMARCO, Cândido Rangel. *Instituições de direito processual civil*. vol. 3. 3ª ed., São Paulo: Malheiros, 2009.

FAZZALARI, Elio. *Istituzioni di diritto processuale*. 6. ed., Padova: CEDAM, 1992.

GALUPPO, Marcelo Campos. *Elementos para uma compreensão meta-jurídica do processo legislativo*. Disponível em: Http://marcelogaluppo.sites.uol.com.br/elementos_para_uma_compreensão_met.htm. Acesso em: 5 maio 2003.

GONÇALVES, Aroldo Plínio. *Técnica Processual e teoria do processo*. Rio de Janeiro: Aide, 1992.

IOCOHAMA, Celso Hiroshi. *Litigância de má-fé e lealdade processual*. Curitiba: Juruá, 2006.

LEAL, Rosemiro Pereira. *Teoria Geral do Processo – Primeiros Estudos*. 7ª. Ed. Rio de Janeiro: Forense, 2008.

LEBRE DE FREITAS, José. *Introdução ao processo civil*: conceito e princípios gerais à luz do código revisto. Coimbra: Coimbra Editora, 1996.

LIMA, Patrícia de Deus Lima. Abuso do direito e tutela ética do processo .231 f. Dissertação (Mestrado em Direito Econômico e Social) – Centro de Ciências Jurídicas e Sociais, Pontifícia Universidade Católica, Orientador: Francisco Carlos Duarte. Curitiba, 2006.

ROTONDI, Mario. *L'abuso di diritto – "A Emulatio"*. Pádua: Cedam, 1979.

SARAIVA, Paulo Lopo. *O advogado não pede.* Advoga. Campinas: Edicamp, 2002.

SILVA, De Plácido e. *Vocabulário Jurídico*. Atualizadores Nagib Slaibi Filho e Geraldo Magela Alves. 15ª ed., Rio de Janeiro: Forense, 1998.

TARUFFO, Michele. *Abuso de direitos processuais: padrões comparativos de lealdade processual (relatório geral)*. Revista de Processo, São Paulo. ano 34, n. 177, nov/2009.

TUCCI, José Rogério Cruz e. Garantias Constitucionais do Processo Civil: Homenagem aos 10 anos da Constituição Federal de 1988. 1ª edição. 2ª tiragem. Editora Revista dos Tribunais. São Paulo. 1999.

VICENZI, Brunela Vieira de. A Boa-fé no Processo Civil. São Paulo: Atlas, 2003.

VIII CAPÍTULO — NOÇÕES DE TEORIA E TÉCNICA DO PROCEDIMENTO DA PROVA

Ronaldo Brêtas de Carvalho Dias[1]

8.1 INTRODUÇÃO

À guisa de introdução, em relação ao vocábulo *técnica*, desde logo acentuo que acompanho os ensinamentos valiosos de Rosemiro Pereira Leal, estribados em Aroldo Plínio Gonçalves e em André Lalande, visando ao adequado entendimento da presente exposição, nos seguintes termos: *"Aroldo Plínio Gonçalves, no estudo do direito processual, desenvolveu pioneira pesquisa sobre a atividade técnica lembrando que 'já há base suficiente para se afirmar que há técnicas produzidas antes da ciência' e, apoiando-se em Denis Huisman e André Verges, conclui que 'historicamente a prática precede à teoria, a técnica precede à ciência'*. E prossegue o autor citado: *"O importante é que, para efeito de racionalização, também somos inclinados a admitir, com Lalande, que a atividade técnica ou o ato técnico*

---

1 Advogado. Doutor em Direito Constitucional e Mestre em Direito Civil pela UFMG. Professor Coordenador Adjunto do Programa de Pós-graduação em Direito da PUC Minas Gerais. Professor na Faculdade de Direito da Universidade de Itaúna, Minas Gerais. Membro do Instituto dos Advogados de Minas Gerais, do Instituto Popperiano de Estudos Jurídicos, do Instituto Panamericano de Derecho Procesal e do Instituto do Direito de Língua Portuguesa. Ex-Advogado Chefe Adjunto da Assessoria Jurídica Regional do Banco do Brasil S. A., em Minas Gerais. Ex Diretor Geral da Escola Superior de Advocacia da OAB - Seção de Minas Gerais. Ex-Vice-Diretor da Faculdade Mineira de Direito da PUC Minas Gerais.

corresponde a procedimentos conjugados e bem orientados para produzir resultados úteis".[2]

Portanto, segundo Aroldo Plinio Gonçalves, em lição que sigo de perto há muito tempo, *"a noção geral da técnica é de conjunto de meios adequados para a consecução dos resultados desejados, de procedimentos idôneos para a realização de finalidades".*[3]

Em face desses destaques iniciais, desde logo afasto a concepção errônea adotada por alguns doutrinadores de reconhecido e merecido prestígio, com a devida vênia, que equiparam confusamente *técnica processual* a *formalismo processual*, a partir daí sufragando a tese carente de cientificidade, a de que um dos óbices ao exercício dos direitos, no processo, é o *"culto à forma e à técnica, cujas regras chegam a sobrepor-se ao próprio direito substancial".*[4]

Muito pelo contrário, em refutação crítica, como bem assinala Aroldo Plínio Gonçalves, afastando a confusão entre técnica e formalismo, ao apresentar a teoria do processo como procedimento em contraditório, elaborada por Elio Fazzalari, "*o procedimento jurisdicional, como atividade disciplinada por uma estrutura normativa voltada para a preparação do provimento, com a participação, em contraditório, de seus destinatários, é uma técnica criada pelo ordenamento jurídico, e trabalhada pela ciência do Direito Processual, que, em sua função de formular conceitos, categorias e institutos concernentes a toda a atividade da jurisdição, deve se esmerar em fornecer o melhor instrumento teórico para que o processo se torne a técnica mais idônea possível no cumprimento de sua finalidade.*"[5]

Bem a propósito, as considerações pertinentes de Barbosa Moreira, ao afirmar: "*Na verdade, o processo é e será sempre, que só em*

---

2 *Teoria geral do processo: primeiros estudos*, p. 35-36.

3 *Técnica processual e teoria do processo*, p. 23. Em comprovação da afirmativa feita no texto, ver ensaio que escrevi em abril de 1994, intitulado *técnica de arrazoar recursos*, posteriormente reproduzido em obra doutrinária publicada. Cf. SOARES, Carlos Henrique; BRÊTAS, Ronaldo de Carvalho Dias. *Manual elementar de processo civil.* 2ª. ed., p. 539-546.

4 BEDAQUE, José Roberto dos Santos. *Efetividade do processo e técnica processual*, p. 92-95 e 100.

5 *Técnica processual e teoria do processo*, p. 168. Em face das considerações do autor, passei a denominar a teoria criada por Fazzalari de *teoria estruturalista do processo* (ver BRÊTAS. *Processo constitucional e Estado Democrático de Direito*, p. 91.

termos técnicos pode ser explicado. Não há meios, senão os técnicos, de identificar e distinguir com precisão as inúmeras peças que o compõem e de descrever o modo pelo qual se movimentam".[6]

Assim, partindo dessas premissas, pretendo focalizar algumas noções sobre a teoria e a técnica da prova, tema de grande relevância na ciência do direito processual, sempre na ordem do dia dos profissionais e pesquisadores do direito, já que a prova permite às partes a comprovação formal das suas narrativas ou enunciados dos fatos que originaram a controvérsia levada à discussão em juízo, dentro do espaço democrático, cognitivo e argumentativo que é o processo, a fim de que obtenham do Estado um pronunciamento decisório contendo a solução jurídica adequada ao caso discutido.

A respeito do assunto, valendo-se de estudo elaborado por Capograssi, que qualificou de sugestivo, intitulado - *Giustizia, processo, scienza, verità* - Spinelli considerou que a prova faz com que se opere no processo uma *"dupla magia"*, que, afinal de contas, não é própria e exclusiva do processo, mas de todo aquele que se dispõe a investigar fatos ou acontecimentos ocorridos no passado. Essa considerada *"dupla magia"* consiste em: 1º)- fazer reviver fatos que já não vivem, pois aconteceram no passado, portanto, sepultados pelo tempo; 2º)- fazê-los reviver na consciência de alguém que estava totalmente ausente e era estranho aos acontecimentos já ocorridos e que devem ressurgir, ou seja, o juiz, daí concluindo Spinelli que, por tais razões, o processo poderia ser considerado como *"a ciência do tempo perdido"*.[7]

Ainda para destacar a importância do tema focalizado, é de se lembrar que se cogita, na atualidade, como escreveu Lluís Muñoz Sabaté, em obra especializada, de uma nova ciência aplicada à prova das afirmações dos fatos que as partes fazem no processo, ou seja, *a probática*, considerada uma epistemologia da prova, concebida para lograr a reconstrução dos fatos no processo judicial.[8]

---

6 BARBOSA MOREIRA, José Carlos. *Temas de direito processual civil: quarta série*, p. 12.

7 SPINELLI, Michele. *Las pruebas civiles,* p. 9-10.

8 *Introducción a la probática,* p. 11-16. Acentua Muñoz Sabaté que, com maior precisão técnica, deveria ser dito que os fatos não seriam propriamente o objeto da prova, mas as afirmações que deles as partes fazem no processo.

8.2 A INSTITUIÇÃO JURÍDICA DA PROVA NO DIREITO BRASILEIRO

Segundo Carnelutti, *"el conjunto de las normas jurídicas que regulan el proceso de fijación de los hechos controvertidos, constituye, pues, la institución jurídica de la prueba"*. Esclarece referido autor que *"estas normas establecen una primera y más ampla obligación del juez, de contenido negativo: obligación de no poner en la sentencia hechos discutidos que no hayan sido fijados mediante alguno de los procesos queridos por la ley"*.[9]

Desde logo, é importante relembrar que, no atual estágio da ciência jurídica, como já assinalei em texto doutrinário anterior, principalmente a partir de estudos efetuados por Robert Alexy, restou sem controvérsia o entendimento de que a expressão *normas jurídicas* compreende as *regras jurídicas* (normas-regras, normas-disposições ou normas-preceitos) e os *princípios jurídicos* (normas-princípios). Esta é a razão da afirmativa usual encontrada nos textos jurídicos atuais, repetindo lição de Alexy, a de que *"a distinção entre regras e princípios é, pois, uma distinção entre dois tipos de normas"*, vale dizer, não mais existem dúvidas quanto à ideia nuclear de que regras e princípios são espécies do gênero normas jurídicas.[10]

Nesse contexto, no direito brasileiro, as normas jurídicas que tratam da prova, cujo objetivo é determinar e fixar os fatos enunciados ou afirmados pelas partes no processo, sobre os quais controvertem, são encontradas no Código Civil (artigos 212 a 232) e no Código de Processo Civil (artigos 332 a 443, que correspondem, no texto atual do Projeto de novo Código de Processo Civil, aos artigos 376 a 494).

No Código Civil, estão dispostas as normas que tratam dos principais meios, métodos ou fontes de prova, os quais, em síntese, são as formas lógico-jurídicas da prova, assim enumeradas no seu artigo 232, a saber: confissão, documento, testemunha, presunção e perícia.

Por sua vez, no Código de Processo Civil, são encontradas as normas relativas aos procedimentos da prova, vale dizer, as estruturas técnicas normativas e cognitivas que asseguram às partes o direito de

---

9 *La prueba civil*, p. 44-45.

10 BRÊTAS. *Processo constitucional e Estado Democrático de Direito*, p. 105-107. ALEXY. *Teoría de los Derechos Fundamentales*, p. 82-104.

demonstrar, constatar ou verificar os enunciados, as narrativas ou as afirmações que fizeram sobre os fatos discutidos no processo, causa de pedir da pretensão deduzida pelo autor e da resistência que lhe é oposta pelo réu em juízo.[11]

Assim, no Código de Processo Civil brasileiro, estão dispostas as normas que regem os procedimentos relativos à prova documental, à prova testemunhal, à prova pericial e aos depoimentos pessoais das partes, estes com o objetivo de se obter a confissão judicial.

Lembra Juan Montero Aroca que essa orientação normativa de distinguir a prova em dois grupos, normas de direito material e normas de direito processual, com ampla repercussão e acolhida em vários ordenamentos, no sistema jurídico romano-germânico (*civil law)*, também adotada na Espanha, inspirou-se nos civilistas e processualistas franceses do início do século XIX, quando, ao elaborarem o *Code Civile* de 1804 e o *Code de procédure civile* de 1806, fizeram a apontada repartição codificada da prova.[12]

8.3 PROCESSO CONSTITUCIONAL E PROCEDIMENTO DA PROVA

A jurisdição é atividade-dever do Estado, prestada pelos seus órgãos competentes indicados nos textos das Constituições, somente exercida sob petição da parte interessada (direito constitucional de ação) e mediante a garantia do devido processo constitucional. Vale dizer, a jurisdição somente se concretiza por meio de processo instaurado e desenvolvido em forma obediente aos princípios e regras constitucionais (garantias constitucionais), dentre os quais sobressaem o juízo natural (ou juízo constitucional), o contraditório, a ampla defesa, o direito à prova e à fundamentação das decisões jurisdicionais baseada na reserva legal, a fim de se realizar imperativa e imparcialmente os preceitos das normas que compõem o ordenamento jurídico.[13]

---

[11] Ver LEAL, Rosemiro Pereira. *Teoria geral do processo: primeiros estudos*, p. 175. COMOGLIO, FERRI e TARUFFO. *Lezioni sul processo civile*, p. 411. AROCA, Juan Montero. *La prueba en el proceso civil*, p. 27 e 38.

[12] *La prueba en el proceso civil*, p. 29.

[13] Ver BRÊTAS. *Processo constitucional e Estado Democrático de Direito*, p. 32.

Essas garantias constitucionais (ou fundamentais) das partes são meios desenvolvidos pela técnica jurídica moderna com o objetivo de controlar a regularidade constitucional dos atos estatais em geral (gênero) e do ato jurisdicional (espécie) em particular. A mais importante das garantias processuais é o devido processo legal, cujo enunciado, elementos e princípios que o estruturam e caracterizam vêm reforçados e incorporados com amplo destaque nos textos das atuais Constituições dos Estados da América Latina, assim revelando marcante preocupação política e social de consolidação da democracia em seus respectivas territórios. O devido processo legal, principal viga-mestra do processo constitucional, este considerado a principiologia metodológica normativa de garantia dos direitos fundamentais, deve ser entendido como um bloco aglutinante e compacto de vários direitos e garantias inafastáveis, ostentados pelas pessoas do povo (partes), quando deduzem pretensão à tutela jurídica nos processos, perante os órgãos estatais jurisdicionais, quais sejam: a)- direito de amplo acesso à jurisdição, prestada pelo Estado de forma eficiente, ou seja, dentro de um tempo útil ou lapso temporal razoável; b)- garantia do juízo natural ou juízo constitucional; c)- garantia do contraditório paritário; d)- garantia da ampla defesa, com todos os meios e recursos que lhe são inerentes, nos quais se incluem o direito à produção da prova e o direito de ser assistido por advogado; e)- garantia da fundamentação racional das decisões jurisdicionais, com base no ordenamento jurídico vigente (reserva legal); f)- garantia de um processo sem dilações indevidas. Em consequência, mediante a garantia fundamental do devido processo legal, estabelecida pela principiologia normativa do devido processo constitucional, qualquer um do povo (sujeito constitucional) faz atuar a jurisdição estatal, viabilizando a efetiva tutela de seus direitos.[14]

A partir dessas considerações, percebe-se que o devido processo legal deve direcionar um procedimento que possa concretizar o

[14] Ver BRÊTAS. *Processo constitucional e Estado Democrático de Direito*, p. 73 e 129. Sobre a inclusão do direito ao devido processo nos textos constitucionais dos Estados da América Latina, na consecução de um projeto permanente de consolidação da democracia, ver excelente texto de OTEIZA, Eduardo. *Proceso judicial y cultura. Una mirada global*, p. 201-209.

direito da parte à prova no processo, como co-extensão da garantia da ampla defesa, dentro de uma estrutura técnica normativa em contraditório, a fim de permitir a cognição dos fatos narrados ou enunciados pelas partes em seus arrazoados e a valoração das provas por elas apresentadas na comprovação de suas narrativas, visando a obter um pronunciamento estatal decisório favorável às suas pretensões.

A respeito, bem acentuou Lúcio Delfino: *"as partes têm assegurado o direito de influir na decisão do juiz. Não apenas participam do processo, mas animam seu resultado. Seria insignificante, aliás, permitir-lhes manifestações e produção probatória se ao magistrado fosse conferida a possibilidade de surpreendê-las com provimentos de conteúdo alheio aos fatos e direitos discutidos no palco processual. No campo judicial a surpresa é circunstância que sugere o arbítrio"*.[15]

Dessas consistentes afirmativas, portanto, desponta o acerto das considerações feitas por Camilla Mattos Paolinelli, em defesa de um processo de feição democrática, ao afirmar: *"Estruturada sobre uma base trinômia – informação-reação-diálogo -, a garantia do contraditório permite às partes o efetivo controle da fundamentação das decisões e da própria prova produzida nos autos, garantindo influência, não surpresa e legitimidade daquelas. A forma de estruturação procedimental do processo em contraditório permite que a decisão seja construída processualmente dentro de um espaço jurídico-discursivo, o que legitima o conteúdo das decisões jurisdicionais, como fruto de comparticipação dos sujeitos do processo, propiciando a implementação de direitos e garantias fundamentais das partes. [...]. Do amálgama entre contraditório e fundamentação racional das decisões também se extrai uma codependência entre a ampla defesa, ampla argumentação e prova. No processo democrático, compreende-se o direito de ação como direito ao processo constitucionalmente garantido e, por isso, o direito de ação é de todos os afetados pelo provimento. Assim, as partes entram no processo em condições de igualmente argumentar, de forma ampla. E, por isso, têm a garantia de um tempo procedimental igual para reconstruírem o caso concreto, produzirem provas e discutirem quais são as normas aplicáveis*

---

[15] *O futuro do processo civil no Brasil: uma análise crítica ao Projeto do novo CPC*, p. 376-377.

ao caso em julgamento. É justamente da ampla argumentação que decorre o direito fundamental à produção de provas e, consequentemente, o direito das partes de, livre e conscientemente, assumirem o ônus correspondente à sua não produção".[16]

Ora, nessa concepção acentuadamente democrática, sintonizada, pois, com o Estado Democrático de Direito, se o processo é o espaço jurídico cognitivo e discursivo no qual se correlacionam ampla defesa, irrestrita argumentação, contraditório pleno e paritário, direito à prova e fundamentação das decisões, a fim de que os sujeitos do processo (juiz e partes), dentro de um procedimento compartilhado, que permita a cognição dos fatos, tenham a oportunidade de descobrir quais normas de direito serão aplicáveis ao caso em julgamento, segue-se que o destinatário da prova, então, não é o *juiz* (agente público julgador, a quem o Estado delega a função jurisdicional), como querem alguns autores, como também, não é o *juízo* (órgão jurisdicional do Estado), como sustentam outros tantos proeminentes juristas e pesquisadores.[17]

Discordando dessas posições, embora as considere com respeito, mas acompanhando o pensamento de Sentis Melendo, entendo que o destinatário principal e direto da prova não é o juiz ou juízo, mas sim, o próprio processo, por uma questão de coerência lógico-formal.[18] Assim considero, porque é no processo - entendido como espaço procedimental compartilhado, cognitivo e argumentativo - que cada parte apresenta suas narrativas fáticas e respectivas provas, tomando

---

16 *O ônus da prova no processo democrático*, p. 32-33. No texto transcrito, para sustentar suas afirmações, a autora invoca as doutrinas de Ronaldo Brêtas de Carvalho Dias, Rosemiro Pereira Leal, Aroldo Plinio Gonçalves, Dierle José Coelho Nunes, Flaviane Magalhães Barros, Felipe Daniel Amorim Machado e Michele Taruffo. Ver, também, PAOLINELLI, Camilla Mattos. *O ônus da prova no processo democrático*, p. 27-28, 2014.

17 Ver SANTOS, Moacyr Amaral. *Comentários ao Código de Processo Civil*, p. 9. LOPES, João Batista. *A prova no direito processual civil*, p. 42 e 46. LEAL, Rosemiro Pereira. *Teoria geral do processo: primeiros estudos,* p. 174-175. BORGES, Fernanda Gomes e Souza. *A prova no processo civil democrático*, p. 114.

18 *La prueba. Los grandes temas del derecho probatorio*, p. 20. Acentuou o autor: *"Para quién se prueba. Quién es el destinatario de la prueba? Quién adquiere la prueba? La prueba no puede ser de una parte ni para una parte; ni tampoco para el juzgador. La prueba es para el proceso".*

ciência das narrativas fáticas e das provas apresentadas pela outra que lhe é contrária, impugnando-as, rebatendo-as, apontando-lhes inconsistências, precariedades e eventuais vícios de natureza formal, além de lhes fazer as devidas valorações, com a finalidade de influenciar a valoração e o convencimento motivado do juiz, em prol das suas teses, no ato decisório final.

Portanto, em sintonia com o que expus até agora, parece-me possível alcançar que o *procedimento* (ou a *procedimentalização*) da prova se *estrutura técnica e normativamente*[19] nas seguintes fases ou etapas lógicas: 1ª.)- proposição ou indicação; 2ª.)- admissão; 3ª.)- produção ou concretização; 4ª.)- valoração. Passo a explicá-las. Por primeiro, a regra é a de que as partes propõem, indicam, oferecem ou requerem as provas com as quais pretendem fixar ou demonstrar os fatos por elas narrados, em decorrência de estarem em melhores condições de fazê-lo, já que, em princípio, possuem os elementos adequados à confirmação de suas narrativas em juízo. O autor assim o faz na petição inicial e o réu na sua defesa, é dizer, a proposição das provas surge na fase postulatória do processo. Segue-se a admissão das provas pelo juiz, quando decide de forma motivada sobre a pertinência das provas propostas ou requeridas pelas partes, ato decisório de admissibilidade que ocorre na fase de saneamento do processo, que se instaura a partir da fase postulatória. Após, as provas admitidas serão produzidas ou concretizadas pelas partes por meio das respectivas estruturas técnicas procedimentais normativamente previstas, sempre em contraditório. Por fim, a valoração das provas, que será feita pelas partes em suas alegações ou razões finais, ao ensejo dos debates orais, ou pelos memoriais escritos que apresentam, em substituição aos debates orais, e pelo juízo, em seu pronunciamento decisório.[20]

---

19 Observar que a expressão *"estrutura procedimental"* da prova é empregada por Rosemiro Pereira Leal (*Teoria geral do processo: primeiros estudos,* p. 174). Por sua vez, a expressão *"procedimiento probatorio"* é empregada por Taruffo (*La prueba de los hechos*, p. 184).

20 Ver SANTOS, Moacyr Amaral. *Comentários ao Código de Processo Civil,* p. 13-14. LOPES, João Batista. *A prova no direito processual civil*, p. 53-54. CAMBI, Eduardo. *A prova civil. Admissibilidade e relevância*, p. 19-20 e 33-34. AROCA, Juan Montero. *La prueba en el proceso civil*, p. 99-102 e 259-263. TARUFFO, Michele. *Processo civil comparado: ensaios*, p. 48. BORGES, Fer-

Esclareço que, por valoração da prova, terminologia aqui adotada para designar a última fase do procedimento da prova, deve-se compreender a percepção (apreensão intelectiva) da existência do elemento de prova nos autos do procedimento e (também) o entendimento motivado dos conteúdos legais e técnicos da prova, estabelecendo-lhes um nexo, liame ou traço de pertinência com os fatos expostos e debatidos no processo.[21]

8.4 PROVA E VERDADE

O Projeto de novo Código de Processo Civil, no texto aprovado na Câmara dos Deputados em 25 de março de 2014, ao tratar das disposições gerais sobre as provas, apresenta a seguinte prescrição normativa: *"As partes têm direito de empregar todos os meios legais, bem como os moralmente legítimos, ainda que não especificados neste Código, para provar a verdade dos fatos em que se funda o pedido ou a defesa e influir eficazmente na convicção do juiz"* (artigo 376).

---

nanda Gomes e Souza. *A prova no processo civil democrático*, p. 115. SENTIS MELENDO, Santiago. *La prueba. Los grandes temas del derecho probatorio*, p. 40.

21 Ver LEAL, Rosemiro Pereira. *Teoria geral do processo: primeiros estudos*, p. 178-179. O autor distingue a *valoração* da prova, em um primeiro ato, que consistiria em *"perceber a existência do elemento de prova nos autos do procedimento"*. Em um segundo ato posterior, haveria a *valorização* da prova, consistente em *"mostrar o conteúdo da importância do elemento de prova para a formação do convencimento e o teor significativo de seus aspectos técnicos e lógico jurídicos de inequivocidade material e formal"*. Justifica a distinção: *"Não basta valorar os elementos da prova, dizer que eles existem na estrutura procedimental, é imperioso que sejam valorizados (comparados em grau de importância jurídica) pelos pontos legalmente preferenciais. A valoração é ato de apreensão intelectiva do elemento de prova e a valorização é ato de entendimento legal dos conteúdos dos elementos de prova"*. No mesmo sentido, BORGES, Fernanda Gomes e Souza, acrescentando: *"essa dicotomia (valoração e valorização) é fundamental para que o discurso processual se manifeste e influencie na construção da decisão"*(*A prova no processo civil democrático*, p. 115). Contudo, penso que a expressão *valoração* da prova pode e deve ser empregada como *nomenclatura* da fase final do procedimento da prova e entendida, destarte, como a *valoração* propriamente dita e (também) a *valorização* da prova, na forma pretendida pelos citados autores.

Observa-se que, com breves modificações, marcadas visivelmente por inversões fraseológicas, dito Projeto repetiu o conteúdo normativo do artigo 332 do Código de Processo Civil vigente, de 1973, que pretende substituir: *"Todos os meios legais, bem como os moralmente legítimos, ainda que não especificados neste Código, são hábeis para provar a verdade dos fatos, em que se funda a ação ou defesa"*.

É lamentável que um novo Código de Processo Civil, a ser editado para vigência no Século XXI, ainda permaneça estacionado na velha e ultrapassada concepção de que as provas visam a demonstrar *"a verdade dos fatos"*, o que tem sido objeto de constantes críticas, desde as doutrinas clássicas até as contemporâneas. Em outras palavras, almeja-se um Código que se pretenda novo e atualizado, mas que, paradoxalmente, desponta fincado em premissas antiquadas ou desatualizadas.

Assim, infelizmente, o legislador brasileiro deslembrou-se das acertadas ponderações de Paulo Nader, no assunto: *"A elaboração de um código não é tarefa de agrupamento de disposições já existentes em várias fontes. Não é um trabalho apenas de natureza prática. Implica sempre a atualização científica do Direito. [...]. A elaboração do código é obra de modernização do direito, de adoção dos princípios novos formulados pela Ciência do Direito"*.[22]

Pois bem, início a crítica invocando a doutrina de Carnelutti, que, em 1947, na segunda edição italiana de seu livro *La prova civile*, ao discorrer sobre o sentido jurídico da prova, já considerava ser justo *"reconocer que objeto de la prueba non son los hechos sino las afirmaciones, las cuales no se conocen pero se comprueban, mientras que aquéllos no se comprueban, sino que se conocen"*. A partir daí, concluiu Carnelutti que *"probar, en efecto, no querrá decir ya demonstrar la verdad de los hechos discutidos, sino determinar o fijar formalmente los hechos mismos mediante procedimientos determinados"*.[23]

De forma incisiva, no tema em questão, Sentis Melendo também afastou a busca da verdade no processo por meio da prova, o que entendeu inexequível, pois considerou impossível obter-se a convic-

22 *Introdução ao estudo do direito,* p. 202.

23 *La prueba civil,* p. 40-43.

ção do que se pode considerar verdade, tecendo as seguintes considerações: *"Qué es lo que ha de verificarse? Esto es: qué se prueba? Aquí suele aumentarse la confusión. Porque no es raro, y hasta es lo corriente, que se nos diga: se prueban hechos. No. Los hechos no se prueban; los hechos existen. Lo que se prueba son afirmaciones, que podrán referise a hechos". [...]: se prueban afirmaciones. La prueba és verificación; y la verificación se ha de referirse a afirmaciones*.[24]

Por sua vez, Calamandrei, em ensaio publicado em 1955, procurou contornar a dificuldade de se sustentar a concepção de que a prova se destina a demonstrar a verdade dos fatos no processo, substituindo a ideia de *verdade* pela ideia de *verossimilhança*. Para isto, recorreu às considerações de Wach, expostas em texto publicado em Bonn, no ano de 1896, que Calamandrei transcreveu no original – *"aller Beweis ist richtg verstanden nur Wahrscheinlich-keitsbeweis"* - e que o próprio Chiovenda o traduziu - *"todas las pruebas, se bien se mira, no son más que pruebas de verosimilitud"* - daí concluindo - *"todo juizio de verdad se reduce logicamente a un juicio de verosimilitud"*. Segundo o autor, a afirmativa de que um fato é verdadeiro significa dizer que se logrou obter, na consciência de quem assim considerou, um grau máximo de verossimilhança, que, em razão dos limitados meios de conhecimento dos quais dispomos, é suficiente para conferir a *certeza subjetiva* de que aquele fato ocorreu. Assim, para Calamandrei, a livre valoração das provas pelo juiz o conduz a um juízo de probabilidade e de verossimilhança e não a um juízo de verdade absoluta.[25]

Entretanto, a solução de Calamandrei também recebe críticas da doutrina atual, dentre as quais a mais expressiva parte de Taruffo, que vislumbra, na sua origem, um equívoco linguístico na tradução feita por Calamandrei do texto de Wach, em termos que transcrevo, na íntegra, para exata compreensão do reparo feito por Taruffo: *"Un concepto que es a menudo vinculado al de la verdad, para determinar sus eventuales analogías y las possibles distinciones, es el concepto de*

---

[24] *La prueba. Los grandes temas del derecho probatorio,* p. 12, 14, 40-42.

[25] CALAMANDREI. *Derecho procesal civil. Estudios sobre el proceso civil*, p. 317-318. Crítica deve ser feita à ideia de "livre valoração das provas polo juiz". A valoração é feita em contraditório, na estrutura procedimental cognitiva, pelos sujeitos do processo, em comparticipação.

verosimilitud. [...]. Al respecto, la primera y principal constatación que debe realizarse es que en la doctrina italiana el análisis del concepto de verosimilitud se funda sobre un equívoco, introducido por Calamandrei y que no ha sido eliminado ni siquiera por la doctrina más reciente. El equívoco es terminológico y, por tanto, conceptual. El aspecto terminológico consiste em partir del vocablo alemán Wahrscheinlichkeit y tradurcilo por 'verosimiliud', sin tener en cuenta el hecho de que así se toma en consideración únicamente un área, y ni siquiera la más importante, del sigtnificado del término, olvidando otra – claramente la más importante – en la que aquél significa, en cambio, 'probabilidad'. Mas allá del hecho de que de esta forma el recurso a la doctrina alemana resulta escasamente significativo, ya que es un error entender em términos de verosimilitud lo que se afirma acerca de la probabilidad, el equívoco lingüístico lleva a veces a resultados curiosos y casi incomprensibles: algún autor, por ejemplo, llega a hablar de una 'verosomilitud subjetiva' distinta de una 'versosimilitud objetiva' sin darse cuenta de que de este modo repite la distinción de la teoría alemana, obvia y fundamental en la teoría general de la probabilidad, entre probabilidad objetiva y probabilidad subjetiva. La confusión que se produce es, por otra parte, mucho más grave en el plano conceptual, ya que consiste, como es evidente en el ensayo de Calamandrei, en la introducción de una ambigüedad sistemática no resuelta en torno al término "verosimilitud". En efecto, se reconducen al mismo dos significados distintos: a) según el primero, verosimilitud se refiere a algo que tiene 'la apariencia de ser verdadero', afecta a ala alegación del hecho y es una valoración independiente y preliminar respecto al procedimiento probatorio; b) en el segundo sentido, verosimilitud equivale a probabilidad, advirtiendo, sin embargo, que en el proceso la versomilitud-probabilidad se usa como 'sustituto de la verdad'.[26]

Prosseguindo na crítica, observo que, em obra recentemente lançada, Fernanda Gomes e Souza Borges, ao analisar o tema, com apoio nas doutrinas de Rosemiro Pereira Leal, Taruffo e Lenio Luiz Streck, destacou que: "*De maneira inevitável, os autores que escrevem*

[26] *La prueba de los hechos*, p. 183-184. Também criticando a posição de Calamandrei: THIBAU, Vinícius Lott. Presunção e prova, p. 42-43.

sobre o tema enxergam a prova sempre relacionada à verdade, seja à verdade dos fatos, ou à busca desta verdade, como se sua função precípua fosse estabelecer a verdade dos fatos e, ainda, fosse a prova um instrumento mágico de transposição do concreto em abstrato ou vice-versa, à disposição do juízo, para guiá-lo em seu julgamento, sob patente retrocesso à filosofia da consciência."[27]

Em razão disso, ao que tudo indica, a tendência doutrinária que tende a prevalecer é a de se afastar o peso da ideia de se buscar a verdade no processo, pelas razões que Luiz Guilherme Marinoni e Sérgio Cruz Arenhart bem resumem: *"A essência da verdade é intangível. [...]. Deveras, a reconstrução de um fato ocorrido no passado, sempre vem influenciada por aspectos subjetivos das pessoas que o assistiram, ou ainda do juiz, que há de valorar a evidência concreta. A interpretação sobre o fato – ou sobre a prova dele derivada – altera o seu real conteúdo, acrescentando-lhe um toque pessoal que altera a realidade."*[28]

8.5 INOVAÇÕES NO PROJETO DO NOVO CÓDIGO DE PROCESSO CIVIL

No ano de 2009, o Presidente do Senado Federal brasileiro constituiu uma Comissão Externa de Juristas, com a incumbência de elaborar o Anteprojeto do Novo Código de Processo Civil. Em poucos meses, esta Comissão elaborou o texto do Anteprojeto, já no ano seguinte convertido no Projeto de Reforma do Código de Processo Civil discutido no Senado, que, após emendas supressivas e modificativas, o aprovou no mesmo ano. No ano seguinte, o texto assim aprovado foi remetido à Câmara dos Deputados, submetido a novo e amplo debate, sob apresentação de centenas de emendas. Daí resultou um novo texto substitutivo, afinal aprovado na Câmara dos Deputados em 25 de março de 2014, o qual retornou ao Senado, para exame das modificações introduzidas no projeto original, onde se encontra atualmente.[29]

---

[27] *A prova no processo civil democrático*, p. 60-61.

[28] *Prova*, p. 33-34.

[29] Sobre os textos do Projeto, ver BRÊTAS, Ronaldo de Carvalho Dias. *Reforma do processo civil: perspectivas constitucionais*, p. 100-101. *O futuro do processo civil no Brasil: uma análise crítica do projeto do novo CPC*, p. 551-553.

Entretanto, não são muitas as inovações trazidas por esse Projeto no tema relativo à prova. Aliás, de modo geral, as sucessivas versões dos textos do Projeto repetiram um número considerável de preceitos normativos do Código vigente, como já observaram Fernando Horta Tavares e Maurício Ferreira Cunha: *"De uma simples leitura dos 1008 artigos do Projeto de Lei no Senado nº 166/2010 (nos termos do relatório encaminhado para votação pelo plenário do Senado em dezembro de 2010), é possível constatar que aproximadamente 80% dos dispositivos são reproduções literais do texto vigente, o que representa verdadeiro paradoxo e demonstra que, se se pretendia avançar em direção a uma mudança estrutural, não se conseguiu tal desiderato, antes talvez tenha caminhado para reconhecer-se alguma qualidade técnica ao Código de Processo Civil de 1973, por mais apontamentos críticos que se sobreponham (especialmente por ter vindo ao mundo jurídico anteriormente à Constituição Brasileira de 1988)"*.[30]

As poucas inovações significativas do Projeto no tema probatório referem-se à inversão do ônus da prova (artigo 380), à intimação das testemunhas a cargo dos advogados (artigo 462), à forma de inquirição das testemunhas (artigo 466), à produção da prova técnica simplificada (artigo 471) e à escolha consensual do perito pelas partes (artigo 478), que serão analisadas em seguida.

8.5.1 Inversão do ônus da prova

Segundo Elio Fazzalari, ônus da prova é espécie do gênero ônus processual, situação de prejuízo assumida pela parte, como consequência da ausência ou da abstenção da prática de algum ato no processo, quando, *"por exemplo, impõe ao juiz considerar inexistente o fato em relação ao qual a parte interessada não tenha exercitado a faculdade de fornecer provas suficientes"*, ou seja, entende-se o ônus como ato processual que a parte pode cumprir ou não, mas cuja ausência ou omissão se resolve em seu próprio prejuízo.[31]

PAOLINELLI, Camilla Mattos; BRÊTAS, Ronaldo de Carvalho Dias. *Novas tendências do processo civil: estudos sobre o Projeto do novo Código de Processo Civil*, p. 441-444.

[30] *Reforma do processo civil: perspectivas constitucionais*, p. 253.

[31] *Instituições de direito processual*, p. 499-500.

O Projeto, em seu artigo 380, manteve a diretriz normativa básica do Código de Processo Civil de 1973, em relação à distribuição do ônus da prova, ou seja, como regra geral, prescreve que incumbe tal ônus ao autor, quanto aos fatos constitutivos do direito que alega, e ao réu, quanto à existência de fato impeditivo, modificativo ou extintivo do direito alegado pelo autor.

Entretanto, no parágrafo 1º do referido artigo, o Projeto permite que o juiz, mediante decisão fundamentada, atribua o ônus da prova às partes de forma diversa da referida regra geral, se presentes as seguintes situações: 1ª)- nos casos previstos em lei;[32] 2ª)- em razão das particularidades do caso em julgamento, relacionadas à impossibilidade ou a excessiva dificuldade de a parte cumprir o encargo; 3ª)- maior facilidade de a parte obter a prova.

Releva-se observar que essa possível inversão, sob decisão fundamentada do juízo, deve ser feita até a fase de admissibilidade do procedimento da prova, de modo que o destinatário da decisão possa desincumbir-se a contento do ônus que lhe for atribuído, na fase procedimental subsequente de produção ou de concretização da prova.[33]

8.5.2 Intimação das testemunhas a cargo dos advogados

No artigo 462, o Projeto estabelece que cabe ao advogado da parte informar ou intimar a testemunha que arrolou do local, do dia e do horário da audiência designada, na qual deverá comparecer para prestar depoimento, dispensada a intimação do juízo. Assim o advogado deverá fazê-lo, mediante a expedição de carta com aviso postal de recebimento, juntando aos autos cópia da correspondência de intimação e do aviso de recebimento, com antecedência de pelo menos três dias da data da audiência. Se o advogado não adotar tal procedimento, sua inércia ou omissão importará em desistência da inquirição da testemunha. Se a testemunha não comparecer, frustrada, pois, a

---

32 Um desses casos, por exemplo, tem previsão no Código de Defesa do Consumidor (Lei Federal nº 8.078, de 11/9/1990), artigo 6º, inciso VIII, que permite ao juiz inverter o ônus da prova, no processo civil, em favor do consumidor, facilitando-lhe a defesa de seus direitos, se suas alegações forem verossímeis ou se for hipossuficiente.

33 Ver considerações a respeito na p. 191.

comunicação feita pelo advogado, a intimação então será realizada pelo juízo.

A inovação de que se cuida não me pareceu das mais felizes, ensejando várias observações críticas. Em primeiro lugar, quem acompanha de perto a atividade forense, sabe muito bem que não é usual na sociedade brasileira as pessoas do povo atenderem a convocações ou a chamados do advogado, principalmente com a finalidade de comparecimento em juízo, a fim de prestarem depoimento, sempre um estorvo na vida das pessoas. Logo, a inovação entrará em atrito com a garantia constitucional da razoável duração do processo, sem dilações indevidas, porque, sendo assim, em princípio, as audiências sempre restarão frustradas, já que a testemunha convocada estará ausente, obrigando o juízo a suspendê-las, designando data futura para sua continuação, dentro de um tempo ou prazo razoável, para que seja realizada a intimação oficial da testemunha faltosa, por intermédio de oficial de justiça. Em segundo lugar, embora o texto seja deficientemente omisso, entendo que o procedimento de convocação da testemunha pelo advogado somente poderá ser o adotado se a testemunha convocada tiver residência ou domicílio na comarca na qual o processo tem curso, porque, se a testemunha residir em comarca diversa, tal convocação não poderá ser feita pelo advogado, restando ao juízo determinar a expedição de carta precatória (se a testemunha residir em outra comarca) ou de carta rogatória (se a testemunha residir no exterior), de sorte que o juízo do lugar onde residir a testemunha determine sua regular intimação, a fim de realizar sua posterior inquirição em audiência.

8.5.3 Forma de inquirição das testemunhas

Tradicionalmente, no processo civil brasileiro, sempre coube ao juiz conduzir a inquirição das testemunhas. A tanto, primeiramente, ao juiz cabia formular perguntas à testemunha sobre os fatos debatidos no processo, depois permitindo que a parte que a arrolou formulasse as perguntas que desejasse e, em seguida, permitiria o mesmo à parte contrária. Pelos seus advogados, as partes poderiam formular suas perguntas, mas sempre por intermédio do juiz, que as deferia, repetindo as perguntas à testemunha inquirida e ditando para o escrevente judicial a resposta obtida. O juiz, portanto, na realidade, era o sujeito processual ativo da inquirição das testemunhas. Ou seja, sistema de reperguntas, originário do direito processual francês.

O Projeto, no seu artigo 466, altera por completo o procedimento de inquirição das testemunhas no processo civil, na audiência de instrução e julgamento. Assim o fazendo, prescreve que as partes, pelos seus advogados, formularão suas perguntas diretamente às testemunhas, começando pela que a arrolou, cabendo ao juiz, se assim o desejar, as inquirir, depois da inquirição feita pelas partes. Entretanto, o mesmo preceito recomenda ao juiz não permitir perguntas que possam induzir a resposta da testemunha, que não tiverem relação com as questões de fato discutidas no processo ou importarem repetição de outra pergunta já respondida pela testemunha que estiver sendo inquirida. Embora silente o texto a respeito, parece-me que as respostas das testemunhas continuarão a ser sintetizadas e ditadas pelo juiz ao escrevente judicial, que as lançará no termo que integrará a ata da audiência.

O Projeto, assim, ao permitir que a inquirição das testemunhas seja feita diretamente pelos advogados das partes, aproxima-se do sistema *common law*, que adota a forma de inquirição denominada *direct examination*, pela qual as respostas da testemunha são obtidas diretamente pelos próprios advogados que formularam as perguntas e não pelo juiz. Mas é importante lembrar, em face de algumas confusões às vezes observadas em comentários da doutrina brasileira, que a inquirição assim feita nada tem a ver com outra técnica de inquirição do *common law*, chamada *cross examination*, forma de inquirição cruzada, pressionando-se a testemunha inquirida, comumente utilizada pelo advogado, com o objetivo de reduzir a credibilidade da testemunha e a aceitabilidade das suas respostas ou declarações prestadas em juízo.[34]

Também na implantação dessa novidade procedimental, com os meus trinta e cinco anos de militância constante e fatigante, porém profícua, na advocacia, antevejo confusões, tumultos e discussões de natureza variada na audiência, entre os advogados das partes, os quais farão a inquirição direta das testemunhas, em primeiro lugar, e o juiz que presidir a audiência depois deles, a quem competirá, a meu ver,

---

[34] Ver TARUFFO. *La prueba de los hechos*, p. 378.

diante da omissão deficiente do texto, sintetizar e resumir as respostas das testemunhas para suas inserções no termo da audiência. Haverá demora na assimilação de tal procedimento pelos operadores ou práticos do direito, de modo que transcorra com racionalidade normativa. Como já se assinalou em outro sítio doutrinário, a tenebrosa realidade forense atual, marcada fortemente por juízes, promotores, advogados e defensores públicos com deficiente formação técnica e científica, é uma das causas da visível deterioração do sistema de prestação da atividade jurisdicional no Brasil, como um todo.[35]

8.5.4 *Prova técnica simplificada*

Ao tratar do procedimento da prova pericial, o Projeto, em seu artigo 471, parágrafos 2º e 3º, prevê a modalidade de um procedimento simplificado para tal modalidade de prova, que denomina *prova técnica simplificada*, cabível quando a questão fática controvertida, embora de menor complexidade, exigir o esclarecimento técnico de especialistas. Substituirá a prova pericial tradicional e será determinada de ofício ou em deferimento a requerimento das partes. A qualificada prova técnica simplificada consistirá na inquirição pelo juiz de especialista que convocará, com formação acadêmica específica na área objeto das informações técnicas que prestará, em audiência designada a tal fim, visando ao esclarecimento dos fatos debatidos no processo.

Embora o texto, também com redação deficiente, recomende que *"a prova técnica simplificada consistirá apenas na inquirição pelo juiz de especialista sobre ponto controvertido da causa, o qual demanda especial conhecimento científico ou técnico"* (artigo 471, § 3º), é claro que as partes também poderão fazê-lo, pelos seus advogados – e não *"apenas"* o juiz, como estabeleceu o Projeto - em razão das garantias constitucionais da ampla defesa e do contraditório, componentes do devido processo legal, que orientam o procedimento da prova. E mais, ainda, entendo que as partes poderão impugnar o grau de conhecimento atribuído pelo juiz ao considerado *especialista*, requerendo a exibição da sua formação curricular ou apresentando

---

[35] Ver SOARES e BRÊTAS. *Manual elementar de processo civil*, p. 105 106.

pareceres técnicos ou textos científicos de outros tantos e considerados especialistas na matéria em debate, adicionando esclarecimentos, complementações ou retificações ao procedimento ou ao conteúdo probatório, em obediência às inafastáveis garantias constitucionais da ampla defesa e do contraditório, como assinalado.

8.5.5 *Escolha consensual do perito pelas partes*

Em seu artigo 478, o Projeto permite que as partes, de comum acordo, mediante requerimento dirigido ao juízo, pretendendo a produção da prova pericial, indiquem o perito que assim escolheram consensualmente, já formulando os quesitos que deverão ser respondidos. A tanto, porém, exige o texto que as partes sejam plenamente capazes e que o litígio do qual se originou o processo possa ser resolvido por autocomposição, ou seja, o texto permite a qualificada escolha consensual na hipótese de a discussão dos fatos controvertidos relacionar-se a direitos patrimoniais. Mesmo fazendo a escolha consensual do perito, no mesmo requerimento, as partes poderão indicar seus respectivos assistentes técnicos para o acompanhamento da perícia.

O legislador, com tal inovação, revelou-se um autêntico nefelibata, porque, quando a controvérsia em torno dos fatos debatidos pelas partes exigir a necessidade de produção da prova pericial (prova técnica por excelência), o processo e sua solução decisória revelar-se-ão de extrema complexidade técnica. Em tal situação, creio que o elevado grau de dialeticidade do processo, gerando intenso e renhido contraditório e elevando sobremaneira o nível de litigiosidade, sem dúvida, vai impedir possa surgir algum consenso entre as partes para a escolha em comum do perito e a regra em comentário descambará induvidosamente para a total inutilidade prática. Enfim, é esperar e ver para crer.

8.6 CONSIDERAÇÕES FINAIS

Sem dúvida, o tema relativo às provas é de grande importância na ciência do direito processual, já que a prova permite às partes a comprovação formal das suas narrativas ou enunciados dos fatos que originaram a controvérsia levada à discussão em juízo, dentro do espaço democrático cognitivo e argumentativo que é o processo, a fim de que obtenham do Estado um pronunciamento decisório com a solução jurídica adequada ao caso discutido.

O devido processo legal, construído pela principiologia normativa do processo constitucional, deve direcionar um procedimento que possa concretizar o direito da parte à prova no processo, como co-extensão da garantia da ampla defesa, dentro de uma estrutura técnica normativa em contraditório, que permita a cognição dos fatos narrados ou enunciados pelas partes e a valoração das provas por elas apresentadas na comprovação de suas narrativas, visando a obter um pronunciamento estatal decisório favorável às suas pretensões.

O procedimento da prova, em conformidade com o devido processo legal, se estrutura técnica e normativamente nas seguintes fases ou etapas lógicas: 1ª.)- proposição ou indicação; 2ª.)- admissão; 3ª.)- produção ou concretização; 4ª.)- valoração.

O texto do Projeto de novo Código de Processo Civil brasileiro não trouxe muitas inovações no tema relativo à prova, até pelo contrário, em sua maior parte repetindo os conteúdos normativos do Código de Processo Civil de 1973, em vigor, além de assumir posição conservadora, de há muito criticada pela doutrina, ao considerar que a prova tem por objetivo buscar *"a verdade dos fatos"*.

As poucas inovações significativas do Projeto, embora introduzidas com redações envoltas por perceptíveis deficiências técnicas, referem-se à inversão do ônus da prova, possível de ser determinada pelo juiz, em decisão fundamentada, à intimação das testemunhas a cargo dos advogados, à forma de inquirição das testemunhas, à produção da prova técnica simplificada e à escolha consensual do perito pelas partes.

8.7 REFERÊNCIAS BIBLIOGRÁFICAS

ALEXY, Robert. *Teoría de los Derechos Fondamentales*. Versión castellana: Ernesto Garzon Valdés. Madrid: Centro de Estudos Constitucionales, 1997.

AROCA, Juan Montero. *La prueba en el proceso civil.* 2ª. ed. Madrid: Civitas, 1998.

BARBOSA MOREIRA, José Carlos. Sobre a multiplicidade de perspectivas no estudo do processo. In: Temas de direito processual: quarta série. São Paulo: SARAIVA, 1989.

BEDAQUE, José Roberto dos Santos. *Efetividade do processo e técnica processual.* 3ª. ed. Sâo Paulo: Malheiros, 2010.

BORGES, Fernanda Gomes e Souza. *A prova no processo civil democrático.* Curitiba: Juruá, 2013.

BRÊTAS, Ronaldo de Carvalho Dias. Exame preliminar do projeto de novo Código de Processo Civil. *In:* BARROS, Flaviane de Magalhães; MORAIS, José Luis Bolzan (Coords.). *Reforma do processo civil: perspectivas constitucionais.* Belo Horizonte: Fórum, 2010.

BRÊTAS, Ronaldo de Carvalho Dias. Projeto do novo Código de Processo Civil aprovado pelo Senado – Exame técnico e constitucional. *In:* ROSSI, Fernando *et alii* (Coords.). *O futuro do processo civil no Brasil: uma análise crítica do Projeto do novo CPC.* Belo Horizonte: Fórum, 2011.

BRÊTAS, Ronaldo de Carvalho Dias. *Processo constitucional e Estado Democrático de Direito.* 2ª. ed. Belo Horizonte: Del Rey, 2012.

CALAMANDREI, Piero. *Derecho procesal civil. Estudios sobre el proceso civil.* Trad. Santiago Sentís Melendo. Buenos Aires: EJEA, 1986.

CAMBI, Eduardo. *A prova civil.* São Paulo: RT, 2006.

CARNELUTTI, Francesco. *La prueba civil.* Trad. de la 2ª. ed. italiana [Roma, 1947] de Niceto Alcalá-Zamora y Castillo. 2ª. ed. Buenos Aires: Depalma, 1982.

COMOGLIO, Luigi Paolo; FERRI, Corrado.; TARUFFO, Michele. *Lezioni sul processo civile.* Bologna: il Mulino, v. I.

DELFINO, Lúcio. O processo democrático e a ilegitimidade de algumas decisões judiciais. *In:* ROSSI, Fernando *et alii* (Coords.). *O futuro do processo civil no Brasil: uma análise crítica do Projeto do novo CPC.* Belo Horizonte: Fórum, 2011.

FAZZALARI, Elio. *Instituições de direito processual.* Trad. Elaine Nassif. Campinas: Bookseller, 2006.

GONÇALVES, Aroldo Plínio. *Técnica processual e teoria do processo.* 1ª. ed. Rio de Janeiro: Aide, 1992.

LEAL, Rosemiro Pereira. *Teoria geral do processo: primeiros estudos.* 10 ed. Rio de Janeiro: Forense, 2011.

LOPES, João Batista. *A prova no direito processual civil.* São Paulo: RT, 1999.

MARINONI, Luiz Guilherme; ARENHARDT, Sérgio Cruz. *Prova.* São Paulo: RT, 2010.

NADER, Paulo. *Introdução ao estudo do direito.* 24ª. ed. Rio de Janeiro: Forense, 2004.

OTEIZA, Eduardo. América Latina. Cultura y proceso civil. *In:* RÚA, Bustamante Mónica (Coord.). *Proceso judicial y cultura. Una mirada global.* Medelin: Universidad de Medelin, 2013.

PAOLINELLI, Camilla Mattos; BRÊTAS, Ronaldo de Carvalho. O novo Código de Processo civil: notas sobre o Projeto Barradas. *In:* FREIRE, Alexandre *et alii* (Org.). *Novas tendências do processo civil: estudos sobre o projeto do novo Código de Processo Civil.* Salvador: Jus Podvm, 2013.

PAOLINELLI, Camilla Mattos. *O ônus da prova no processo democrático.* Dissertação de Mestrado: Pontifícia Universidade Católica de Minas Gerais, 2014, 220 p.

PAOLINELLI, Camila Mattos. *O ônus da prova no processo democrático.* Rio: Lumen Suris, 2014.

SABATÉ, Lluis Muñoz. *Introducción a la probatica.* Barcelona: Bosch, 2007.

SANTOS, Moacyr Amaral. *Comentários ao Código de Processo Civil.* 1ª. ed. Rio de Janeiro: Forense, 1976, IV v.

SENTIS MELENDO, Santiago. *La prueba. Los grandes temas del derecho probatorio.* Buenos Aires: EJEA, 1978.

SOARES, Carlos Henrique; BRÊTAS, Ronaldo de Carvalho Dias. *Manual elementar de processo civil.* 2ª. ed. Belo Horizonte: Del Rey, 2013.

SPINELLI, Michele. *Las pruebas civiles.* Trad. Tomás A. Banzhaf. Buenos Aires: EJEA, 1973.

TARUFFO, Michele. *La prueba de los hechos.* Trad. Jordi Ferrer Beltrán. 2ª. ed. Madrid: Trotta, 2005.

TARUFFO, Michele. *Processo civil comparado: ensaios.* Apres. org. trad. Daniel Mitidiero. São Paulo: Marcial Pons, 2013.

TAVARES, Fernando Horta; CUNHA, Maurício Ferreira. A Codificação no Direito e a temática recursal no Projeto do Novo Código de Processo Civil brasileiro. *In:* BARROS, Flaviane de Magalhães; MORAIS, José Luis Bolzan (Coords.). *Reforma do processo civil: perspectivas constitucionais.* Belo Horizonte: Fórum, 2010.

THIBAU, Vinícius Lott. *Presunção e prova no direito processual democrático.* Belo Horizonte: Arraes, 2011.

IX

CAPÍTULO

TÉCNICAS DE ARGUMENTAÇÃO ORAL EM AUDIÊNCIAS

Dhenis Cruz Madeira[1]

9.1 CONSIDERAÇÕES INICIAIS

Aqueles que iniciam o estudo e a prática do Direito parecem ter dificuldade de saber, com clareza, como participar ou conduzir uma audiência. A dificuldade talvez seja ainda maior quanto ao exercício da oralidade nas audiências, notadamente, saber o que falar, como falar, qual o objetivo da fala, o que perguntar para as testemunhas, qual o objetivo da audiência, quando silenciar, etc.

Em suma, é possível dizer que muitos profissionais do Direito, especialmente os que iniciam no exercício da profissão, anseiam por saber qual é a melhor técnica a ser empregada nas audiências, notadamente e como sobredito, quanto à utilização da oralidade, da fala.

Antes de tudo, é preciso dizer que o procedimento é uma estrutura técnica de atos jurídicos seqüenciais e que objetivam, justamente, construir e chegar ao provimento final.[2]

---

[1] Professor Adjunto dos Cursos de Graduação e Pós-Graduação em Direito na Universidade Federal de Juiz de Fora (UFJF) e da Pontifícia Universidade Católica de Minas Gerais (PUC Minas). Doutor, Mestre e Especialista em Direito Processual pela PUC Minas. Advogado.

[2] Nesse sentido, dentre muitos outros: FAZZALARI, Elio. *Istituzioni di diritto processuale*. 8. ed. Padova: CEDAM, 1996. p. 77-9; GONÇALVES, Aroldo Plínio. *Técnica Processual e teoria do processo*. Rio de Janeiro: Aide, 1992; MA-

Ora, se o procedimento é uma estrutura técnica e esta, a técnica, traduz-se no *fazer ordenado para atingir um resultado útil*,[3] em sendo a *audiência* também um ato jurídico procedimental, é preciso se perguntar qual a sua contribuição para o procedimento e, mais ainda, para a construção do provimento final a que se almeja chegar. Em síntese, é preciso saber qual é o *objetivo* da audiência e qual sua *contribuição* para o conteúdo das decisões interlocutórias, sentenças e acórdãos, ou seja, para os *provimentos*, para as decisões jurisdicionais.

Como já dito, alguns juristas, quando do exercício da prática forense, parecem não ter isso muito claro na mente e, em razão disso, costumam cometer alguns erros, tais como: a) conduzir ou participar das audiências sempre da mesma forma, desprezando que cada audiência possui um objetivo distinto, conforme sua natureza ou dos atos já praticados no procedimento; b) fazem perguntas desnecessárias e confusas às testemunhas, deixando de fazer as perguntas que, pelas *questões* (pontos controvertidos) existentes, precisariam ser feitas; c) participam ou designam audiências totalmente inúteis, desnecessárias, olvidando-se que nem toda audiência é imprescindível ao procedimento, porquanto pode haver o *julgamento imediato do pedido*, ou, como se lê em alguns textos legais e livros de Direito Processual,[4] julgamento antecipado da lide, ou mesmo, julgamento antecipado do mérito.

Ocorre que, como se deduz dos trechos acima, cada audiência, enquanto ato jurídico procedimental, possui objetivo distinto e, sendo

---

DEIRA, Dhenis Cruz. *Processo de conhecimento & cognição: uma inserção no estado democrático de direito.* Curitiba: Juruá, 2008, p.187-196.

3 Cf. LALANDE, André. *Vocabulário técnico e crítico da filosofia.* 3ª ed. – São Paulo: Martins Fontes, 1999, p.1109; GONÇALVES, Aroldo Plínio. *Técnica Processual e teoria do processo*, p. 22-4; LEAL, Rosemiro Pereira. *Teoria geral do processo: primeiros estudos.* 7. ed. – Rio de Janeiro: Forense, 2008, p. 41-2; MADEIRA, Dhenis Cruz. *Igualdade e Isonomia Processual.* In: THEODORO JÚNIOR, Humberto; CALMON, Petrônio; NUNES, Dierle. (coords.). *Processo e Constituição: os dilemas do processo constitucional e dos princípios processuais constitucionais.* Rio de Janeiro: GZ, 2010, p. 457.

4 Há alguma equivocidade no uso das expressões, tal como apontado em: DINAMARCO, Cândido Rangel. *O Conceito de mérito em processo civil.* Revista de Processo n. 34, Ano IX, abril/junho de 1984, São Paulo: Revista dos Tribunais, 1984, p. 21.

assim, *o objetivo da argumentação e a técnica empregada também são distintos,* conforme seja o caso.

Sem dúvida, a audiência não é um ato aleatório, já que deve prestar sua contribuição específica para o provimento final.

Nessa linha, o presente texto tem por objetivo apresentar, em breves linhas e de forma sucinta, quais são os objetivos de cada audiência, focando-se, especificamente, no Direito Processual Civil, embora muito do que será aqui trazido também possa ser aplicado, *mutatis mutandis,* ao Direito Processual Penal, Processual do Trabalho, Processual Administrativo e Processual Eleitoral, valendo lembrar que o Direito Processual Civil é aplicado de forma subsidiária aos outros ramos.[5]

Na tentativa de alcançar tal desiderato, o presente escrito tratará da distinção entre princípio e técnica processual de oralidade (item 2); das técnicas de argumentação oral em diversas audiências do Processo Civil (item 3 e subitens); do silêncio como técnica de argumentação oral em audiências (item 4) e, por fim, um pequeno alerta de alguns desvios psicológicos e emocionais que podem ocorrer em audiências (item 5).

Desde já, é preciso dizer que o presente trabalho não tem por objetivo tratar dos diferentes tipos de discurso (apodítico, dialético, retórico, erístico, poético) e nem das técnicas retóricas ou erísticas de argumentação, algo que já fizemos em trabalho específico.[6] O objetivo

---

5 No Projeto do Novo Código de Processo Civil (CPC) brasileiro, em várias de suas versões, foi explicitada tal lógica sistemática, tal como se colhe numa das versões que tramitou na Câmara dos Deputados: "Art. 15. Na ausência de normas que regulem processos penais, eleitorais, trabalhistas ou administrativos, as disposições deste Código lhes serão aplicadas supletiva e subsidiariamente."

6 Cf. MADEIRA, Dhenis Cruz. *Argumentação jurídica:* (In)compatibilidades entre a Tópica e o Processo. – Curitiba: Juruá, 2014. Algo que também é possível encontrar, dentre outros e de diferentes formas, em: ÁVILA, Luiz Augusto Lima de. *A natureza do conhecimento jurídico entre ciência e prudência: a lógica abdutiva e a fundamentação do Direito em Theodor Viehweg.* Belo Horizonte: PUC/Minas/Fumarc, 2013; PERELMAN, Chaïm; OLBRECHTS-TYTECA, Lucie. *Tratado da argumentação: a nova retórica.* Trad. Maria Ermantina de Almeida Prado Galvão; revisão da tradução Eduardo Brandão. – 2. ed. – São Paulo: Martins Fontes, 2005; RODRÍGUEZ, Víctor Gabriel. *Argumentação jurídica: técnicas de persuasão e lógica informal.* – 4 ed. – São Paulo: Martins

é, simplesmente, demonstrar que os profissionais do direito devem se preparar previamente para as audiências ou, no mínimo, saber o objetivo de cada uma delas, isso, para que tal ato não seja inócuo ou para que não se transforme em verborragia estéril.

9.2 ORALIDADE: PRINCÍPIO OU TÉCNICA PROCESSUAL?

O enfrentamento científico da oralidade não é um tema novo entre os processualistas. Somente para citar dois nomes de peso do Direito Processual Civil, basta recordar que Giuseppe Chiovenda[7] e Eduardo Juan Couture[8] já escreveram sobre o assunto na primeira metade do século passado. Nem mesmo no Direito Processual Penal tal tema é novo, como lembra Leonardo Augusto Marinho Marques.[9]

Pois bem, atualmente, entre os processualistas, parece prevalecer a idéia de que a oralidade é um princípio do Direito Processual, melhor dizendo, um princípio que rege o procedimento jurisdicional.

Com a precisão que lhe era peculiar, Couture apresentava o princípio da oralidade da seguinte forma:

> "Principio de oralidad, por oposición a principio de escritura, es aquel que surge de un derecho positivo en el cual los actos procesales se realizan de viva voz, normalmente en audiencia, y reduciendo las piezas escritas a lo estrictamente indispensable."[10]

Na mesma linha, Chiovenda também fazia uma comparação entre o princípio da oralidade e o da escritura, porém, ele mesmo admitia

---

Fontes, 2005; SCHOPENHAUER, Arthur. *A arte de ter razão*. Org. e ensaio de Franco Volpi. 3 ed. – São Paulo: WMF Martins Fontes, 2009.

7 CHIOVENDA, Giuseppe. *Instituições de direito processual civil* (Instituzioni di Diritto Processuale Civile). Trad. Paolo Capitanio. Anotações de Enrico Tullio Liebman. 4. ed. – Campinas: Bookseller, 2009, p. 998-1020.

8 COUTURE, Eduardo J. Oralidade e regra moral no processo civil. *Revista Forense,* v. 74, jan. 1939, Rio de Janeiro: Forense, 1939, p. 21-29.

9 MARQUES, Leonardo Augusto Marinho. O princípio da oralidade e a descentralização da informação relevante no processo penal. *Revista Síntese. Direito Penal e Processual Penal.* v.13, n.73, abr/maio, São Paulo: Síntese, 2012, p. 09-10.

10 COUTURE, Eduardo J. *Fundamentos del derecho procesal civil.* Buenos Aires: Depalma, 1974, p. 199.

que seria "difícil conceber um processo oral que não admita em certo grau a escrita."[11] Assim, o grande processualista italiano rejeitava a expressão "processo misto", pois, para ele:

> "Misto é todo processo moderno. Mas um processo moderno dir-se-á oral ou escrito conforme o espaço que atribua à oralidade ou à escrita, e sobretudo pelo modo como nele se pratique a oralidade."[12]

No trecho acima, chama-me a atenção a expressão "modo como nele se pratique a oralidade". Justificar-se-á o porquê de se destacar tal trecho nas linhas seguintes.

Também no início do século passado, Francisco Morato, de modo semelhante, afirmou que "um procedimento se diz oral ou escripto segundo o modo "por que nelle actua a palavra fallada ou a palavra escripta."[13] Nestes pontos residem, a meu ver, um indício de distinção entre princípio da oralidade e técnica de exercício da oralidade.

Tanto Chiovenda, na Itália, quanto Morato, no Brasil, destacaram que um procedimento oral é reconhecido pelo modo como os profissionais do Direito praticam, no procedimento, a oralidade e a escrituração.

Explica-se melhor.

O princípio da oralidade é um princípio jurídico regente do procedimento, traduzindo-se na necessidade de, em determinadas etapas do procedimento e conforme previsto pela lei, assegurar-se às partes e aos seus advogados o direito de expor seus argumentos de forma oral. Trata-se de um princípio que não se opõe, propriamente, ao princípio da escrituração e formalização argumentativa, como já tivemos a oportunidade de afirmar em outra oportunidade.[14] Não há oposição ou exclusão, mas sim, complementariedade entre oralidade e escrituração, de forma que se amplie, pela fala e escrita, o exercício do

---

11 CHIOVENDA, Giuseppe. *Instituições de direito processual civil*, p. 1003.

12 Idem, ibidem, p. 1003.

13 MORATO, Francisco. A oralidade. *Revista Forense*. Maio, 1938. Rio de Janeiro: Forense, 1938, p. 142.

14 Cf. MADEIRA, Dhenis Cruz. Princípios processuais da oralidade e escrituração: ensaio sobre os fundamentos do confronto. *JUS,* Belo Horizonte, ano 42, n. 25, jul./dez. 2011, p. 47-65.

contraditório[15] e da ampla defesa. A fala complementa e dá vida à escrita, ao passo que a formalização argumentativa trazida pela escritura estabiliza o discurso processual, algo importante para garantir a segurança jurídica no procedimento.

Fora do Direito, tanto Platão quanto Aristóteles[16] já procuraram distinguir a oralidade e a escrita, situando-se, porém, longe – não poderia ser de outra forma, dada a época em que viveram – da compreensão atual de tais princípios enquanto regentes do procedimento. Platão deu especial atenção ao tema em seu diálogo *Fedro*,[17] esboçando certa desconfiança sobre a efetiva capacidade da escrita transmitir a verdade e o saber. Em seu diálogo, Platão, valendo-se da voz de Sócrates, defende a idéia de que a fala transmite um discurso vivo, animado, sendo a escritura apenas uma imagem daquele.[18]

Mutatis mutandis, trata-se de idéia semelhante à defendida, atualmente, por alguns juristas.[19] Para ser mais preciso, nos debates de

---

15 Sobre o contraditório no sentido aqui empregado, conferir, dentre outros: FAZZALARI, Elio. *Istituzioni di diritto processuale*, p. 85-91; GONÇALVES, Aroldo Plínio. *Técnica Processual e teoria do processo*; NUNES, Dierle José Coelho. *O princípio do contraditório: uma garantia de influência e de não surpresa.* In: TAVARES, Fernando Horta (coord.). *Constituição, direito e processo.* – Curitiba: Juruá, 2007, p. 145-165; PICARDI, Nicola. *Jurisdição e processo.* Organização e revisão técnica da tradução: Carlos Alberto Alvaro de Oliveira. – Rio de Janeiro: Forense, 2008, p. 140-1; RICCI, Gian Franco. *Principi di diritto processuale generale.* Torino: G. Giappichelli Editore, 1995, p. 01-04; 141-198.

16 Com mais vagar: MADEIRA, Dhenis Cruz. *Princípios processuais da oralidade e escrituração*, p. 47-65.

17 Cf. PLATÃO. *El banquete, Fédon y Fedro*. Traducción y presentaciones Luis Gil. 3ª reimp. – Barcelona: Labor, 1985, p. 363-373; DERRIDA, Jacques. *A farmácia de Platão.* Tradução de Rogério da Costa. São Paulo: Iluminuras, 2005, p.44-47; JAEGER, Werner Wilhelm. *Paidéia: a formação do homem grego.* Trad. Artur M. Parreira; adaptação do texto para edição brasileira Monica Stahel; revisão do texto grego Gilson César Cardoso de Souza. – 4 ed. – São Paulo: Martins Fontes, 2001, p. 1271-1272.

18 Cf. PLATÃO. *Fedro (Clássicos gregos e latinos).* – Introdução, tradução e notas de José Ribeiro Ferreira (Faculdade de Letras da Universidade de Coimbra). – Reimp. – Lisboa: Edições 70, 2009, p. 123.

19 SILVA, José Anchieta da. O princípio da oralidade – pela valorização do princípio da oralidade no projeto do novo Código de Processo Civil. In: ROSSI, Fernando; RAMOS, Glauco Gumerato; GUEDES, Jefferson Carús; DELFINO, Lúcio; MOURÃO, Luiz Eduardo Ribeiro. *O futuro do processo civil no Brasil:*

discussão do Projeto do Novo Código de Processo Civil brasileiro, alguns juristas externaram uma confiança de que a oralidade seria mais idônea a transmitir a verdade do que a escritura. Esqueceram-se, porém, que, fora a Filosofia, nem mesmo no plano legislativo o tema é novo. Basta lembrar que, em 1938, antes, portanto, da aprovação do primeiro CPC válido em todo o território brasileiro – o primeiro CPC nacional foi o de 1939, pois antes só existiam Códigos estaduais –[20] Francisco Morato já afirmava:

> "É hoje idéa vencedora, entre nós como por toda parte, a da oralidade processual.
>
> Defendemol-a, em discurso que pronunciámos no Congresso Nacional de Direito Judiciário de 1936, tendo tido o prazer de ver acolhida pela grande maioria dos congressistas o ponto de vista central de nosso pensamento."[21] (*Sic* – Mantida a ortografia original)

E ainda, no item "O Futuro Codigo de Processo Civil" (*sic*), escreveu:

> "Sabe-se que está em estudos, com o Ministro da Justiça, a pique de ser convertido em lei, o anteprojecto do **Codigo de Processo Civil,** no qual será adoptado o systema da oralidade.
>
> Em principio a reforma não póde deixar de ser recebida com calorosos applausos; já há muito devíamos ter dado esse passo."[22] (*sic*)

É o mesmo Francisco Morato, então Professor Catedrático e Diretor da Faculdade de Direito de São Paulo quem, na mesma publi-

---

uma análise crítica ao Projeto do Novo CPC. Belo Horizonte: Fórum, 2011, p. 297-310.

[20] Cf. DINAMARCO, Cândido Rangel. *Liebman e a Cultura Processual Brasileira.* In: COSTA, Hélio Rubens Batista Ribeiro; RIBEIRO, José Horário Halfeld Rezende; DINAMARCO, Pedro da Silva (coords.). *Linhas mestras do processo civil: comemoração dos 30 anos de vigência do CPC.* – São Paulo: Atlas, 2004, p. 83-85; MADEIRA, Dhenis Cruz. O novo CPC e a leitura tardia de Liebman – a possibilidade jurídica como matéria de mérito. In: ROSSI, Fernando; RAMOS, Glauco Gumerato; GUEDES, Jefferson Carús; DELFINO, Lúcio; MOURÃO, Luiz Eduardo Ribeiro. *O futuro do processo civil no Brasil: uma análise crítica ao Projeto do Novo CPC.* Belo Horizonte: Fórum, 2011, p. 129-142;

[21] MORATO, Francisco. *A oralidade*, p. 141.

[22] MORATO, Francisco. *A oralidade*, p. 147.

cação,[23] citou Platão, Bentham, Cícero, Quintiliano e outros para justificar a adoção de um procedimento oral no CPC de 1939, logrando êxito em sua proposta, porquanto a mesma se refletiu na legislação processual citada.

As idéias platônicas, ainda que a maioria dos processualistas contemporâneos não tenha consciência disto, parecem ter influenciado o Direito Processual, especialmente nos últimos tempos, tanto para as discussões do Projeto de Novo CPC atualmente em curso no Congresso,[24] como mesmo, muito antes e como dito, no Projeto do CPC de 1939.[25]

Entretanto, dependendo da forma como se encaminha tal discussão, é possível cometer o erro de colocar, de um lado, a escrita, e de outro, a fala, como se as mesmas fossem proposições contrapostas. Em realidade, como sobredito, os princípios da oralidade e escrituração se complementam mutuamente, sendo, ambos, importantes ao discurso processual. Nem mesmo em Platão[26] há uma oposição entre escrita e oralidade, parecendo existir, apenas, uma preferência da última forma de transmitir o saber (oral) sobre a primeira (escrita), ou, em outras palavras, entre as lições esotérias (orais, voltadas aos inte-

---

23 MORATO, Francisco. *A oralidade*, p. 143.

24 SILVA, José Anchieta da. *O princípio da oralidade*, p. 297-310

25 Para Francisco Morato (*A oralidade*, p. 145), seriam "visiveis e conspicuas as vantagens do procedimento oral." Para ele, a escrita seria "mais pesada, morosa e inflexivel que a oral, por outra permitte um exame mais reflectido, cuidadoso e seguro da questão. A oralidade, auxiliada pelos escriptos que preparam os debates, assegura uma justiça superior, mais prompta e mais rapida; torna os debates mais malleaveis e põe o julgador em contacto mais íntimo e directo com as pessoas e meios productores da certeza." (sic).

26 Cf. BINI, Edson. *Dados biográficos*. In: ARISTÓTELES. Órganon: categorias, da interpretação, analíticos anteriores, analíticos posteriores, tópicos, refutações sofísticas. Tradução, textos adicionais e notas Edson Bini. Bauru: Edipro, 2005, p.11-12; CIRNE-LIMA, Carlos Roberto. *Dialética para principiantes*. São Leopoldo: Unisinos, 2002, p. 43; LALANDE, André. *Vocabulário técnico e crítico da filosofia*, p. 321; MADEIRA, Dhenis Cruz. Princípios processuais da oralidade e escrituração, p. 47-65; REALE, Giovanni. *Para uma nova interpretação de Platão* (*Per uma nuova interpretazione di Platone. Rilettura della metafisica dei grandi dialoghi alla luce delle "dottrine non scritte"*). 2.ed. – São Paulo: Loyola, 2004, p. 95-96; ROHDEN, Luiz; ORIGUELLA JÚNIOR, João Zaqueo. *A importância da oralidade em Platão*, p. 59-60.

grantes de sua Academia) e exotéricas (escritas, voltadas ao público externo).

Especificamente quanto ao Direito Processual, Francisco Morato, ainda que não mencionasse especificamente Platão, já caminhava no mesmo sentido do filósofo grego:

> "A predominancia da oralidade inculca **predominancia** da palavra e não **exclusão** da escritura, que, como meio aperfeiçoado de exprimir o pensamento e de reter-lhe a expressão, tem e não pode deixar de ter no processo aquelle posto e efficacia que exerce em todas as relações da vida.
>
> A escriptura é sempre necessaria e desempenha duplo officio no procedimento oral.
>
> O primeiro é o de preparar o desenvolvimento da causa, registrando o conteúdo da demanda, os artigos contradictorios das partes, os meios probatorios, as provas preconstituidas e as deducções antagonicas dos litigantes, synthetizando em summa o que na technica processual se denomina **phase postulatoria**.
>
> No procedimento escripto, a escriptura é a **fórma** das deducções, emquanto que, no oral, não é senão o **registro** das declarações ou deducções que se vão fazer na audiencia."[27]

Assim, como se vê, oralidade e escritura não se excluem no procedimento, nem mesmo para os que defendem, com obstinação apaixonada, a adoção da oralidade. Trata-se de uma idéia que é apresentada como nova, inovadora, mas que, na verdade, é bem antiga, tanto para a filosofia quanto para o próprio Direito Processual.

Outro desvio que se pode cometer é o de imaginar que o simples fato de se aumentar a carga de oralidade no procedimento confere a este, por si só, a adjetivação democrática, ou seja, a *relação* entre *oralidade* e *democracia* **não é**, do ponto de vista apodítico, *necessária*.

Basta lembrar que os romanos – que não tinham nada de democráticos aos olhos de hoje – já se valiam de sistemas de julgamento quase

---

27 MORATO, Francisco. *A oralidade*, p. 144. Sic – mantidos o negrito e a grafia original do texto.

que exclusivamente orais,[28] algo que se podia notar também nos ritos bárbaros germânicos da Idade Média.[29] Recorde-se, sobre o período medieval, que os juízos ordálicos são frutos de uma tradição oral.[30] Mesmo na contemporaneidade é possível ver vários governos ditatoriais que defendem ou defendiam com veemência o uso da oralidade. Sobre esta última afirmação, de se lembrar que Francisco Campos, jurista que era um dos alicerces do Estado Novo de Getúlio Vargas, governo de forte inspiração fascista, defendia a oralidade processual de forma explícita, escancarando sua opção pelo solipsismo judicial:

> "Tudo quanto foi objeto da prova, visto apenas através da transcrição de impressões alheias, o juiz o colocará no mesmo plano, por lhe faltar precisamente o critério pessoal, único que o autoriza a medir o valor das provas, a graduar o seu peso, a conferir a cada uma o seu coeficiente específico na formação do juízo.
>
> O processo oral coloca à disposição do processo judiciário exatamente o método que torna possível ao espírito humano a aquisição de certezas mais ou menos satisfatórias nos domínios até então entregues ao jogo e às preferências da opinião."[31]

---

28 Basta lembrar do sistema das *legis actiones*. Sobre o sistema romano das *legis actiones*, dentre outros, indica-se: ALVES, José Carlos Moreira. *Direito Romano*. – 13 ed. – Rio de Janeiro: Forense, 2002, p. 193-205; CHAMOUN, Ebert. *Instituições de Direito Romano*. – 5 ed. – Rio de Janeiro: Forense, 1968, p. 124-128; FIUZA, César. Algumas linhas de processo civil romano. *In:* FIUZA, César (Coord.). *Direito Processual na História*. Belo Horizonte: Mandamentos, 2002; MADEIRA, Dhenis Cruz. *Processo de conhecimento & cognição*, p. 54-63; 84; OLIVEIRA, Carlos Alberto Álvaro de. *Do formalismo no processo civil*. – 3 ed., rev., atual. e aumentada. – São Paulo: Saraiva, 2009, p. 18-20; SCIALOJA, Vittorio. *Procedimiento civil romano*. Buenos Aires: Europa-América, 1954; VIEIRA, José Marcos Rodrigues. *Da ação cível*. Belo Horizonte: Del Rey, 2002.

29 Cf. COUTURE, Eduardo J., *Trayectoria y destino del derecho procesal civil hispanoamericano*. Buenos Aires: Depalma, 1999, p. 25. FIUZA, César. *Direito civil: curso completo*. 7. ed. rev., atual. e ampl. de acordo com o Código Civil de 2002. Belo Horizonte: Del Rey, 2003, p. 60. Mais tarde, porém, os germânicos se renderam à escrituração dos atos e diminuíram a oralidade, conforme se lê em: MORATO, Francisco. *A oralidade*, p. 143.

30 Cf. MADEIRA, Dhenis Cruz. *Processo de conhecimento & cognição*, p. 84.

31 CAMPOS, Francisco. *O Estado nacional: sua estrutura, seu conteúdo ideológico*. – Brasília: Senado Federal, 2001, p. 177.

No trecho acima, apesar de Francisco Campos colocar, de um lado, a escrita, e de outro, a oralidade, adiante, seguindo a mesma linha do que antes já havia feito Giuseppe Chiovenda e procurando responder às "críticas e objeções ao sistema oral", esclarece que nenhum procedimento pode ser exclusivamente oral:

> "Alguns entendem por processo oral um processo puramente verbal, ou como se diz comumente, um mero bate-boca. Ora, no processo chamado oral, a escrita representa uma grande função. O processo oral funda-se em uma larga base escrita. Nele a escrita continua a representar o seu papel próprio, específico e indispensável. As pretensões ou a situação das partes no processo definem-se por escrito. Por escrito deduzem-se o pedido e a contestação."[32]

Veja-se que mesmo o modelo processual de inspiração fascista, que tentou hierarquizar a oralidade e reforçar o protagonismo do juiz, não conseguiu se esquivar da necessidade da escrituração dos atos procedimentais.

Como sobredito, a oralidade, por si só, não atribui característica democrática ao procedimento, algo que só é aferível mediante a obediência da legalidade e constatação da efetiva participação das partes na construção do provimento final, notadamente, pela observância do *modelo constitucional de processo*.[33] Escrita e fala, ambas, devem ser asseguradas aos participantes do procedimento, conforme as regras do Devido Processo, isso, para que possa se efetivar a ampla defesa e o contraditório, resguardando-se, aos que sofrerão os efeitos das decisões (provimentos) jurisdicionais, o direito de contribuição argumentativa.[34]

Em suma: nem só a fala, nem só a escrita, mas ambas devem ser asseguradas no procedimento em contraditório.

---

32 CAMPOS, Francisco. *O Estado nacional: sua estrutura, seu conteúdo ideológico*, p. 177.

33 Sobre o nascimento do Processo Constitucional e sua evolução histórica, conferir: MADEIRA, Dhenis Cruz. O nascimento do Processo Constitucional na América. In: SOARES, Carlos Henrique; DIAS, Ronaldo Brêtas de Carvalho. (Org.). *Direito processual civil latino-americano*. Belo Horizonte: Arraes, 2013, p. 15-37.

34 Dentre outros: FAZZALARI, Elio. *Istituzioni di diritto processuale*; GONÇALVES, Aroldo Plínio. *Técnica Processual e teoria do processo*.

Pois bem, o *princípio da oralidade*, como se disse, é um *regente lógico do procedimento e princípio expansivo da ampla defesa e da escrituração, assegurando o direito de fala em determinados momentos da estrutura procedimental*. Tais momentos de fala são previstos, justamente, na lei reguladora de cada procedimento, incluindo-se, os regimentos internos dos tribunais.

Desse modo, não se pode confundir o *princípio* da oralidade com as *técnicas* da oralidade.

Quando Chiovenda mencionou o "modo como nele se pratique a oralidade",[35] ajudou-nos a compreender que a oralidade pode ser exercida de vários modos diferentes, ou, atualizando sua linguagem e conforme o sentido defendido no presente trabalho, o profissional do Direito pode se valer de *várias técnicas* para o exercício da oralidade.

Assim, por exemplo, o advogado pode utilizar técnicas distintas de argumentação oral durante as audiências, empregar técnicas diferentes conforme seja seu objetivo ou a natureza da audiência em que participa, mas todas essas técnicas servem para exercitar o princípio da oralidade. Em resumo, para exercício do princípio da oralidade, o participante pode se valer de várias técnicas. Raciocínio semelhante pode-se ter, v.g., quando se diferencia a ampla defesa das técnicas de exercício da defesa ou o princípio do contraditório das técnicas para o exercício do contraditório e assim por diante.

Destarte, não há que se confundir o *princípio* da oralidade com as *técnicas* empregadas para exercício da oralidade, sendo o primeiro (princípio) regente das últimas (técnicas).

9.3 TÉCNICAS DE ARGUMENTAÇÃO ORAL NAS DIFERENTES AUDIÊNCIAS: CONSIDERAÇÕES GERAIS

Antes de participar de uma audiência, juízes, advogados e promotores de justiça devem conhecer a estrutura procedimental em que tal ato está inserido e qual é seu objetivo. Devem saber, também, o conteúdo dos atos já praticados no procedimento.

---

35 CHIOVENDA, Giuseppe. *Instituições de direito processual civil*, p. 1003.

Cada profissional do Direito deveria, antes de cada audiência, responder para si mesmo às seguintes perguntas: "Qual o objetivo procedimental da audiência?", "Quais são as alegações das partes?", "Quais são os pontos de convergência e divergência?", "Alguma prova já foi produzida? Qual(is)?" e "Qual minha função na audiência?". O simples fato de responder às perguntas mencionadas diminui o risco de a audiência se transformar num ato estéril, afinal, não é incomum perceber que, na prática forense brasileira, alguns juízes, promotores e advogados não sabem com clareza o que foi produzido até então no procedimento e, pior ainda, desconhecem com clareza o objetivo do ato que pretendem praticar, o que transforma a audiência em um ato aleatório, demorado e desorganizado. Algo muito diferente ocorre quando juízes, advogados e promotores de justiça conhecem os autos de antemão e sabem, com nitidez, qual o objetivo da audiência e a função que desempenhará na mesma. Nesse último caso, a audiência, além de se tornar mais rápida, passa a contribuir para o provimento final, sendo um ato organizado, técnico.

O ideal é que os profissionais do Direito – em especial, o advogado – explique às partes, também, a função da audiência, para que, no momento da prática do ato, atuem de forma mais racional, evitando discussões infrutíferas. Desditosamente, é comum perceber, nas audiências, brigas e bate-bocas entre as partes, ânimos alterados, o que, em realidade, nada contribuem para a resolução da lide narrada ao juízo. Saber, de antemão, a função da audiência pode, em alguns casos, diminuir as animosidades, abrindo caminho, quando possível, para a conciliação.

Pois bem, como foi dito nos itens anteriores, cada audiência possui um objetivo distinto, e, portanto, uma forma de argumentar também distinta. A diferença aumenta ainda mais dependendo do conteúdo dos atos que antecedem à audiência, já que o procedimento é uma estrutura de atos jurídicos seqüenciais e o conteúdo de um ato reflete no ato seguinte, em especial, no provimento final.[36]

Em todo caso, independentemente do tipo da audiência que se realizará e dos atos que já foram praticados, *dois cuidados prévios*

---

[36] Por todos: FAZZALARI, Elio. *Istituzioni di diritto processuale*, p. 78-9.

parecem ser fundamentais para o correto encaminhamento dos argumentos que serão utilizados e para que a audiência não se transforme numa reunião atécnica.

Primeiro, todos aqueles que participarão da audiência precisam compreender, de antemão e com clareza, **qual é o mérito da ação**. Todos devem se perguntar: "afinal, o que pediu o autor?" Sem isso, o exercício da oralidade pode ser mera tagarelice ou, quando nada, desviar-se do objeto litigioso, perdendo-se tempo e dinheiro, afinal, uma decisão prolatada fora ou além do pedido (*extra* ou *ultra petita*) é passível de anulação, valendo lembrar, ainda, que a decisão aquém do pedido (*citra petita*) se sujeita aos embargos de declaração.

Segundo, se a audiência ocorrer após o encerramento da fase postulatória, devem os profissionais do direito **separar os pontos (alegações não-controvertidas) e as questões processuais (alegações ou pontos controvertidos)**, evitando que se desperdice tempo em debates orais sobre pontos, já que estes, por não serem objeto de controvérsia, não precisam ser confrontados ou debatidos, mas, simplesmente, fixados. Um debate oral em torno de pontos processuais só possui alguma utilidade na tentativa de uma conciliação das partes ou, quando muito, para que se evite o desvio da fala para temas que não são objeto de controvérsia.

Porém, o próprio texto de lei nem sempre utiliza as expressões *pontos* e *questões* processuais com um significado unívoco.

Explica-se melhor.

A lei procedimental civil, em alguns momentos, utiliza a expressão "questões processuais pendentes". Na verdade, em interpretação da lei, deve-se entender a expressão como "matéria preliminar" ou "pressupostos processuais ou condições da ação", ou ainda, "exceções processuais". Explica-se melhor: não se pode confundir "questões" (alegações ou pontos controvertidos) com o termo "questões processuais pendentes" encontrado em alguns dispositivos legais. Este último corresponde apenas às matérias preliminares, enquanto o primeiro designa as alegações controvertidas, que, necessariamente, não precisam ser matérias de ordem pública e nem mesmo, exclusivamente, uma questão de direito.

Em ocasião do "I Colóquio Reforma do CPC – A pesquisa mineira sobre a Reforma", realizado nos dias 24 e 25 de março de 2011, na Faculdade de Direito da UFMG, tive a oportunidade de sugerir a alteração da redação do art. 342 do Projeto de Lei do Senado (PLS) 166/2010, projeto responsável pela formulação de um novo Código de Processo Civil. Em suma, sugeri, além da utilização de uma fase preparatória para a instrução, que:

> "O art. 342 deveria substituir a expressão 'questões processuais pendentes' por 'matérias preliminares' (significado que quis empregar ao dispositivo). Diz-se isto porque, na doutrina mais abalizada, 'questão processual' é sinônimo de 'ponto controvertido'. Sendo assim, o art. 342, ao usar a expressão "questões processuais pendentes" pode trazer problemas de interpretação, porquanto induz o intérprete a erro. Assim, a simples substituição da expressão 'questões processuais' por 'matérias preliminares' evitará a indesejável polissemia da locução."

Em todo o caso, mantida ou não a expressão no Projeto do Novo Código de Processo Civil, toda vez que o intérprete se deparar com a locução "questões processuais" deve se perguntar se se quer dar o significado de "alegações ou pontos controvertidos" ou de "matérias preliminares". Esse esclarecimento é necessário porque, em algumas audiências (quase sempre chamadas de *preliminares)*, há etapas a cumprir, quais sejam: tenta-se a conciliação, não se logrando êxito, julgam-se as preliminares que, se rejeitadas, obrigam ao juiz a fixação dos pontos controvertidos. Há, assim, necessidade de se distinguir *questões processuais pendentes* (matérias preliminares, quase sempre de ordem pública) de *questões* (ou pontos controvertidos), afinal, estas últimas só serão fixadas se afastadas as primeiras. Vê-se, portanto, que há significados distintos para o termo "questões", devendo o intérprete – e o legislador – atentar para tal polissemia.

No item seguinte, ver-se-á como utilizar as técnicas de argumentação oral em cada espécie de audiência. Desde já, é preciso advertir que o nome atribuído à cada audiência neste ensaio pode variar conforme seja o país ou lei processual analisados. Além disso, em algumas legislações, há uma mescla ou conjunção de atos numa mesma audiência. Assim, para fins didáticos, separar-se-á cada tipo de audiência conforme seja sua finalidade, mas o leitor não deve focar sua atenção no nome da audiência – que, como se disse, pode variar, e mesmo, congregar atos de distintas espécies de audiência –, mas sim, sobretudo, na finalidade do ato procedimental em comento.

9.3.1 Técnicas de argumentação oral nas audiências de conciliação

Há audiências que objetivam, tão-somente, a conciliação das partes. Tais audiências costumam ser chamadas, como o próprio nome indica, de *audiências de conciliação*. Contudo, tendo em vista a possibilidade de utilização da mediação, é possível que a mesma seja intitulada como *audiência de conciliação ou mediação.*[37]

Alguns procedimentos prevêem a realização de uma audiência de conciliação, cujo objetivo, quando determinado especificamente por lei, é de, apenas, tentar a conciliação das partes, isso, obviamente, quando o bem da vida disputado for passível de transação (v.g. direitos patrimoniais disponíveis) e caso as partes em litígio não tenham, expressamente, afastado a possibilidade de acordo.[38] Nos procedimentos cíveis, a regra geral é, portanto, a tentativa de conciliação e mediação.

Advirta-se, porém, que o termo "audiência de conciliação" não costuma ser bem utilizado pelo legislador,[39] que, não raro, confun-

---

37 Como está, por exemplo, no Capítulo V, artigo 335, do Projeto do Novo CPC brasileiro, a que se fazendo referência ao substitutivo da Câmara dos Deputados (Projeto de Lei nº 8.046, de 2010, na Câmara dos Deputados), já enviado para o Senado Federal para votação e aprovação final.

38 No Projeto do Novo CPC, em versão já citada, os §§ 4º, 5º e 6º do art. 335 são expressos ao elencar as hipóteses em que não ocorrerá a mencionada audiência, *in verbis*: "§ 4º A audiência não será realizada: I – se ambas as partes manifestarem, expressamente, desinteresse na composição consensual; II – no processo em que não se admita a autocomposição. § 5º O autor deverá indicar, na petição inicial, seu desinteresse na autocomposição, e o réu, por petição, apresentada com dez dias de antecedência, contados da data da audiência. § 6º Havendo litisconsórcio, o desinteresse na realização da audiência deve ser manifestado por todos litisconsortes."

39 Tal como ocorre, por exemplo, nos arts. 277 e 278 do CPC brasileiro de 1973. Pelo conteúdo de tal audiência, vê-se que é verdadeira audiência preliminar (com a possibilidade de julgamento de impugnação ao valor da causa, conversão procedimental, apresentação de resposta escrita ou oral, requerimento de produção de provas, apresentação de quesitos, indicação de assistente técnico, pedido

dem-no com "audiência preliminar",[40] o mesmo ocorrendo na prática forense.

Contudo, como dito, há que se ter cuidado, pois, não raro, o legislador chama de "audiência de conciliação" o que é, em realidade, uma audiência preliminar. Assim sendo, o que aqui foi dito vale para as audiências que possuem como único objetivo a conciliação. Se existir debate sobre as matérias preliminares – o que nunca é vedado em se tratando de matéria de ordem pública –, apresentação de defesa, impugnação e fixação de pontos controvertidos, nesse caso, não se terá uma simples audiência de conciliação, mas outra espécie de audiência, as quais serão explicadas sucintamente nos itens seguintes.

Em todo caso, no sentido empregado neste trabalho, entenda-se por audiência de conciliação aquela que objetiva, com ou sem o auxílio de um mediador, unicamente, a tentativa de autocomposição, quer seja pela renúncia, desistência, submissão ou transação, esta última, a modalidade mais comum e almejada, já que consiste em se conseguir concessões recíprocas em torno do bem da vida.

Já há normas[41] que prescrevem, como obrigação do Estado, o estímulo à conciliação, quer seja pela atuação de seus agentes na

---

contraposto, etc.), e não, simplesmente, uma audiência que se resume à tentativa de conciliação. Nas leis que tratam dos Juizados Especiais Cíveis (em especial, a Lei 9.099/95), a audiência (ou sessão) de conciliação costuma ter a autocomposição como único objetivo, deixando o julgamento das questões preliminares e os debates, se for o caso, para as audiências de instrução e julgamento. Não há, no procedimento cível na lei dos Juizados Especiais, o mesmo sincretismo entre audiência preliminar e de conciliação existente no CPC de 1973. Contudo, no procedimento penal dos Juizados Especiais Criminais, a audiência possui nome e natureza de preliminar, afinal, a audiência pode não se resumir à tentativa de transação penal.

40 Sobre a audiência preliminar, aqui faço menção à audiência prevista no art. 331 do CPC de 1973. O objetivo de tal audiência é, além da tentativa de conciliação, o julgamento das matérias preliminares (pressupostos processuais e condições da ação) e fixação dos pontos controvertidos (questões) e especificação de provas, com designação de futura Audiência de Instrução e Julgamento – AIJ. Percebe-se, portanto, que a audiência preliminar não possui como único objetivo a tentativa de conciliação e não é, portanto, uma simples audiência de conciliação.

41 No Projeto do Novo CPC brasileiro, por exemplo, há dispositivos que determinam: "Art. 3º. (...) § 2º O Estado promoverá, sempre que possível, a solução

audiência, quer seja pela criação de centrais de conciliação e mediação.

Caso seja utilizada a mediação, como bem lembra Fernando Horta Tavares,[42] é preciso que se faça a *identificação dos temas a serem resolvidos,* que se adote *padrões objetivos* de atuação, que se observe a regra de que *uma pessoa fala de cada vez,* além de se ter sempre em mente o respeito ao *princípio da autonomia privada* dentre outras regras e princípios.

Pois bem, tratando especificamente da técnica argumentativa oral, como os advogados, juízes, partes e auxiliares devem se comportar numa audiência de conciliação? Como devem argumentar? Qual a forma de encaminhar os argumentos?

Comecemos pela forma de atuação das partes e seus advogados.

As partes e seus advogados devem ir com o objetivo de alcançar a conciliação, evitando o debate e a antecipação de argumentos que só deverão ser apresentados ou utilizados nas etapas procedimentais seguintes.

O confronto argumentativo não constitui, portanto, o escopo principal da audiência de conciliação e deve ser, dentro do possível, evi-

---

consensual dos conflitos.§ 3º A conciliação, a mediação e outros métodos de solução consensual de conflitos deverão ser estimulados por magistrados, advogados, defensores públicos e membros do Ministério Público, inclusive no curso do processo judicial.

Art. 166. Os tribunais criarão centros judiciários de solução consensual de conflitos, responsáveis pela realização de sessões e audiências de conciliação e mediação, e pelo desenvolvimento de programas destinados a auxiliar, orientar e estimular a autocomposição. § 1º A composição e a organização do centro serão definidas pelo respectivo tribunal, observadas as normas do Conselho Nacional de Justiça. § 2º Em casos excepcionais, as audiências ou sessões de conciliação e mediação poderão realizar-se nos próprios juízos, desde que conduzidas por conciliadores e mediadores."

Por suas qualidades, recomenda-se a leitura completa do trabalho: TAVARES, Fernando Horta. Mediação, Processo e Constituição: considerações sobre a autocomposição de conflitos no Novo Código de Processo Civil. In: FREIRE, Alexandre; DANTAS, Bruno; NUNES, Dierle; DIDIER JR., Fredie; MEDINA, José Miguel Garcia; FUX, Luiz; CAMARGO, Luiz Henrique Volpe; OLIVEIRA, Pedro Miranda de. (Org.). *Novas Tendências do Processo Civil* – Estudos sobre o Projeto do Novo CPC. – Salvador: Juspodivm, 2013, v. 1, p. 57-74.

tado, já que o combate discursivo atentará, justamente, contra o principal objetivo da audiência, que é, como dito, a autocomposição, o acordo.

Por isso, as técnicas erísticas de argumentação apresentada, dentre outros, por Arthur Schopenhauer, não são úteis – ou mais ainda, são contrárias – às audiências de conciliação. Assim, por exemplo, argumentos *argumentum ad personam* devem ser eliminados do discurso durante a tentativa de conciliação, haja vista que causam brigas, discórdias, ressentimentos, e não a conciliação. Aliás, o *argumentum ad personam,* apresentado por Schopenhauer[43] como seu último estratagema, é antiético, afinal, é usado quando o interlocutor, percebendo que o adversário é superior, deixa o objeto do discurso de lado e inicia palavras de ofensas e insultos que visam a agredir à pessoa do adversário. Tem-se aí uma postura, sob todos os ângulos e sob todas as hipóteses, não-recomendável. O *argumentum ad personam* é mais agressivo que o *argumentum ad hominem,* afinal, este pode até ser usado – fora da audiência de conciliação! – na hipótese restrita de combater o argumento da autoridade[44] e, mesmo assim, se não se fugir da causa em debate. Em suma, tanto o argumento *ad personam,* quanto o argumento *ad hominem* devem ser evitados na audiência de conciliação, pois possuem forte tendência de desqualificar ou irritar o adversário, o que ocorrerá em detrimento da autocomposição.

Assim sendo, dentro de uma técnica de argumentação oral, durante a audiência de conciliação, as partes e seus advogados devem evitar dizer que se está com razão ou fazer qualquer juízo de valor sobre quem está certo ou errado perante à lei. É preciso, ao contrário, mostrar que a conciliação em muitos dos casos é o melhor caminho para, *primeiro*, evitar que aquele conflito se prolonge no tempo, *segundo*, economizar, pois o acordo evita o aumento de gastos com custas processuais, advogados, recursos, etc; *terceiro*, evitar o desgaste psicológico de se ter, por anos a fio, uma ação judicial em curso.

Os advogados e as partes devem, sempre que possível e ainda que instigado pela contraparte, fugir do confronto, comportando-se

---

43 SCHOPENHAUER, Arthur. *A arte de ter razão*, p. 52-53.

44 Cf. RODRÍGUEZ, Víctor Gabriel. *Argumentação jurídica*, p. 201.

de forma amistosa, cordial, sempre com o foco no acordo, que é o objetivo principal.

Já o juiz deve se posicionar, nas audiências de conciliação, como mediador, fomentando um diálogo amistoso e respeitoso entre os contendores. O magistrado deve, ainda, evitar assumir partido na disputa e externar uma tendência de decisão, afinal, tal prática fere o princípio da imparcialidade e incorre em pré-julgamento, o que é vedado legalmente, além de só servir para acirrar os ânimos, ou, quando nada, amedrontar as partes.

O objetivo dos argumentos orais trazidos nessa audiência é o de, como o nome indica, alcançar a conciliação, a autocomposição da partes, motivo pelo qual, como se disse, advogados, juízes, partes, conciliadores e mediadores devem evitar o debate argumentativo e, ao invés disso, devem buscar os pontos de consenso na fala – em especial, os pontos, as alegações não-controvertidas –, viabilizando o futuro acordo.

Se não for possível a conciliação, a produção de provas, assim como a apresentação de argumentos e contra-argumentos devem ser deixados para as demais audiências.

Frise-se que, em qualquer tipo de audiência, caso a conciliação seja alcançada, a sentença homologatória possuirá conteúdo de mérito, formando a coisa julgada material.

Em suma, nas audiências que tenham por finalidade, exclusivamente, a conciliação, sugere-se que os profissionais do Direito e as partes observem as seguintes técnicas de argumental oral:

a) o advogado deve, antes da audiência ou no início dela, explicar ao cliente que o objetivo da audiência é a conciliação, e não o debate ou a disputa argumentativa. O cliente deve ser orientado a não discutir ou brigar, mas sim, a buscar uma resolução consensual;

b) o advogado deve perguntar ao cliente, antes do início da audiência, o que está disposto a abrir mão para ver a obrigação adimplida (v.g. em quantas parcelas pode pagar, se está disposto a abrir mão de uma multa ou não, se possui algum bem para dar em pagamento, se pretende fazer uma novação, etc), até mesmo, para que o advogado possa saber até onde pode conduzir sua argumentação na tentativa de conciliação, afinal, o causídico não pode fazer um acordo contra a vontade de seu cliente. Sabendo até onde pode ir, o advogado pode conduzir sua argumentação rumo ao acordo e de forma mais consciente;

c) o juiz (o conciliador ou o mediador), do mesmo modo, deve estimular o diálogo entre as partes – e não o litígio – permitindo, inclusive, diante de uma proposta de conciliação, conversas em separado entre os advogados e clientes;

d) todos devem argumentar com base nos pontos de consenso (pontos processuais), de forma a facilitar o consenso, também, em torno das questões (pontos controvertidos) até então existente;

e) evitar temas que possam irritar ou atiçar a vaidade da parte contrária, afinal, alguém irritado e vaidoso dificilmente conseguem enxergar os próprios erros e, serenamente, chegar à conciliação;

f) tentar não confrontar a parte contrária e não discordar de seus argumentos. Ao invés disso, é mais inteligente, se possível, valorizar o que foi dito pela contraparte e apresentar, em seguida, novos argumentos capazes de atingir o consenso, de alcançar a conciliação.

g) juízes, advogados, promotores de justiça e outros auxiliares jurisdicionais devem se portar como mediadores, fomentando o diálogo entre as partes, abrindo-lhes os olhos para propostas de conciliação, etc. Devem evitar fazer juízos de valor sobre a conduta das partes descrita na petição inicial e outras petições. Mesmo os advogados, que são parciais, devem defender seus clientes sem confrontar a parte contrária, rumo à autocomposição;

h) caso a lide envolva obrigação para pagamento de quantia certa (dinheiro), é recomendável que o advogado traga consigo o débito atualizado, de forma que, caso a conciliação seja alcançada, seja feito o acordo com base nos valores atualizados e, do mesmo modo, evite-se a suspensão do procedimento para realização dos cálculos.

i) princípios[45] como imparcialidade, autonomia da vontade, oralidade, informalidade, etc, devem orientar todo o diálogo.

---

45 No Projeto do Novo CPC, em versão já citada, há um dispositivo nesse sentido, transcreve-se: "Art. 167. A conciliação e a mediação são informadas pelos princípios da independência, da imparcialidade, da normalização do conflito, da

As partes não podem, por exemplo, contra sua vontade, ser compelidas a aceitar uma proposta de acordo.

9.3.2 *Técnicas de argumentação oral nas audiências de justificação*

Em algumas situações e procedimentos, há possibilidade de designação da chamada *audiência de justificação.*

Trata-se de uma audiência que nem sempre é explicada nos livros de Direito Processual e, muitas vezes, não recebe grande atenção por parte do legislador, que quase sempre a prevê em parágrafos, incisos, e não em capítulos próprios no CPC.

No Código de Processo Civil brasileiro vigente, dita audiência é mais facilmente percebida nos procedimentos cautelares e em alguns procedimentos especiais, mas é possível designá-la também no procedimento cognitivo comum, lógica que não será muito alterada, ao que parece, pelo Projeto do Novo Código de Processo Civil atualmente em trâmite no Congresso Nacional.

Em todo caso, evitando tratar das peculiaridades de cada procedimento, pode-se perguntar: para que serve, afinal, uma audiência de justificação?

Via de regra, *as audiências de justificação são designadas quando há a necessidade urgente de produção de prova oral (v.g. testemunhal) para a concessão ou não de um provimento liminar, melhor dizendo, serve para que se produza prova oral sobre os requisitos da liminar pedida.* Tal produção de prova oral, como veremos, poderá ocorrer ainda na fase postulatória.

Assim sendo, quando alguém ajuíza uma ação e, em sua petição inicial, pede a concessão de um provimento liminar, para que seu pedido seja deferido, deverá demonstrar o preenchimento dos requisitos necessários, os quais variam conforme a natureza do procedi-

---

autonomia da vontade, da confidencialidade, da oralidade, da informalidade e da decisão informada. (...) § 3º A aplicação de técnicas negociais, com o objetivo de proporcionar ambiente favorável à autocomposição, não ofende o dever de imparcialidade. § 4º A mediação e a conciliação serão regidas conforme a livre autonomia dos interessados, inclusive no que diz respeito à definição das regras procedimentais."

mento e da liminar instada. Muitas vezes, o requerente não possui documentos comprobatórios e, por isso, vale-se de provas testemunhais para demonstração da presença dos requisitos de concessão da liminar.

Ocorre que as liminares possuem, quase sempre, a *urgência* como uma de suas características, motivo pelo qual seria contraproducente aguardar a audiência de instrução e julgamento (AIJ) para que, só nesta, fossem ouvidas as testemunhas e analisado o pedido de provimento liminar. A audiência de justificação, portanto, surge como uma boa alternativa para que se faça a oitiva das testemunhas logo no início do procedimento, de forma que se possa analisar o preenchimento ou não dos requisitos da liminar, muitas vezes, antes de encerrada a fase postulatória.

Explicando com outras palavras, a audiência de justificação servirá para que a prova oral (v.g. depoimento pessoal, testemunhal) possa ser produzida logo no início do procedimento, antes da audiência de instrução e julgamento, permitindo que o pedido de provimento liminar seja examinado desde logo, dentro da fase postulatória, dada a urgência da situação jurídica descrita perante o juízo.

Em suma, fora a tentativa de conciliação – que deve ocorrer em toda audiência em que a mesma for viável-, esse é o objetivo central das chamadas audiências de justificação: *produzir prova oral acerca dos requisitos da liminar pedida.*

Advogados, promotores e juízes que não se preparam adequadamente para a audiência de justificação estão sujeitos a cometer alguns erros técnicos.

Dentre os erros mais comuns está o de se fazer perguntas para as testemunhas acerca de questões afetas ao mérito da ação, ou, pior ainda, ao mérito da ação principal (quando o procedimento é cautelar e preparatório), desviando-se do objetivo da audiência de justificação ou antecipando uma produção de prova que só deveria ocorrer na audiência de instrução e julgamento. É claro que, se o provimento pedido for de caráter satisfativo, neste caso, será possível se fazer perguntas que permeiam o mérito, contanto que não se perca o foco nos requisitos da decisão liminar pedida. Nessa última hipótese, não haveria erro técnico.

Porém, sem dúvida, o erro mais prejudicial se dá quando os profissionais do Direito olvidam por completo dos requisitos da liminar, fazendo perguntas não afetas aos mesmos. Neste último caso e do ponto de vista técnico, a audiência de justificação se transforma em um ato totalmente inútil, haja vista que, se não tratou dos requisitos de concessão da liminar, torna-se incapaz de repercutir em tal provimento.

Vejamos dois exemplos aleatórios.

Basicamente, numa ação de reintegração de posse, os requisitos para a concessão de uma liminar são: comprovação da posse anterior, ocorrência do esbulho e data em que o mesmo ocorreu. Sendo a audiência de justificação designada, não seria inteligente perguntar para a testemunha algo sobre, por exemplo, o domínio do imóvel. Tal matéria não é, via de regra, afeta à liminar e ao próprio procedimento possessório, devendo ser debatida, se for o caso, em ação própria.

Vamos ao segundo exemplo.

É sabido que, para a concessão liminar da medida cautelar é necessário o preenchimento do *fumus boni juris* e do *periculum in mora.* Pois bem, imagine-se que, numa audiência de justificação, seja direcionada às testemunhas perguntas afetas, especificamente, ao mérito da ação principal. Ora, é sabido que a natureza da cognição exercida para a concessão de uma liminar (cognição sumária) é diferente da exercida para a prolatação de um provimento final (cognição exauriente), sendo que as decisões liminares são marcadas, dentre outras características, por sua revogabilidade e modificabilidade, algo que não é a regra dos provimentos exarados após o esgotamento do contraditório e, portanto, em cognição exauriente. O contraditório exercido nos procedimentos cautelares gira em torno, apenas, do *periculum in mora* e do *fumus boni juris,* motivo pelo qual a regra geral dos provimentos cautelares é a não-formação de coisa julgada material (salvo reconhecimento de decadência e prescrição),[46] pois, como se disse, não há um esgotamento do contraditório em torno das questões de mérito a serem discutidas na ação principal. Diferentemente, nesta úl-

---

[46] Sobre a coisa julgada no processo cautelar, sugere-se a cuidadoso estudo: SILVA, Ovídio Araújo Baptista da. *Curso de processo civil: processo cautelar (tutela de urgência).* – 4 ed. rev. e atual. – Rio de Janeiro: Forense, 2008, v. 2, p. 174-182.

tima ação (principal), há o exercício do contraditório pleno em torno das questões ligadas ao próprio bem da vida em disputa, e, por isso, questões ligadas ao mesmo devem ser debatidas neste procedimento de cognição exauriente. Em síntese, pode-se dizer que as perguntas dirigidas às testemunhas de uma ação cautelar devem ter por objetivo a demonstração da presença, ou não, do *fumus boni juris* e *periculum in mora,* já que estes são os requisitos para a concessão liminar da medida cautelar. Fato é que outras perguntas só devem ser formuladas na ação principal, em sede de audiência de instrução e julgamento. Por fim, vale lembrar que se o procedimento cautelar for incidental ou existir cumulação de pedidos (cautelar e principal) no mesmo procedimento e ambos já estiverem em fase de designação de audiência de instrução e julgamento (sem que tenha designado, antes, audiência de justificação), aí sim, será possível designar uma só audiência – que será de instrução de julgamento – em que as testemunhas serão inquiridas tanto sobre questões da cautelar quanto da ação principal, mas este não é, esclarece-se, o objetivo específico da audiência de justificação, que, via de regra, antecede à audiência de instrução e julgamento. Caso seja designada audiência de justificação para análise do provimento cautelar, mesmo que o pedido cautelar tenha sido feito de forma cumulada, em tal audiência, a argumentação deve orbitar sobre os requisitos da liminar, tão-somente.

É claro que, como todo exemplo – aliás, trata-se de algo que existe em todo raciocínio indutivo[47] –, é possível que existam situações excepcionais que fogem do raciocínio acima citado.

Outrossim, caso a audiência de justificação seja designada para a concessão de tutela antecipatória ou qualquer outra liminar, o raciocínio antes exposto continua a ser utilizado.

---

[47] Em breves palavras, pode-se dizer que o raciocínio indutivo é aquele que parte do individual para o universal, aquele no qual se infere princípios universais e gerais partindo de observações singulares. O exemplo é, a nosso ver, uma tentativa de aplicação do raciocínio indutivo, pois parte do particular para o universal. Sobre o tema, conferir: ABBAGNANO, Nicola. *Dicionário de filosofia.* Tradução de Alfredo Bossi e Ivone Castilho Benedetti. 5. ed. São Paulo: Martins Fontes, 2007, p. 640, ARISTÓTELES, Órganon, p. 243-244; 360-361; MADEIRA, Dhenis Cruz. *Argumentação jurídica,* p. 130.

Em síntese, nas audiências de justificação, ou seja, nas audiências em que há produção de prova oral para a prolatação de decisões liminares, aos profissionais do direito recomendam-se as seguintes técnicas de argumentação oral:

a) no início da audiência, verificar se o bem da vida disputado é passível de conciliação e se as partes não afastaram, expressamente, a possibilidade de acordo. Sendo possível a autocomposição, tentar alcançá-la, valendo-se das técnicas já descritas no item 3.1 retro;
b) não obtida a conciliação ou não sendo possível a mesma, devem os profissionais do Direito saber, de antemão, quais são os requisitos da liminar pretendida, para, conforme seja o caso, verificar ou provar o preenchimento ou não de seus requisitos;
c) separar o que faz parte do mérito da ação e o que faz parte do provimento liminar, e, se for o caso, o que faz parte da ação principal e o que faz parte do procedimento preparatório, para, no momento das perguntas, não se desviar do objetivo central da audiência de justificação (requisitos da liminar);
d) a argumentação e as perguntas formuladas às partes e às testemunhas – ou seja, o contraditório – devem girar em torno dos requisitos da liminar, tão-somente.

9.3.3 *Técnicas de argumentação oral nas audiências preliminares*

Como visto nos itens anteriores, nem sempre a expressão "audiência preliminar" é usada de forma uniforme pela legislação. Não raro, como dito, ela é confundida com a audiência de conciliação, ou, na prática, é utilizada como tal. Explica-se melhor: na prática forense brasileira é comum ver audiências preliminares designadas e que se restringem à tentativa de conciliação, o que não é seu objetivo exclusivo.

A audiência preliminar, diferentemente da audiência de conciliação, possui vários objetivos além da tentativa de autocomposição, sendo realizada em etapas sucessivas a saber:

1ª) tenta-se a conciliação;
2ª) não sendo possível a conciliação ou sendo a mesma recusada, sendo compatível com o procedimento, faculta-se a apresenta-

ção da resposta do réu e eventual impugnação do autor, caso já não tenham sido praticados tais atos;

3ª) julga-se as matérias preliminares (ou "questões processuais pendentes", na dicção dúbia de algumas legislações procedimentais). Saliente-se que, caso a matéria preliminar seja de ordem pública e impeça a conciliação – v.g. ilegitimidade de parte –, a mesma deve ser julgada antes mesmo da tentativa de conciliação, afinal, dita matéria é prejudicial à transação;

4ª) não havendo matérias preliminares ou sendo as mesmas afastadas, fixa-se os pontos controvertidos;

5ª) se não houver necessidade de produção de prova, faz-se o julgamento imediato do pedido (ou "julgamento antecipado da lide", como se lê em algumas leis), encerrando-se a audiência;

6ª) havendo necessidade de produção de provas, especifica-se as provas a produzir, sendo os requerimentos de produção de provas devem se ater aos pontos controvertidos, e não aos pontos (alegação não-controvertidas). Sobre pontos não há a necessidade de produção de provas;

7ª) sendo requerida produção de prova oral (v.g. prova testemunhal), designa-se audiência de instrução e julgamento e, sendo possível, designa-se desde logo a data e horário, intimando-se as partes na própria audiência preliminar.

Vê-se, portanto, que a audiência preliminar é muito mais complexa e abrangente que uma audiência que se restringe à tentativa de conciliação.

Na atual legislação procedimental civil brasileira,[48] a audiência preliminar pode ser designada no procedimento comum ordinário,

---

[48] O CPC de 1973, por exemplo, prescreve: "Art. 331. Se não ocorrer qualquer das hipóteses previstas nas seções precedentes, e versar a causa sobre direitos que admitam transação, o juiz designará audiência preliminar, a realizar-se no prazo de 30 (trinta) dias, para a qual serão as partes intimadas a comparecer, podendo fazer-se representar por procurador ou preposto, com poderes para transigir. § 1º Obtida a conciliação, será reduzida a termo e homologada por sentença. § 2º Se, por qualquer motivo, não for obtida a conciliação, o juiz fixará os pontos controvertidos, decidirá as questões processuais pendentes e determinará as provas a serem produzidas, designando audiência de instrução e julgamento, se

só sendo obrigatória quando for possível a conciliação. Não sendo a conciliação viável, a audiência preliminar se torna dispensável.[49] Também, já se disse que, em alguns procedimentos,[50] a audiência preliminar é erroneamente nominada de "audiência de conciliação".

Como um dos objetivos da audiência preliminar é, também, a tentativa de conciliação, mostra-se importante que o procurador das partes tenha poderes para transigir, afinal, comparecendo sem a companhia de seu cliente e caso não tenha poderes para transigir, a tentativa de acordo se torna infrutífera. É importante, também, que tenham legitimidade *ad causam* e que estejam regularmente representadas.

Sobre as técnicas de argumentação oral nas audiências preliminares, sugerem-se as seguintes técnicas, conforme as etapas antes descritas:

a) quanto à tentativa de conciliação, indica-se o que foi descrito no item 3.1 retro;
b) caso a audiência permita apresentação de defesa de forma oral (a depender do procedimento), deve o réu concentrar-se, primeiro, nas matérias preliminares (condições da ação e pressupostos processuais) para, só após, trazer as matérias de mérito. O réu deve trazer todas as alegações de defesa que possua, não deixando nenhuma matéria para o futuro, haja vista os *princípios da eventualidade e concentração* dos atos procedimentais, que se aplicam, sobretudo, aos procedimentos cíveis. Caso seja viável a impugnação também de forma oral (no caso de existência de preliminares), deve o autor evitar impugnações genéricas – do tipo, v.g., "as provas dos autos são robustas", "ao réu não possui razão", etc –, mas, diferentemente, deve impugnar especificamente as alegações trazidas pelo réu. O mesmo raciocínio – impugnação específica dos argumentos – vale para o réu na apresentação de resposta. Ainda que o procedimento

---

necessário. § 3º Se o direito em litígio não admitir transação, ou se as circunstâncias da causa evidenciarem ser improvável sua obtenção, o juiz poderá, desde logo, sanear o processo e ordenar a produção da prova, nos termos do § 2º."

49 SOARES, Carlos Henrique; DIAS, Ronaldo Brêtas de Carvalho. *Manual elementar de processo civil*. – 2 ed. – Belo Horizonte: Del Rey, 2012, p. 415.

50 V.g. arts. 277 e 278 do CPC brasileiro de 1973.

faculte ao réu apresentação de resposta oral, recomenda-se que seu procurador traga a defesa escrita, em petição, de forma a evitar esquecimentos;

c) não existindo preliminares ou sendo as mesmas afastadas, caso os advogados já conheçam as alegações do *ex adverso* ou, sendo conhecidas as alegações das partes contrárias, recomenda-se que os advogados auxiliem oralmente os juízes na fixação dos pontos controvertidos (questões processuais), se possível, trazendo tais pontos por escrito e em itens, facilitando a tarefa do julgador e colaborando para o regular andamento do procedimento;
d) se houver provas a produzir, os advogados devem especificá-las, concentrando-se, apenas, na produção de provas sobre os pontos controvertidos (questões). Caso a contraparte requeira produção de provas sobre pontos (alegações não-controvertidas), deve o advogado alertar ao juiz sobre a inutilidade de tal dilação probatória, quando então o julgador poderá, utilizando tal argumento, indeferi-la. Toda a produção de provas que se fará na futura AIJ deve versar sobre os pontos controvertidos, daí a importância de sua delimitação clara, conforme descrito nos itens anteriores. Como se disse, não se produz provas sobre *pontos*, mas apenas sobre *questões.*

Como se vê, a audiência preliminar é uma audiência que exige um bom conhecimento técnico-procedimental dos juristas, de forma que, se bem feita, contribuirá para o rápido e regular desenvolvimento da fase instrutória, evitando-se indesejáveis nulidades.

9.3.4 Técnicas de argumentação oral nas audiências de instrução e julgamento

A audiência de instrução e julgamento (AIJ), via de regra, não é obrigatória, só devendo ser designada em caso de necessidade de produção de prova oral (v.g. testemunhal, depoimento pessoal, esclarecimento de perito). Assim sendo, caso as provas produzidas sejam apenas documentais, ou, caso a matéria ventilada nos autos seja apenas de Direito, far-se-á o julgamento imediato do pedido, quando então, por conseqüência, a audiência de instrução e julgamento não será designada.

Por isso, considera-se um erro grosseiro designar uma AIJ apenas para se tentar a conciliação das partes ou para que se remeta os autos à conclusão ou, ainda, para indagar às partes se possuem provas a produzir. Entenda-se, porém, que tal erro gera prejuízo, porquanto atenta contra a celeridade e economia processuais, afinal, a designação de uma audiência inútil gerará perda de tempo e custos desnecessários.

Embora a AIJ só seja designada em caso de necessidade de produção de prova oral, ainda assim, caso seja designada, faz parte da mesma a tentativa de conciliação,[51] assim sendo, vale lembrar que, antes de se colher o depoimento pessoal das partes, ouvir-se as testemunhas e/ou os peritos, é imprescindível a tentativa de conciliação das partes, caso isso seja possível. Nesse caso, reitera-se o que já foi dito no item 3.1 *retro* sobre as técnicas de argumentação oral nas audiências de conciliação.

Frustrada a conciliação, a AIJ passa para a etapa seguinte, que é, justamente e como insistentemente dito, a produção de prova oral.

A legislação processual civil estabelece uma ordem[52] para que se faça a oitiva, qual seja, primeiro, ouve-se os peritos e assistentes técnicos para os esclarecimentos; depois, colhe-se o depoimento pessoal do autor e, em seguida, do réu; para, por fim, ouvir-se as testemunhas arroladas pelo autor e pelo réu, nesta ordem. Obviamente, pode não existir a necessidade de produção de prova oral e de depoimento pes-

---

51 Até mesmo o Projeto do Novo CPC, já citado, prescreve a obrigatoriedade de se tentar a conciliação na AIJ, nos casos permitidos por lei: "Art. 366. Instalada a audiência, o juiz tentará conciliar as partes, sem prejuízo do emprego de outros métodos de solução consensual de conflitos, como a mediação e a arbitragem."

52 O Projeto do Novo CPC segue tal ordem, *in verbis*: "Art. 368. As provas orais serão produzidas em audiência, preferencialmente nesta ordem: I – o perito e os assistentes técnicos responderão aos quesitos de esclarecimentos requeridos no prazo e na forma do art. 484, caso não respondidos anteriormente por escrito; II – prestarão depoimentos pessoais o autor e depois o réu; III – serão inquiridas as testemunhas arroladas pelo autor e pelo réu. Parágrafo único. Enquanto depuserem as partes, o perito, os assistentes técnicos e as testemunhas, os advogados e o Ministério Público não poderão intervir ou apartear, sem licença do juiz."

soal das partes, este último, quase sempre realizado para se tentar obter a confissão.

Note-se que, via de regra, é imprescindível a juntada prévia do rol de testemunhas aos autos, justamente, para que a parte contrária possa averiguar se as testemunhas são suspeitas ou impedidas. Aceitar-se que a parte traga os nomes das testemunhas somente no dia da audiência é um contra-senso, pois fere o *Devido Processo*. Eis o motivo pelo qual o prazo de juntada do rol de testemunhas, quando não especificado pelo juiz, conta-se de trás para frente, ou seja, da data da audiência para trás, justamente para que a parte contrária tenha tempo para averiguar e investigar a potencial situação de suspeição ou impedimento.

O ato de se fazer perguntas para as testemunhas para averiguar a ocorrência de suspeição e impedimento se chama *contradita,* sendo esta realizada, via de regra, logo após a qualificação das testemunhas e de forma oral. Fato é que, após o depoimento das partes, há preclusão temporal da contradita, ou seja, após a qualificação, se quiser e ato contínuo, deve a parte ou o interessado realizar a contradita, pois, deixando a testemunha prestar o depoimento, a contradita será extemporânea.[53] Porém, se, durante o depoimento, surgirem fatos novos que indicam o impedimento ou a suspeição da testemunha, o interessado poderá argüir ambos após o início do depoimento e, mesmo o juiz, poderá reconhecê-lo *ex officio,* afinal, o impedimento ou a suspeição impossibilita o próprio depoimento a ser colhido.[54]

Argüida a contradita, o juiz pode adotar dois procedimentos conforme seja a situação:

1º) se for necessário e possível ouvir as testemunhas na audiência, as mesmas serão ouvidas e o juiz, ato contínuo, julgará o/a suspeição ou impedimento, rejeitando ou não o depoimento da testemunha, via decisão interlocutória;

2ª) se não puder ser solucionada de pronto, a parte ou o interessado poderá demonstrar a ocorrência de suspeição e impedimento por até três testemunhas, arroladas no ato e ouvidas em separa-

[53] Cf. RT 637/162; MARINONI, Luiz Guilherme; ARENHART, Sérgio Cruz. *Prova.* – 2 ed. rev. e atual. – São Paulo: Revista dos Tribunais, 2011, p. 780.

[54] Nesse sentido: MARINONI, Luiz Guilherme; ARENHART, Sérgio Cruz. *Prova*, p. 780.

do. Caso os fatos sejam provados ou confessados, as testemunhas podem ser dispensadas.[55]

Quando da realização do "I Colóquio Reforma do CPC – A pesquisa mineira sobre a Reforma", realizado nos dias 24 e 25 de março de 2011, na Faculdade de Direito da UFMG, tive a oportunidade de falar sobre o tema no Grupo de Trabalho (GT) número 06 (intitulado "Cognição e Provas"). Na ocasião sugeri a "Obrigatoriedade de se decidir as matérias preliminares e se fixar os pontos controvertidos antes do desenvolvimento da fase instrutória". Escrevi isso porque percebia que muitas AIJ eram inúteis ou, no mínimo, mal conduzidas. Defendi maior clareza na fixação dos pontos controvertidos antes da designação da audiência de instrução e julgamento. Na época, afirmei que a:

> "boa regra do art. 342 do PLS 166/2010 (decisão das matérias preliminares e fixação dos pontos controvertidos) já existe no CPC vigente e, infelizmente, não é muito aplicada no ambiente forense. O que se vê nos Fóruns é o total desprezo da regra, porquanto, não raro, o juiz, simplesmente, frustrada a conciliação, indaga às partes acerca da necessidade de produção de prova oral e, obtendo resposta positiva, designa audiência de instrução e julgamento (AIJ). Não raro, a AIJ é designada sem que se decida as matérias preliminares (o Projeto usa a equívoca expressão "questões processuais pendentes", quando deveria ser "matérias preliminares") e sem que se fixe os pontos controvertidos. Assim, as partes, advogados, promotores de justiça e juízes participam das AIJs, fazem a oitiva de testemunha sem saber, prévia e claramente, quais são os pontos controvertidos, o que gera, quase sempre, desperdício de tempo e dinheiro, já que, se não se sabe qual a finalidade da oitiva das testemunhas, não se saberá, do mesmo modo, que perguntas fazer. Muitas vezes, na prática forense, faz-se perguntas desnecessárias (sobre pontos consensuais ou, simplesmente, pontos processuais, alegação não-controvertida) e muitas perguntas imprescindíveis (sobre os pontos controvertidos, ou seja, sobre questões processuais) não são feitas. Ouvir uma testemunha sobre um ponto processual é, na verdade, inútil, pois, se não há dissenso, não é necessário produzir provas, presume-se verdadeiro a alegação factual. Sendo assim, a prova testemunhal e a designação da AIJ só

[55] MARINONI, Luiz Guilherme; ARENHART, Sérgio Cruz. Op. cit., p. 780-781.

> será necessária se girar em torno de questões processuais (pontos controvertidos). Como foi dito, se não se fixar, antes da AIJ, os pontos controvertidos, corre-se o risco de se produzir provas (orais e periciais) totalmente inúteis, que só causarão perda de tempo e dinheiro. Por tudo isto, a regra do art. 342 deveria ser mais clara quanto à obrigatoriedade do julgador de, antes de designar a AIJ ou autorizar a produção de prova pericial, decidir as matérias preliminares e fixar os pontos controvertidos (questões processuais)."

Assim sendo, a audiência preliminar, quando designada, deve cumprir esse importante papel de se delimitar os pontos controvertidos a serem esclarecidos, sendo que a AIJ só terá utilidade se ficar claro quais são as questões a serem esclarecidas mediante a produção de prova oral.

Destarte, nas audiências que tenham por finalidade a instrução e o julgamento, os profissionais do direito devem observar as seguintes técnicas de argumental oral:

a) na AIJ, tentar-se-á, de início, a conciliação. Para tanto, reitera-se as técnicas descritas no item 3.1 retro;
b) Não sendo conseguida a conciliação, ouvir-se-á as partes, em caso de requerimento de depoimento pessoal, assim como o perito, caso tenha se requerido esclarecimentos sobre o laudo, assim como a testemunhas. No caso de depoimento testemunhal, é facultado às partes, como sobredito, a contradita das testemunhas, fazendo-se perguntas diretamente às mesmas para averiguar eventual suspeição ou impedimento. Na contradita, é recomendável perguntas como: você conhece a parte fulana de tal? Se sim, de onde? Que vínculo possui com ela? Costuma freqüentar ou já freqüentou sua casa? É parente ou amigo pessoal dela? Trabalha na empresa dela? É colega de trabalho? Possui interesse na causa?, etc. Note-se que, na contradita, tais perguntas têm por objetivo investigar o grau de ligação ou intimidade entre a parte e a testemunha, ou mesmo, eventual interesse na causa. Caso se constate a ocorrência de impedimento ou suspeição, as testemunhas podem ser dispensadas ou, caso sejam ouvidas, transformar-se-ão em meras informantes, diminuindo o valor do depoimento colhido, porquanto ficarão dispensadas do juramento. Nessa última hipótese, se for pos-

sível, o ideal é que sejam dispensadas, ouvindo-se apenas as testemunhas não suspeitas ou impedidas, contudo, em algumas situações (v.g. atos praticados na intimidade do lar e quando há dificuldade de se encontrar testemunhas), o depoimento como informante poderá ter seu valor aumentado, sendo necessária a conjugação com os outros instrumentos de prova;

c) O contraditório – *in casu,* a argumentação e as perguntas às testemunhas – deve girar em torno das questões processuais (pontos controvertidos, alegações controvertidas). Por isso, todos os que participam da AIJ devem saber, de antemão, quais são as questões a serem esclarecidas. Todas as perguntas a serem feitas às testemunhas devem girar em torno dos pontos de dissenso, ou seja, dos pontos de divergência entre autor e o réu, afinal, os pontos de consenso dispensam a produção de provas, ao menos, no processo civil. Assim, por exemplo, se numa ação de despejo o réu já confessou que existe um contrato de locação e que é devedor (pontos processuais), perguntas sobre tais temas são desnecessárias. Seguindo o exemplo, se o réu confessou tais pontos, mas afirmou que alguns dos meses indicados pelo autor já foram pagos ou que fez reformas/obras necessárias e que, por isto, possui direito à retenção, estes dois últimos (meses pagos e obra necessária) se tornam pontos controvertidos (questões) e, por isso, qualquer pergunta feita à testemunha na AIJ (e demais provas) devem girar em torno das mesmas;

d) Além do que foi descrito no item anterior, o advogado e o promotor de justiça devem ficar atentos ao que foi perguntado pelo juiz e respondido pelas testemunhas. Dependendo das perguntas formuladas e das respostas consignadas em ata, quando o juiz se dirigir ao advogado ou promotor de justiça com a indagação "Alguma pergunta doutor?", caso já tenham sido respondidas pela testemunha, bastará dizer ao magistrado: "Nenhuma pergunta Excelência" ou "Não Excelência, estou satisfeito". Caso alguma questão tenha ficado em aberto, deve o advogado ou promotor ater-se, exclusivamente, à questão processual (pontos controvertidos) não elucidada, concentrando suas indagações sobre o tema ainda em aberto.

9.3.5 Técnicas de argumentação oral nas audiências unas

Em alguns procedimentos existem as chamadas *audiências unas*. Em tais audiências, há uma concentração dos atos procedimentais antes descritos. Assim, nas *audiências unas,* pode ocorrer a tentativa de conciliação, apresentação de resposta, impugnação, julgamento sobre as preliminares, fixação dos pontos controvertidos (questões), especificação de provas, produção de prova oral, análise de pedido de provimento liminar e julgamento.

Vê-se, portanto, uma concentração de todas as audiências em uma só, daí o motivo de ser chamada de *una*. Em assim sendo, todas as técnicas de argumentação oral antes expostas são aplicadas às audiências unas, razão pela qual se mostra desnecessário retomar todas as explicações já realizadas.

9.4 O SILÊNCIO COMO TÉCNICA DE ARGUMENTAÇÃO ORAL

Muitas vezes, o silêncio se torna uma importante técnica argumentativa.

Explica-se melhor.

Quando a fala não é útil ao provimento, advogados, juízes e promotores de justiça devem, simplesmente, calar-se, ficar em silêncio.

Alguns exemplos podem ser esclarecedores quanto à utilidade do silêncio nas audiências e como o mesmo pode funcionar como verdadeira técnica de argumentação jurídica.

O primeiro exemplo ocorre na especificação de provas. Ora, se as partes forem intimadas a especificar provas e não possuírem provas a produzir, bastará, nesse caso, optar pelo silêncio, deixando transcorrer o prazo *in albis*. Por força da preclusão temporal, a não-manifestação externará o desinteresse da parte omissa na produção de mais provas. Nesta linha, se ambas as partes deixarem de especificar provas, deverá o juiz remeter os autos à conclusão para a sentença, haja vista o julgamento imediato do pedido (julgamento antecipado da lide).

Em suma, diante de uma intimação, o silêncio presume desinteresse quanto à prática do ato e, portanto, gera a preclusão temporal, porquanto, ao menos no processo civil, a preclusão preenche os vazios da estrutura procedimental, permitindo o prosseguimento do procedimento mesmo diante da omissão.[56]

Durante as audiências de justificação, as audiências de instrução e julgamento ou as audiências unas o silêncio também pode ser muito útil tecnicamente. Basta imaginar a hipótese em que o juiz ou o advogado da parte já tenham feito perguntas que o advogado da contraparte havia pensado em fazer. Neste caso, bastará que o advogado beneficiado pelas respostas, quando lhe for facultada a palavra, manifeste seu contentamento com o que foi dito até ali, afinal, se constou na ata ou termo de depoimento testemunhal aquilo que queria provar, não será necessário reiterar a pergunta já feita e só restará ao advogado, em nome da boa técnica e da celeridade, o silêncio, podendo responder ao juiz "Não tenho perguntas a fazer Excelência. Estou satisfeito com o depoimento prestado" ou, simplesmente, dizer "não" à faculdade de se fazer perguntas às testemunhas. Há advogados que, parecendo querer justificar ao cliente os honorários pagos, reiteram perguntas já formuladas, o que, definitivamente, não contribui para o procedimento.

Outrossim, durante a audiência em que se colherá o depoimento testemunhal, é importante que o advogado da parte e o promotor de justiça saibam a quem pertence o ônus probatório, haja vista que, se a contraparte não se desincumbiu de um ônus que era seu mesmo após a oitiva de suas testemunhas, bastará que o representante da parte beneficiada fique em silêncio, ou mesmo, que requeira a dispensa de suas próprias testemunhas, afinal, se a parte a quem pertencia o ônus não conseguiu provar a veracidade de suas alegações factuais, a parte beneficiada não precisará se preocupar com a produção de provas a seu favor, especialmente porque a presunção probatória é de inocência, e não de culpa (em regra, a parte não possui o ônus de provar sua inocência). O silêncio pode, mais uma vez, favorecer uma das partes.

---

[56] Como se pode ler em: DIDIER JR, Fredie. *Curso de Direito Processual Civil.* – 14. ed. rev., ampl. e atual. – Salvador: Juspodivm, 2012, v. 1, p. 306-307; MADEIRA, Dhenis Cruz. *Processo de conhecimento & cognição,* p. 206-209; NUNES, Dierle José Coelho. Preclusão como fator de estruturação do procedimento. In: LEAL, Rosemiro Pereira (coord.). *Estudos continuados de teoria do processo.* Porto Alegre: Síntese, 2004, v. 4, p. 190-191.

É claro que os profissionais do Direito devem ficar atentos às regras de inversão do ônus da prova, ou mesmo, à existência de *provas negativas* – ou *provas diabólicas*, como dizem alguns processualistas, tais como as hipóteses de se provar, v.g., a ausência e pagamento, já que, em regra, não é o autor que tem que provar o inadimplemento, mas o réu é quem deve provar que adimpliu sua obrigação, isso, pela dificuldade do autor demonstrar que o réu não pagou. Nestes casos, a iniciativa probatória pode ser do réu, apesar da regra geral de que pertence ao autor o ônus de provar os fatos constitutivos de seu direito.

9.5 OS SERES HUMANOS, SUAS VIRTUDES E DEFICIÊNCIAS: UM ALERTA NO USO DA ARGUMENTAÇÃO EM AUDIÊNCIAS

Os fóruns e tribunais costumam ser locais de debates e embates. Isto ocorre porque em todo processo há lides, ou, lembrando Carnelutti, conflitos de interesse qualificados pela pretensão resistida. Ora, o simples fato de autor e réu terem interesses contrapostos gera, em potencial, motivo para discussões nem sempre respeitosas.

Somado ao conflito, é comum que os juristas se comportem de forma susceptível, ofendendo-se ao menor gesto ou palavra mal-colocada, ou que, ao menos aos olhos de sua imaginação, foram pronunciadas para ofender.

Aliado ao ambiente de *litígio* e à *susceptibilidade*[57] das partes e juristas, vê-se outra deficiência psicológica que funciona como verdadeiro gatilho de discussões mais acaloradas e que, até mesmo, prejudicam a inteligência: a *vaidade*.[58] Como é comum vê-la circulando

---

[57] "O susceptível é uma pessoa predisposta a ver no próximo uma segunda intenção o que propicia que se melindre ou se ofenda com extrema facilidade. Sua imaginação desfigura palavras e atitudes e, em decorrência, se mortifica e atormenta. Freqüentemente acredita ver no semelhante o propósito de desmerecê-lo, ou se ressente pela mais leve desatenção e não há gesto, palavra ou atitude de quem teve ocasionalmente alguma diferença com ele, que sejam justamente interpretados." (PECOTCHE, Carlos Bernardo González. *Deficiências e propensões do ser humano*. – 9. ed. – São Paulo: Logosófica, 1999, p. 46).

[58] Sobre a vaidade, González Pecotche (*Deficiências e propensões do ser humano*, p. 58-59) chegou a dizer: "Esta falha psicológica fecha o entendimento e prostra

pelos corredores dos fóruns e tribunais! Aliás, como é comum vê-la por todas as partes, dentro e fora do campo jurídico! Talvez por isso Arthur Schopenhauer tenha dito que, "para o homem, nada supera a satisfação da sua vaidade, e nenhuma ferida dói mais do que aquela em que a vaidade é atingida." [59]

Em seu famoso *Casa-grande & Senzala,* Gilberto Freyre[60] também recordou do bacharelismo no Brasil, em que mais valia parecer sábio do que, de fato, ser sábio, sendo comum o uso do *anel de doutor* e, até mesmo, dos óculos – ainda que quem os usassem não possuíssem algo para corrigir na visão – para reforço de uma aparência intelectual. A aparência de intelectual era – e, talvez, ainda seja – uma forma de egolatria.

A vaidade, infelizmente, não é uma característica que do período colonial brasileiro.

Não raro, ainda hoje, alguns julgadores preferem proferir uma decisão que impressione ou que demonstre a autoridade do cargo que ocupam à uma decisão normativamente correta, sendo que, da mesma forma, alguns advogados e promotores de justiça abrem mão de defender a legitimidade da pretensão ou de chegar a um acordo para defender suas próprias convicções.

Em outros casos, alguns juízes indeferem os pedidos dos advogados ou promotores de justiça, não porque o pedido não possua respaldo em lei, mas porque o julgador não nutre simpatia pelo emanante da pretensão. Ocorre, assim, um silogismo às avessas, onde a simpatia

---

a faculdade de raciocinar ante a auto-estima levada à exaltação e até ao paroxismo. Em uma palavra, entorpece o livre exercício das faculdades da inteligência. Se estas – a faculdade de pensar, se observar ou raciocinar, por exemplo – operassem no vaidoso com inteira liberdade, não se poderia admitir que tivessem deixado de adverti-lo dos prejuízos que suas deficiências ocasionam, sobretudo o desconceito. A vaidade resume-se na *jactância,* que não só a palavra, mas também a atitude e o gesto revelam. É uma névoa psicológica que obscurece a mente, impedindo de ver e sentir honestamente a justa medida do próprio conceito."

59 SCHOPENHAUER, Arthur. *A arte de ter razão,* p. 54.

60 FREYRE, Gilberto. *Casa-grande & Senzala.* – 11. ed. brasileira, 1º t. e 12. ed. em língua portuguesa. Rio de Janeiro: José Olympio, 1964, p. 317. Trata-se, inclusive, de um comportamento do bacharel do Direito que cai, facilmente, no lugar-comum (*topos*): Cf. MADEIRA, Dhenis Cruz. *Argumentação jurídica,* p. 24-25.

e antipatia determinam o deferimento ou indeferimento do pedido, para, só após, buscar-se fundamentos jurídicos para tanto.

Eis o inimigo da conciliação e a fórmula perfeita para os debates intermináveis e a verborragia: o conflito, somado à susceptibilidade e à vaidade.

Alguns advogados, conhecendo bem esse ambiente, fazem provocações verbais ou pessoais, irritando o *ex adverso* ou o juiz, objetivando descontrolá-los psicologicamente para obter alguma vantagem sobre tal situação. O objetivo da ação é esquecido propositadamente, justamente, para que se tire alguma vantagem ilícita, como a procrastinação.

A audiência se transforma, quando tais elementos estão presentes, em um jogo psicológico; metajurídico, portanto.

Aí reside um motivo para que os juristas estudem melhor a Teoria da Argumentação Jurídica, tanto no âmbito da Filosofia, quanto na esteira da Jusfilosofia e da Teoria do Direito. Porém, o conhecimento de tais técnicas de argumentação não pode servir para provocar a ira do adversário, mas, diferente disso, podem ser úteis aos juristas que querem se defender ou desmascarar aqueles que buscam alcançar objetivos ilícitos por meio de ardis argumentativos.

Assim, dentre muitos outros, Schopenhauer[61] apresentou as técnicas erísticas de argumentação como meio de descortinamento de falácias, e não como meio de utilização prática. Talvez por isso tenha preferido, em vida, não ter publicado seu texto sobre o tema, vontade que não foi observada por seu amigo, a quem deixou seus escritos.

Mas tal assunto não surgiu com Schopenhauer, afinal, os gregos antigos já se preocupavam com o tema. Por exemplo, há notícia da existência de um livro escrito por Protágoras, intitulado "Arte da Erís-

---

61 Cf. SCHOPENHAUER, Arthur. *A arte de ter razão*. Org. e ensaio de Franco Volpi. 3 ed. – São Paulo: WMF Martins Fontes, 2009 ou SCHOPENHAUER, Arthur. *Como vencer um debate sem precisar ter razão: em 38 estratagemas (dialética erística)*. Introdução, notas e comentários por Olavo de Carvalho; tradução de Daniela Caldas e Olavo de Carvalho. – Rio de Janeiro: Topbooks, 1997.

tica"[62] e outro com o título "Técnica de controvérsias".[63] Ora, o discurso erístico pode ser conceituado como a arte ou uma técnica de disputa argumentativa que objetiva fazer com que um dos interlocutores, ao final do debate, saia vitorioso, fique com a razão, ainda que, para isso, tenha que se valer de meios ilícitos de persuasão, de argúcias argumentativas,[64] já que, em última palavra, a erística não objetiva a busca da verdade.

Muito antes de Schopenhauer, Aristóteles também chegou a escrever sobre a erística quanto tratou dos sofistas e dos argumentos falaciosos. Em determinado trecho, disse:

> "(...) aos olhos de algumas pessoas vale mais parecer sábio do que ser sábio sem o parecer (uma vez, que a arte do sofista consiste na sabedoria aparente e não na real, e o sofista é aquele que ganha dinheiro graças a uma sabedoria aparente e não real), está claro que para estas pessoas é essencial *parecer exercer* a função de sábio, em lugar de realmente exercê-la sem parecer que o fazem." [65]

Aristóteles parece ter tido a intenção de ensinar como eram utilizados os argumentos falaciosos ou sofísticos, não para que fossem empregados, mas para que pudessem ser refutados, algo muito semelhante ao que intentou Schopenhauer muitos séculos depois. Esse objetivo pode ser evidenciado quando o filósofo grego acentua a obrigação daquele que detém o conhecimento de denunciar aqueles que utilizam argumentos dolosamente falaciosos.[66]

Embora, como se disse, a erística não seja um tema novo, ao que parece, é pouco estudada nos cursos jurídicos brasileiros e, talvez por isso, seja comum que juízes, advogados e promotores de justiça caiam em verdadeiras armadilhas argumentativas, cujos resultados,

---

[62] Cf. KERFERD, George Briscoe. *O movimento sofista* (*The sophistic movement.* Cambridge University Press. 1981, 1ª ed.). São Paulo: Loyola, 2003, p. 78.

[63] Cf. LAERCIO, Diógenes. *Vida y opiniones de los filósofos ilustres.* Traducción, introducción y notas de Carlos García Gual. 2. reimp. – Madrid: Alianza, 2011, p. 483.

[64] Cf. LALANDE, André. *Vocabulário técnico e crítico da filosofia*, p. 316; SCHOPENHAUER, Arthur. *A arte de ter razão,* p. 03.

[65] Órganon, p. 546-547.

[66] *Órganon,* p. 547.

somados à já mencionada vaidade, são catastróficos do ponto de vista técnico-procedimental.

Schopenhauer chegou a apontar trinta e oito estratagemas erísticos, dentre eles, o de provocar raiva no adversário intencionalmente, obtendo uma vantagem argumentativa – antiética, frise-se –, como se vê abaixo:

> "ESTRATAGEMA 8
>
> Provocar raiva no adversário, pois, tendo raiva, ele não estará em posição de julgar corretamente nem de perceber a própria vantagem. Para deixá-lo com raiva é preciso ser injusto com ele, de modo declarado, atormentando-o e comportando-se, em geral, com imprudência."[67]

No estratagema de número vinte e sete, Schopenhauer aponta outra técnica erística e que, infelizmente, costuma ser empregada em audiências e tribunais de júri:

> "Se o adversário inesperadamente se zanga diante de um argumento, devemos insistir energeticamente nele: não apenas porque é bom provocar-lhe a ira, mas também porque é de supor que tenhamos tocado o lado fraco do seu raciocínio e que poderemos provavelmente atingi-lo nesse ponto ainda mais do que se pode entrever num primeiro momento." [68]

Contudo, talvez o pior dos estratagemas explicados por Schopenhauer seja o último. Nele, fica visível que nem sempre uma discussão é pautada pela ética e racionalidade dos argumentos:

> "Quando percebemos que o adversário é superior e que não ficaremos com a razão, devemos nos tornar ofensivos, insultantes, indelicados. O caráter ofensivo consiste em passar do objeto da contenda (pois nele o caso está perdido) para o contendor, atacando de alguma maneira a sua pessoa. Poderíamos chamar isso de *argumentum as personam,* para diferenciá-lo do *argumentum ad hominem* este se afasta do puro objeto em questão para se ater ao que o adversário disse ou admitiu a respeito. No caráter ofensivo, porém, abandona-se completamente o objeto e dirige-se o próprio

---

67 SCHOPENHAUER, Arthur. *A arte de ter razão,* p. 27.

68 SCHOPENHAUER, Arthur. *A arte de ter razão,* p. 37.

ataque à pessoa do adversário: tornamo-nos, portanto, insolentes, maliciosos, insultantes, indelicados." [69]

Mas como se proteger de tais ataques injustos? Como evitar cair em tais técnicas erísticas de discussão? Ora, o conhecimento, como sempre, acaba sendo a arma capaz de evitar tais artimanhas. Por isso, conhecendo tais técnicas, torna-se possível identificar e evitar que o adversário discursivo alcance seu objetivo ilídimo, caso esteja, de fato, de má-fé.

Note-se que nem mesmo o ataque ríspido por parte de um colega de profissão autoriza que o advogado ofendido dê uma resposta igualmente ofensiva ou destemperada.[70] É dever do advogado, dos juízes e dos promotores de justiça zelar pelo respeito recíproco.

O discurso processual possui, como um de seus princípios regentes, a lealdade,[71] assim sendo, todas as técnicas erísticas acima expostas são, na verdade, técnicas ilegais e que adentram na litigância de má-fé.

Ademais, é dever dos juízes, das partes, advogados e promotores de justiça tratar-se reciprocamente com lhaneza, assim como, obviamente, tratar as testemunhas com cordialidade e respeito, sem vê-las como potenciais inimigas do Judiciário ou como "prostitutas das provas", expressão ainda comum no meio forense.

De se recordar que as testemunhas, em geral, não estão acostumadas com o ambiente forense. Para elas, o fórum pode lhes parecer hostil, opressor. Para alguns depoentes, o simples fato de se estar diante de pessoas que usam ternos, gravatas, tocas ou becas – fora o emprego de linguagem jurídica, a que não estão acostumadas – é capaz de gerar verdadeiro pânico ou, quando nada, medo ou desconforto. Tal situação afeta a memória, pois, com temor, ninguém usa bem as faculdades da inteligência, bastando ver o que ocorre com uma pessoa tímida diante de um auditório repleto de ouvintes. O temor paralisa e atrapalha o funcionamento das faculdades da inteligência.

---

69 SCHOPENHAUER, Arthur. *A arte de ter razão,* p. 52-53

70 Neste sentido, dentre outros: MAMEDE, Gladston. *A advocacia e a Ordem dos Advogados do Brasil.* – 5. ed. – São Paulo: Atlas, 2013, p. 174-175.

71 Cf. MADEIRA, Dhenis Cruz. *Argumentação jurídica,* p. 404-408.

Por tudo isso, os profissionais do Direito devem evitar que os depoentes se sintam subjugados, constrangidos. Juízes, advogados e auxiliares devem enxergar os depoentes como eles, de fato, são: colaboradores.

Em todos os casos, não é demais lembrar a advertência de Marinoni e Arenhart:

> "A possibilidade de contraditar a testemunha ou de verificar a sua capacidade ou credibilidade não quer dizer que a testemunha possa ser tratada com desrespeito e falta de educação. Ou seja: ao lado da necessidade de aferição da credibilidade da testemunha está o seu direito se ser tratada com urbanidade."[72]

Como dito, juízes, advogados e promotores devem tratar as testemunhas com urbanidade e respeito, especialmente porque os depoentes colaboram com o exercício da função jurisdicional. Isso não quer dizer, porém, que testemunhas possam mentir ou deturpar os fatos dolosamente em juízo. Neste caso, as mesmas devem ser responsabilizadas civil e criminalmente pela via do *Devido Processo*.

O respeito recíproco entre os participantes do discurso processual é sempre salutar, recomendável e, mais ainda, exigível.

9.6 CONSIDERAÇÕES FINAIS

O presente estudo, escrito em forma de ensaio, objetivou demonstrar que o exercício da oralidade não é empregado, ao menos no discurso processual, de forma aleatória. Viu-se, nos itens anteriores, que a fala deve ser direcionada aos objetivos de cada ato, *in casu,* de cada espécie de audiência. Conhecer o objetivo de cada audiência e preparar-se adequadamente para tal ato propicia maior celeridade, economia processual e, sobretudo, resultado. Como dito acima, a audiência não pode ser um espaço de disputas de vaidades e verborragias.

9.7 REFERÊNCIAS BIBLIOGRÁFICAS

ABBAGNANO, Nicola. *Dicionário de filosofia.* Tradução de Alfredo Bossi e Ivone Castilho Benedetti. 5. ed. São Paulo: Martins Fontes, 2007.

[72] MARINONI, Luiz Guilherme, ARENHART, Sérgio Cruz. *Prova*, p. 781.

ALVES, José Carlos Moreira. *Direito Romano.* – 13 ed. – Rio de Janeiro: Forense, 2002.

ARISTÓTELES, Órganon: categorias, da interpretação, analíticos anteriores, analíticos posteriores, tópicos, refutações sofísticas. Tradução, textos adicionais e notas de Edson Bini. Bauru: Edipro, 2005.

ÁVILA, Luiz Augusto Lima de. *A natureza do conhecimento jurídico entre ciência e prudência: a lógica abdutiva e a fundamentação do Direito em Theodor Viehweg*. Belo Horizonte: PUC/Minas/Fumarc, 2013.

CAMPOS, Francisco. *O Estado nacional: sua estrutura, seu conteúdo ideológico.* – Brasília: Senado Federal, 2001.

CHAMOUN, Ebert. *Instituições de Direito Romano.* – 5 ed. – Rio de Janeiro: Forense, 1968.

CHIOVENDA, Giuseppe. *Instituições de direito processual civil* (Instituzioni di Diritto Processuale Civile). Trad. Paolo Capitanio. Anotações de Enrico Tullio Liebman. 4. ed. – Campinas: Bookseller, 2009.

CIRNE-LIMA, Carlos Roberto. *Dialética para principiantes*. São Leopoldo: Unisinos, 2002.

COUTURE, Eduardo J. *Fundamentos del derecho procesal civil.* Buenos Aires: Depalma, 1974.

COUTURE, Eduardo J. Oralidade e regra moral no processo civil. *Revista Forense,* v. 74, jan. 1939, Rio de Janeiro: Forense, 1939.

COUTURE, Eduardo J., *Trayectoria y destino del derecho procesal civil hispanoamericano.* Buenos Aires: Depalma, 1999.

DERRIDA, Jacques. *A farmácia de Platão.* Tradução de Rogério da Costa. São Paulo: Iluminuras, 2005.

DIDIER JR, Fredie. *Curso de Direito Processual Civil.* – 14. ed. rev., ampl. e atual. – Salvador: Juspodivm, 2012, v. 1.

DINAMARCO, Cândido Rangel. *Liebman e a Cultura Processual Brasileira.* In: COSTA, Hélio Rubens Batista Ribeiro; RIBEIRO, José Horário Halfeld Rezende; DINAMARCO, Pedro da Silva (coords.). *Linhas mestras do processo civil: comemoração dos 30 anos de vigência do CPC.* – São Paulo: Atlas, 2004.

DINAMARCO, Cândido Rangel. *O Conceito de mérito em processo civil***.** Revista de Processo n. 34, Ano IX, abril/junho de 1984, São Paulo: Revista dos Tribunais, 1984.

FAZZALARI, Elio. *Istituzioni di diritto processuale.* 8. ed. Padova: CEDAM, 1996.

FIUZA, César. Algumas linhas de processo civil romano. *In:* FIUZA, César (Coord.). *Direito Processual na História.* Belo Horizonte: Mandamentos, 2002.

FIUZA, César. *Direito civil: curso completo.* 7. ed. rev., atual. e ampl. de acordo com o Código Civil de 2002. Belo Horizonte: Del Rey, 2003.

FREYRE, Gilberto. *Casa-grande & Senzala.* – 11. ed. brasileira, 1º t. e 12. ed. em língua portuguesa. Rio de Janeiro: José Olympio, 1964.

GONÇALVES, Aroldo Plínio. *Técnica Processual e teoria do processo.* Rio de Janeiro: Aide, 1992.

JAEGER, Werner Wilhelm. *Paidéia: a formação do homem grego.* Trad. Artur M. Parreira; adaptação do texto para edição brasileira Monica Stahel; revisão do texto grego Gilson César Cardoso de Souza. – 4 ed. – São Paulo: Martins Fontes, 2001.

KERFERD, George Briscoe. *O movimento sofista* (*The sophistic movement.* Cambridge University Press. 1981, 1ª ed.). São Paulo: Loyola, 2003.

LAERCIO, Diógenes. *Vida y opiniones de los filósofos ilustres.* Traducción, introducción y notas de Carlos García Gual. 2. reimp. – Madrid: Alianza, 2011.

LALANDE, André. *Vocabulário técnico e crítico da filosofia.* 3ª ed. – São Paulo: Martins Fontes, 1999.

LEAL, Rosemiro Pereira. *Teoria geral do processo: primeiros estudos.* 7. ed. – Rio de Janeiro: Forense, 2008.

MADEIRA, Dhenis Cruz. *Argumentação jurídica:* (In)compatibilidades entre a Tópica e o Processo. – Curitiba: Juruá, 2014

MADEIRA, Dhenis Cruz. *Igualdade e Isonomia Processual.* In: THEODORO JÚNIOR, Humberto; CALMON, Petrônio; NUNES, Dierle. (coords.). *Processo e Constituição: os dilemas do processo constitucional e dos princípios processuais constitucionais.* Rio de Janeiro: GZ, 2010.

MADEIRA, Dhenis Cruz. O nascimento do Processo Constitucional na América. In: SOARES, Carlos Henrique; DIAS, Ronaldo Brêtas de Carvalho. (Org.). *Direito processual civil latino-americano.* Belo Horizonte: Arraes, 2013.

MADEIRA, Dhenis Cruz. O novo CPC e a leitura tardia de Liebman – a possibilidade jurídica como matéria de mérito. In*:* ROSSI, Fernando; RAMOS, Glauco Gumerato; GUEDES, Jefferson Carús; DELFINO, Lúcio; MOURÃO, Luiz Eduardo Ribeiro. *O futuro do processo civil no Brasil: uma análise crítica ao Projeto do Novo CPC.* Belo Horizonte: Fórum, 2011.

MADEIRA, Dhenis Cruz. Princípios processuais da oralidade e escrituração: ensaio sobre os fundamentos do confronto. *JUS,* Belo Horizonte, ano 42, n. 25, jul./dez. 2011.

MADEIRA, Dhenis Cruz. *Processo de conhecimento & cognição: uma inserção no estado democrático de direito.* Curitiba: Juruá, 2008.

MAMEDE, Gladston. *A advocacia e a Ordem dos Advogados do Brasil.* – 5. ed. – São Paulo: Atlas, 2013.

MARINONI, Luiz Guilherme; ARENHART, Sérgio Cruz. *Prova.* – 2 ed. rev. e atual. – São Paulo: Revista dos Tribunais, 2011.

MARQUES, Leonardo Augusto Marinho. O princípio da oralidade e a descentralização da informação relevante no processo penal. *Revista Síntese. Direito Penal e Processual Penal.* v.13, n.73, abr/maio, São Paulo: Síntese, 2012.

MORATO, Francisco. A oralidade. *Revista Forense.* Maio, 1938. Rio de Janeiro: Forense, 1938.

NUNES, Dierle José Coelho. *O princípio do contraditório: uma garantia de influência e de não surpresa.* In: TAVARES, Fernando Horta (coord.). *Constituição, direito e processo.* – Curitiba: Juruá, 2007.

NUNES, Dierle José Coelho. Preclusão como fator de estruturação do procedimento. In: LEAL, Rosemiro Pereira (coord.). *Estudos continuados de teoria do processo.* Porto Alegre: Síntese, 2004, v. 4.

OLIVEIRA, Carlos Alberto Álvaro de. *Do formalismo no processo civil.* – 3. ed., rev., atual. e aumentada. – São Paulo: Saraiva, 2009.

PECOTCHE, Carlos Bernardo González. *Deficiências e propensões do ser humano.* – 9. ed. – São Paulo: Logosófica, 1999.

PERELMAN, Chaïm; OLBRECHTS-TYTECA, Lucie. *Tratado da argumentação: a nova retórica.* Trad. Maria Ermantina de Almeida Prado Galvão; revisão da tradução Eduardo Brandão. – 2. ed. – São Paulo: Martins Fontes, 2005.

PICARDI, Nicola. *Jurisdição e processo.* Organização e revisão técnica da tradução: Carlos Alberto Alvaro de Oliveira. – Rio de Janeiro: Forense, 2008.

PLATÃO. *El banquete, Fédon y Fedro.* Traducción y presentaciones Luis Gil. 3ª reimp. – Barcelona: Labor, 1985.

PLATÃO. *Fedro (Clássicos gregos e latinos).* – Introdução, tradução e notas de José Ribeiro Ferreira (Faculdade de Letras da Universidade de Coimbra). – Reimp. – Lisboa: Edições 70, 2009.

REALE, Giovanni. *Para uma nova interpretação de Platão* (*Per uma nuova interpretazione di Platone. Rilettura della metafisica dei grandi dialoghi alla luce delle "dottrine non scritte"*). 2.ed. – São Paulo: Loyola, 2004.

RICCI, Gian Franco. *Principi di diritto processuale generale.* Torino: G. Giappichelli Editore, 1995.

RODRÍGUEZ, Víctor Gabriel. *Argumentação jurídica: técnicas de persuasão e lógica informal.* – 4 ed. – São Paulo: Martins Fontes, 2005.

ROHDEN, Luiz; ORIGUELLA JÚNIOR, João Zaqueo. *A importância da oralidade em Platão*, p. 59-60.

SCHOPENHAUER, Arthur. *A arte de ter razão.* Org. e ensaio de Franco Volpi. 3 ed. – São Paulo: WMF Martins Fontes, 2009.

SCHOPENHAUER, Arthur. *Como vencer um debate sem precisar ter razão: em 38 estratagemas (dialética erística).* Introdução, notas e comentários por Olavo de Carvalho; tradução de Daniela Caldas e Olavo de Carvalho. – Rio de Janeiro: Topbooks, 1997.

SCIALOJA, Vittorio. *Procedimiento civil romano.* Buenos Aires: Europa -América, 1954.

SILVA, José Anchieta da. O princípio da oralidade – pela valorização do princípio da oralidade no projeto do novo Código de Processo Civil. In: ROSSI, Fernando; RAMOS, Glauco Gumerato; GUEDES, Jefferson Carús; DELFINO, Lúcio; MOURÃO, Luiz Eduardo Ribeiro. *O futuro do processo civil no Brasil: uma análise crítica ao Projeto do Novo CPC.* Belo Horizonte: Fórum, 2011.

SILVA, Ovídio Araújo Baptista da. *Curso de processo civil: processo cautelar (tutela de urgência).* – 4 ed. rev. e atual. – Rio de Janeiro: Forense, 2008, v. 2.

SOARES, Carlos Henrique; CARVALHO DIAS, Ronaldo Brêtas de. *Manual elementar de processo civil.* – 2 ed. – Belo Horizonte: Del Rey, 2012.

TAVARES, Fernando Horta. Mediação, Processo e Constituição: considerações sobre a autocomposição de conflitos no Novo Código de Processo Civil. In: FREIRE, Alexandre; DANTAS, Bruno; NUNES, Dierle; DIDIER JR., Fredie; MEDINA, José Miguel Garcia; FUX, Luiz; CAMARGO, Luiz Henrique Volpe; OLIVEIRA, Pedro Miranda de. (Org.). *Novas Tendências do Processo Civil* – Estudos sobre o Projeto do Novo CPC. – Salvador: Juspodivm, 2013, v. 1.

VIEIRA, José Marcos Rodrigues. *Da ação cível.* Belo Horizonte: Del Rey, 2002.

X
CAPÍTULO

TÉCNICA ESTRUTURAL DOS ATOS JURISDICIONAIS DECISÓRIOS

Armando Ghedini Neto[1]

10.1 INTRODUÇÃO

A análise do processo à luz das normas constitucionais faz com que ele deixe de ser apenas um instrumento de solução de litígios, transformando-o em metodologia de proteção dos direitos fundamentais. Como decorrência, o processo passa a ser uma importante forma de desenvolvimento e controle do Estado Democrático de Direito.

Nessa medida, as decisões judiciais, por emanarem de um órgão que exerce uma das funções do poder político do Estado, que é uno, indivisível e indelegável, devem obedecer a uma rigorosa disciplina constitucional, notadamente no que diz respeito à observância dos princípios do Estado Democrático de Direito e do devido processo constitucional.

Dentro dessa ótica, o respeito ao ordenamento jurídico é de primordial importância para a elaboração e para aplicação das normas. A Lei Complementar nº. 95, de 1998, obedecendo à determinação do art. 59, parágrafo único, da Constituição da República, dispôs sobre a elaboração, a redação, a alteração e a consolidação das leis, estabelecendo normas para a consolidação dos atos normativos. No entanto, apesar de constar do Código de Processo Civil diversas regras afetas

1 Pós-graduado em Direito Público pelo CAD – Centro de Atualização em Direito, Universidade Gama Filho. Juiz de Direito em Minas Gerais.

às decisões, não existe um tratamento sistemático completo sobre a sua técnica de elaboração, deixando aos Juízes, e com base em sua experiência, senso de justiça e conhecimento dogmático, a tarefa de melhor elaborá-las.

O presente trabalho se restringirá aos atos jurisdicionais decisórios, abrangendo tanto os praticados pelo juízo de primeiro grau como aqueles praticados pelos tribunais. Para tanto, será feito um breve estudo sobre o que são a técnica e a decisão, para, posteriormente, analisar os elementos estruturais das decisões, e o que deve constar em cada um deles. Também haverá menção sobre os elementos das decisões, na recomendação do projeto do novo CPC.

10.2 TÉCNICA

Na medida em que o presente trabalho tem por finalidade a exposição sobre a técnica estrutural das decisões judiciais, nada mais oportuno que tecer breves comentários sobre o que seja técnica. A noção geral de técnica, de acordo com Aroldo Plínio Gonçalves, é de "*conjunto de meios adequados para a consecução dos resultados desejados, de procedimentos idôneos para a realização de finalidades.*". Para André Lalande, segundo Aroldo Plínio Gonçalves, a palavra técnica possui dois sentidos, quais sejam: "*Conjunto de procedimentos bem definidos e transmissíveis destinados a produzir certos resultados julgados úteis.*" e "*Em sentido especial (...) a palavra técnica se diz particularmente dos métodos organizados que se fundam sobre um conhecimento científico correspondente.*"[2]. Por ciência, deve-se entender um conjunto de conhecimentos adquiridos ou a atividade desenvolvida para a obtenção do conhecimento.[3] Percebe-se daí que a técnica deve ser desenvolvida com base em conhecimentos existentes, e após o desenvolvimento de inúmeras pesquisas, de modo que o método possa ser efetivamente organizado, e o procedimento realmente produza resultados úteis. Segundo Aroldo Plínio Gonçalves, citando

---

[2] GONÇALVES Aroldo Plínio. *Técnica processual e teoria do processo.* 2 ed. Belo Horizonte: Del Rey, 2012, p.16.

[3] GONÇALVES Aroldo Plínio. *Técnica processual e teoria do processo.* 2 ed. Belo Horizonte: Del Rey, 2012, p.13.

José Carlos Barbosa Moreira, "*uma técnica esmerada constitui, em regra, penhor de segurança na condução de qualquer pesquisa científica, e não há supor que o direito processual faça aqui exceção.*". A técnica jurídica e a sua aplicação não se destinam a atender caprichos ou a se tornar obstáculo para o alcance de determinada finalidade. A técnica processual foi desenvolvida e aperfeiçoada com base na ciência processual, e busca ser o melhor instrumento para a proteção e garantia dos direitos. Dessa forma, ainda segundo Aroldo Plínio Gonçalves, o procedimento jurisdicional, como "*técnica criada pelo ordenamento jurídico, e trabalhada pela ciência do Direito Processual*", deve "*se esmerar em fornecer o melhor instrumental teórico para que o processo se torne a técnica mais idônea possível ao cumprimento de sua finalidade*"[4]. A técnica processual busca criar a melhor e mais eficaz estrutura para que a decisão seja proferida. Lenio Luiz Streck e Geirges Abboud afirmam que "*Sem uma teoria da decisão, pode-se tentar de tudo. Da importaçao ingênua dos precedentes do common law à vinculação sumular*" e que "*não se garante tratamento igualitáiro, simplesmente, com decisões lineramente iguais*"[5]. Joseli Lima Magalhães afirma que: "*Dizer que toda a técnica é eminentemente instrumental, no sentido de que só existe em razão de alguma finalidade não soluciona a questão, isto porque o mais importante não é a finalidade alcançada, mas sim os meios legais, hábeis, éticos e possíveis por meio dos quais se alcançou tal finalidade.*"[6].

Em razão disso entende-se que não assiste razão a José Roberto dos Santos Bedaque quando afirma que o culto à forma e à técnica seria um dos óbices ao exercício dos direitos.[7] Pelo contrário, a falta de técnica é que pode ser considerada um dos grandes vilões à efetivação dos direitos.

---

4 GONÇALVES Aroldo Plínio. *Técnica processual e teoria do processo*. 2 ed. Belo Horizonte: Del Rey, 2012, p.28 e 147.

5 STRECK, Lenio Luiz; ABBOUD, Georges. *O que é isto - o precedente judicial e as súmulas vinculantes?* Porto Alegre: Livraria do Advogado, 2013, p. 14 e 12.

6 MAGALHÃES, Joseli Lima. *Técnica normativa estrutural das decisões jurisdicionais no Estado Democrático de Direito*. Revista Brasileira de Direito Processual – RBDPro. Belo Horizonte, ano 18, n.71 jul./set.2010, p.116.

7 BEDAQUE, José Roberto dos Santos. *Efetividade do processo e técnica processual*. 3.ed. São Paulo: Malheiros, 2010, p.100.

A técnica tem como uma de suas finalidades propiciar segurança aos sujeitos processuais, sendo que sua observância contribui para o desenvolvimento regular e rápido do processo, evitando retrocessos indevidos provocados pela tentativa de se adequar e aproveitar os atos irregulares. A ausência da técnica é que faz com que os atuantes na prática forense tentem, posteriormente, sanar os atos irregulares. Nesse sentido, Carlos Henrique Soares e Ronaldo Brêtas de Carvalho Dias enfatizam que: "*o praxismo forense, de caráter infeccioso, golpeando de morte a técnica e a ciência do direito processual, em parte, é o responsável pela morosidade da atividade jurisdicional do Estado.*"[8]

Por outro lado, deve ser ressaltado que o acervo processual tem feito com que a técnica venha sendo desrespeitada em prol da celeridade, esquecendo-se que o problema não está na observância da técnica, mas sim na quantidade de processos a serem decididos. O Estado camufla as suas mazelas não aparelhando devidamente os órgãos da jurisdição, não possibilitando a existência de um número razoável de juízes, de servidores treinados e de recursos materiais adequados para a análise do volume crescente de demandas, preferindo as inovações legislativas, arvorando-as como a solução brilhante e adequada.

Todavia, devem ser evitados os exageros, na medida em que tudo o que é efetivado, sustentado e mantido de forma radical leva à produção de efeitos perversos, cabendo aos processualistas constatarem quando e em que medida a violação da técnica pode ser aceita. O que não pode nunca deixar de ser considerado são os valores e direitos assegurados pelo Estado Democrático de Direito e pelo processo constitucional, notadamente o devido processo constitucional, o contraditório, a ampla defesa, nela compreendida o direito ao advogado ou defensor público, a isonomia, e o juiz natural.

10.3 DECISÕES

Decisão judicial é um ato imperativo praticado pelos juízes e que revela a manifestação do poder político do Estado, por meio do qual

[8] SOARES, Carlos Henrique; BRÊTAS, Ronaldo de Carvalho Dias. *Manual elementar de processo civil.* 2. ed. Belo Horizonte: Del Rey, 2013, p. 105.

é solucionada determinada questão debatida durante o curso do procedimento. Os pronunciamentos judiciais se dividem em decisões e despachos. No primeiro o Juiz soluciona uma questão, sendo que no segundo é simplesmente impulsionado o procedimento. Ambos os pronunciamentos podem ser proferidos tanto pelo juízo singular, quanto pelos órgãos colegiados.

As questões decididas no juízo singular classificam-se em sentenças e decisões interlocutórias. A sentença é o pronunciamento jurisdicional decisório por meio do qual o juiz "*analisando ou não o mérito da causa, põe fim a uma etapa (cognitiva ou executiva) do procedimento em primeira instância.*"[9] Já a decisão interlocutória é o ato por meio do qual o Juiz delibera sobre alguma questão, sem por fim ao procedimento no primeiro grau de jurisdição. As decisões proferidas por órgãos colegiados podem ser divididas em acórdãos e decisões monocráticas. O primeiro se refere ao "*pronunciamento judicial com conteúdo decisório proferido por um órgão colegiado (art.163, CPC), seja ele um tribunal ou uma turma recursal.*" As decisões monocráticas são proferidas apenas pelo relator, com base em permissivo legal, podendo ser interlocutória ou final. As decisões monocráticas devem ser proferidas em caráter excepcional, pois vigora, nos julgamentos efetuados pelos tribunais, o princípio da colegialidade.

10.4 ELEMENTOS ESTRUTURAIS DAS DECISÕES

O art. 458 do Código de Processo Civil estabelece que são requisitos essenciais das sentenças o relatório, a fundamentação ou motivação, e a conclusão ou dispositivo. Além deles, Moacyr Amaral Santos[10], Carlos Henrique Soares e Ronaldo Brêtas de Carvalho Dias incluem a clareza e a precisão como elementos essenciais[11]. Requisito quer dizer condição que deve ser satisfeita para que certo fim seja

---

9 DIDIER JR., Fredie, BRAGA, Paula Sarno; OLIVEIRA; Rafael Alexandria de. *Curso de direito processual civil.* 8.ed. Salvador: JusPodium, 2013. v. 2, p. 315/316.

10 SANTOS, Moacyr Amaral. *Primeiras linhas de direito processual civil,* 9. ed. São Paulo: Saraiva. 1988, p. 21

11 SOARES, Carlos Henrique; BRÊTAS, Ronaldo de Carvalho Dias. *Manual elementar de processo civil.* 2. ed.:Belo Horizonte: Del Rey, 2013, p. 451.

alcançado, ou uma exigência de ordem legal para que determinado ato possa ser praticado. O requisito se refere a algo preexistente. Já elemento se refere a cada objeto, cada parte que concorre com outras para a formação de um todo.

Nesse sentido é a lição de Alexandre Freitas Câmara:

> "*Isto porque a palavra "requisito" empregada no texto do art. 458 do CPC, designa algo que deve ser preexistente, algo que deve existir antes da sentença, como um pressuposto. Não é disso, porém, que trata o art. 458, o qual, em verdade, enumera os diversos componentes da sentença, suas "partes integrantes", daí ser preferível falar em elementos da sentença.*"[12]

Por esse motivo preferimos nominar de elementos, e não de requisitos, as exigências contidas no art. 458 do Código de Processo Civil. Tais elementos são essenciais, *a priori*, somente nas sentenças e acórdãos, uma vez que inexiste disposição legal prevendo a sua necessidade em todas as decisões. Os elementos, por questão técnica e de lógica, devem vir necessariamente na ordem em que são apresentados pela lei. Isto porque o juiz deverá demonstrar que tem conhecimento do histórico do processo, para depois motivar a sua decisão e, por último, concluir com a solução da questão[13].

10.4.1 Capítulos da sentença

Com muita frequência, observa-se que os pronunciamentos judiciais contêm a apreciação de mais de uma pretensão em razão da cumulação de pedidos, devendo a decisão ser dividida em mais de um capítulo. Capítulos da decisão são as divisões dos pronunciamentos jurisdicionais em tópicos, estabelecendo uma conexão entre as questões apreciadas na fundamentação e estabelecidas na conclusão. "*Capítulos da sentença nada mais são que a projeção das questões jurídicas discutidas no processo.*"[14]. Trata-se da decomposição útil e

---

[12] CÂMARA, Alexandre Freitas. *Lições de direito processual civil*, 8.ed. Rio de Janeiro: Lumen Juris, 2002. v.1 p.427.

[13] Em sentido contrário é a opinião de Alexandre Freitas Câmara. *Lições de direito processual civil*, 8ª..ed. Rio de Janeiro:Lumen Juris,2002. v. 1, p. 428.

[14] JORGE NETO, Nagibe de Melo. *Sentença cível teoria e prática*, 4. ed. Salvador: Jus Podium. 2013, p.254.

sistemática da decisão. Os capítulos da decisão se referem a todos os pontos controvertidos, fáticos e jurídicos, apreciados na fundamentação e decididos no dispositivo, abrangendo as questões preliminares e de mérito. Luiz Machado Guimarães, citado por Cândido Rangel Dinamarco, afirma que capítulo da sentença é cada "*decisão de questão de interesse prático apta a adquirir eficácia de coisa julgada ou de preclusão.*"[15]. Francesco Carnelutti, também mencionado por Cândido Rangel Dinamarco, ressalta que: "*E, como há lides que têm uma só questão e outras que têm um enxame delas, assim, também há sentenças com um só capítulo e sentenças com muitos capítulos.*"[16] Dentro dos elementos estruturais da decisão (relatório, fundamentação e dispositivo) é que se podem identificar as partes, ou capítulos, suscetíveis de uma separação útil.[17]. Cada capítulo da decisão, quer abranja questão preliminar ou de mérito, é uma unidade autônoma, no sentido de que "*cada uma dessas deliberações é distinta das contidas nos demais capítulos e resulta da verificação de pressupostos próprios, que não se confundem com os pressupostos das outras.*". A teoria dos capítulos da sentença "*recebe muita influência da teoria do objeto do processo, uma vez que sua manifestação mais límpida e indiscutível é exatamente a que decorre da presença de mais de um pedido a ser julgado.*" Os capítulos da sentença são associados à existência de vários objetos autônomos e que serão objeto de decisões também autônomas. Tais pedidos poderiam ser formulados em processos diversos e que seriam também decididos em pronunciamentos jurisdicionais distintos. Com efeito, a decisão é "*uma só e formalmente incindível como ato jurídico integrante do procedimento*". Todavia, "*substancialmente o decisório comporta divisão, sempre que integrado por mais de uma unidade elementar.*"[18].

---

15 DINAMARCO, Cândido Rangel .*Capítulos de Sentença*. São Paulo:Malheiros, 2013, p. 27.

16 DINAMARCO, Cândido Rangel .*Capítulos de Sentença*. São Paulo:Malheiros, 2013, p. 23.

17 DINAMARCO, Cândido Rangel. *Capítulos de sentença.* São Paulo: Malheiros, 2013, p. 15.

18 DINAMARCO, Cândido Rangel. *Capítulos de sentença.* São Paulo: Malheiros, 2013, p.11, 35 e 64.

Ressalte-se, por oportuno, que toda a teoria dos capítulos se desenvolveu em torno da sentença. Ocorre que diversas outras dificuldades que a citada teoria buscou solucionar surgem também em outros pronunciamentos judiciais decisórios, como nos acórdãos e nas decisões interlocutórias. Deste modo, todas as decisões que envolverem mais de uma questão são suscetíveis de fracionamento em mais de um capítulo. Portanto, é necessária a existência de tantos capítulos quantos forem os pedidos e questões a serem decididos.

10.4.2 Precisão e clareza

As decisões são atos de inteligência e vinculados ao ordenamento jurídico e como tal estão sujeitas à interpretação, como adverte Moacyr Amaral Santos. Como a precisão e a clareza são comuns ao relatório, a fundamentação e ao dispositivo, passa-se primeiramente à sua análise. Clara é a decisão compreensível, fácil de ser entendida e insuscetível de interpretações ambíguas. A clareza, ainda segundo Moacyr Amaral Santos "*recomenda linguagem simples, em bom vernáculo, com aproveitamento, quando for o caso, da palavra técnica, do vocábulo jurídico.*"[19]. A falta de clareza torna a decisão obscura e ininteligível, por isso, ineficaz. A precisão se refere à certeza e a delimitação. O pronunciamento judicial decisório deve trazer certeza, na medida em que nele são resolvidas as controvérsias, devendo ficar nitidamente delimitados os direitos e obrigações correlatas, não podendo haver dúvida. A precisão se refere aos limites do pedido. Moacyr Amaral Santos afirma que: "*Trata-se de aplicação do princípio de adstrição do juiz ao pedido da parte, expresso no art. 128 do Código de Processo Civil (...)*"[20].

10.4.3 Relatório

O relatório é um dos elementos da sentença e do acórdão no qual o julgador traça um esboço histórico dos principais atos processuais

---

[19] SANTOS, Moacyr Amaral. *Primeiras linhas de direito processual civil,* 9. ed. São Paulo: Saraiva. 1988, p.21.

[20] SANTOS, Moacyr Amaral. *Primeiras linhas de direito processual civil,* 9. ed. São Paulo: Saraiva. 1988, p. 22.

ocorridos durante o procedimento. Por meio dele, o juiz demonstra que se inteirou das ocorrências do processo. No entanto, não é somente esta a função do relatório, servindo também como forma de organizar e sintetizar os principais assuntos trazidos, delimitando o âmbito da controvérsia. Não se olvide que se trata de um requisito desprezado por grande parte dos juristas, não lhe dando a importância devida, chegando ao ponto de dispensá-lo em sentenças proferidas em determinado procedimento[21], como se tais decisões fossem classificadas em um grau inferior. Todavia, ele tem tanta importância quanto à fundamentação e o dispositivo.

Moacyr Amaral Santos afirma que o "*relatório é a síntese do processo.*"[22]. No relatório, o juiz demonstra que realmente conhece o processo, possibilitando o controle endo e extraprocessual, razão pela qual ele deve ser, nas decisões de mérito, o mais detalhado possível, expondo os principais acontecimentos até aquele momento. O "*relatório deve ser elaborado com os olhos postos na fundamentação*", já que "*apresenta as questões que serão racional e argumentativamente analisadas na fundamentação e, por fim, decididas de modo conclusivo no dispositivo da sentença.*"[23]. Contudo, nas decisões sem resolução do mérito, o relatório deverá ser feito, assim como toda a decisão, de forma concisa, nos termos do art. 165 do Código de Processo Civil. Embora seja recomendada a elaboração de um relatório em todas as decisões, tal elemento somente é essencial nas sentenças e acórdãos, na dicção do art. 165 do Código de Processo Civil.

Ousamos discordar do posicionamento de Nagibe de Melo Jorge Neto, o de que o relatório pode conter um breve conteúdo decisório quando a matéria a ser decidida for apenas de direito ou independer de outras provas além da documental.[24] Isto porque o relatório destina-se a sintetizar e informar os principais acontecimentos do processo, não

---

21 Artigo 38 da Lei nº. 9.099, de 1995.

22 SANTOS, Moacyr Amaral. *Primeiras linhas de direito processual civil,* 9. ed. São Paulo: Saraiva. 1988, p16.

23 JORGE NETO, Nagibe de Melo. *Sentença cível teoria e prática*, 4. ed. Salvador: Jus Podium. 2013, p. 141.

24 JORGE NETO, Nagibe de Melo. *Sentença cível teoria e prática*, 4. ed. Salvador: Jus Podium. 2013, p. 42.

possuindo qualquer característica decisória, o que deve ser feito na fundamentação e no dispositivo.

O Projeto de Lei nº. 8.046/2010, que cria o novo Código de Processo Civil, não traz inovações significativas neste particular, restringindo-se a dizer que o relatório será sucinto, além de substituir a expressão resposta do réu por contestação do réu.

10.4.3.1 Técnica de elaboração do relatório.

O art. 458, I, do Código de Processo Civil, é singelo, e exige apenas "os nomes das partes, a suma do pedido e da resposta do réu, bem como o registro das principais ocorrências havidas no andamento do processo". A conferência do nome e qualificação das partes é de suma importância, já que diretamente relacionada com a capacidade processual e com a legitimidade. A suma do pedido e da resposta é algo que provoca o constante poder de síntese do julgador, na medida em que é necessário separar daquilo que realmente importa, as informações desnecessárias, inúteis, exageradas e que nada contribuem, seja para o julgamento da controvérsia, seja para a sua própria delimitação. Por isso, os fatos devem ser descritos da maneira mais objetiva possível para, em seguida, expor as consequências jurídicas daí decorrentes. Em seguida, deve ser informado o teor dos pedidos. No que se refere à contestação, devem ser mencionados inicialmente as questões preliminares arguidas, obedecendo-se a ordem prevista pelo art. 301 do Código de Processo Civil. Posteriormente passa-se para o mérito, constando as principais alegações do réu. Caso seja apresentada reconvenção, recomenda-se a abertura de um novo parágrafo relatando-se a causa de pedir e os pedidos nela formulados. Para a apresentação das razões fáticas e jurídicas podem ser utilizados diversos verbos tais como "*ARGUMENTAR, ALEGAR, ARRAZOAR, ADUZIR, ADVOGAR, PONDERAR, DEFENDER, RECLAMAR.*", fazendo-se a apresentação dos argumentos em "*parágrafos sucessivos, cada um deles contendo um ou mais argumentos relacionados.*"[25]. Outra técnica versaria em relacionar as alegações das partes em frases

---

[25] JORGE NETO, Nagibe de Melo. *Sentença cível teoria e prática*, 4. ed. Salvador: Jus Podium. 2013, p. 69.

mais curtas, separando-as com ponto e vírgula, números, algarismos romanos, letras, ou simplesmente em parágrafos.

Por sua vez, a expressão "*o registro das principais ocorrências havidas no andamento do processo*" contida no art. 458, I, do Código de Processo Civil, deve ser entendida no sentido da exposição da história relevante do processo, devendo conter tudo aquilo que de alguma forma possa influenciar na solução da controvérsia. Dentro das principais ocorrências deve ser mencionado o valor da causa, o pagamento das custas ou o deferimento da assistência judiciária gratuita, o requerimento e o consequente deferimento ou não da antecipação total ou parcial dos efeitos da tutela, a existência da procuração, a citação real ou ficta, a nomeação de curador especial, a apresentação de defesa ou a revelia, a atuação do Ministério Público, a intimação para a especificação das provas a serem produzidas, além da decisão que as indeferiu ou não, a apreciação das preliminares arguidas, as provas produzidas, os recursos manejados, e a decisão proferida pelo Tribunal. Como uma das funções do relatório é também a de orientar o leitor no momento da análise de todo o procedimento, recomenda-se a referência ao número das folhas em que o ato foi praticado. Por sua vez, a estruturação deve ser feita em uma ordem cronológica, dando a todos aqueles que tiverem acesso à decisão uma perfeita noção de quando e em que ordem os fatos se sucederam. Por fim, a falta do relatório nos casos em que a lei não o dispensa, é causa de nulidade da sentença, sendo que a sua deficiência, extrema concisão, ou falta de técnica, não tem o condão de tornar a decisão viciada e passível de nulidade.

10.5 FUNDAMENTAÇÃO

O art. 93, IX, da Constituição da República dispõe que todos os julgamentos dos órgãos do Judiciário serão públicos, e fundamentadas todas as decisões, sob pena de nulidade. A fundamentação é o elemento da decisão em que o julgador vai analisar as questões e justificar racionalmente, através de uma exposição das razões de fato e de direito, o motivo do acolhimento ou não da pretensão. A fundamentação não é um simples elemento constitutivo dos pronunciamentos jurisdicionais decisórios, mas se caracteriza também por ser uma garantia processual de constituição e manutenção de um Estado Democrático de Direito.

No Estado Democrático de Direito, o poder legitimamente delegado pelo povo se exerce nos limites do ordenamento jurídico, sendo que a função jurisdicional deve estar disciplinada por uma rigorosa obediência aos princípios constitucionais, notadamente no que diz respeito à fundamentação racional e objetiva das decisões. Com efeito, a democracia é uma forma de governo que se funda na autodeterminação e soberania do povo, exercida diretamente ou por meio de seus representantes livremente escolhidos. Mais do que uma forma de governo, é um princípio legitimador do exercício do poder que se origina no povo. Segundo José Afonso da Silva, a "*democracia não é um mero conceito político abstrato estático, mas é um processo de afirmação do povo e de garantia dos direitos fundamentais que o povo vai conquistando no correr da história.*" Para José Afonso da Silva, a democracia repousa sobre dois princípios fundamentais, quais sejam: o da soberania popular e o da participação, direta ou indireta, do povo no poder, de modo que o "*conceito de democracia fundamenta-se na existência de um vínculo entre o povo e o poder.*" [26] O princípio democrático é mais do que um método de escolha dos governantes, pois, "*como princípio normativo, considerado nos seus vários aspectos políticos, econômicos, sociais e culturais, ele aspira tornar-se impulso dirigente de uma sociedade.*" Segundo Canotilho, "*O princípio democrático não se compadece com uma compreensão estática da democracia.*"[27] A democracia é um processo dinâmico permitindo que os cidadãos participem de forma crítica no processo e em condições de igualdade. Por sua vez, o governo é, segundo José Afonso da Silva: "*o conjunto de órgãos mediante os quais a vontade do Estado é formulada, expressada e realizada, ou ainda, o conjunto de órgãos supremos a quem incumbe o exercício das funções do poder político.*" Continua dizendo que: "*o poder político, uno, indivisível e indelegável, se desdobra e se compõe de várias funções, fato que permite falar em distinção das funções, que fundamentalmente são três: a legislativa, a executiva e a jurisdicional.*"[28]

---

[26] SILVA, José Afonso da. *Curso de direito constitucional positivo*. 21.ed. São Paulo: Malheiros, 2002, p.125-126,131 e 133.

[27] CANOTILHO, Joaquim José Gomes. *Direito constitucional e teoria da constituição*.7.ed. Coimbra: Almedina, 2000, p.288-289.

[28] SILVA, José Afonso da. *Curso de direito constitucional positivo*. 21.ed. São Paulo: Malheiros, 2002, p. 108.

O exercício de qualquer das funções do Estado só estará legitimado quando houver possibilidade de participação de todos aqueles que puderem vir a ser afetados, direta ou indiretamente, pelos efeitos do comando proveniente do Estado. Esta garantia de participação deve existir em todas as três funções do poder político. A consagração do princípio democrático como fundamental impõe a todo o ordenamento jurídico a observância de seus valores, notadamente, dentro do processo. Segundo Fredie Didier Jr., falar em processo democrático é falar em processo equilibrado e dialógico, de modo que os sujeitos processuais possam controlar-se, tendo poderes e formas de controle previamente definidos.[29] Por outro lado, é necessário, no momento da prolação das decisões, que o juiz assuma o "*dever de compreensão teórica do discurso da democracia como esfera hermenêutica incambiável da aplicação da lei.*" [30] Uma das formas de manifestação da democracia no processo recebe o nome de contraditório[31], uma vez que referido princípio está diretamente relacionado com a participação das partes e sua consequente influência na formação das decisões judiciais. Outrossim, a Constituição da República consagrou expressamente no art. 5, LV, o princípio do contraditório e da ampla defesa, com os meios e recursos a ela inerentes. Não poderia ter sido diferente, considerando que os direitos fundamentais são elementos básicos para a concretização dos fins buscados pelo Estado Democrático. Com efeito, "*o constitucionalismo moderno amplia e difunde o tratamento dos direitos do homem, na ciência do Direito Constitucional, em uma atmosfera ideológica valorativa que os coloca em uma posição de verticalidade ascendente.*"[32]

O "*processo começará a se caracterizar como uma 'espécie' do 'gênero' procedimento, pela participação na atividade de preparação do provimento, dos 'interessados' juntamente com o autor do próprio*

[29] DIDIER JR. Fredie. *Curso de direito processual civil*, 6ª ed.Salvador: JusPodium, 2013. v. 1, p.62

[30] LEAL, Rosemiro Pereira. *Teoria processual da decisão jurídica*. São Paulo: Landy, 2002, p.135.

[31] DIDIER JR. Fredie. *Curso de direito processual civil*, 6ª ed.Salvador: JusPodium, 2013. v. 1, p.58

[32] BARACHO, José Alfredo de Oliveira. *Direito processual constitucional: aspectos contemporâneos*. Belo Horizonte: Fórum, 2008, p.159.

provimento."[33] Para Elio Fazzalari: "*o 'processo' é um procedimento do qual participam (são habilitados a participar) aqueles em cuja esfera jurídica o ato final é destinado a desenvolver efeitos: em contraditório, e de modo que o autor do ato não possa obliterar as suas atividades.*"[34] Contraditório é a garantia de participação, de forma igual, de todos aqueles interessados que se submeterão aos efeitos de um provimento judicial. Significa a necessidade de se dar conhecimento a alguém da propositura de determinada ação, bem como de todos os atos e termos do processo, possibilitando a reação na medida do que for preciso. Os contendores têm o direito de serem ouvidos paritariamente no processo. Não adianta permitir que a parte simplesmente participe do processo, que seja ouvida, sendo necessário que se permita que ela seja ouvida em condições de poder influenciar efetivamente na decisão do juiz. Trata-se, segundo Fredie Didier Jr., do elemento substancial da referida garantia, e consiste no poder de influência.[35] A igualdade de oportunidade de participação caracteriza a essência do contraditório, devendo ser garantido a todos a simetria de tratamento no processo. Para que se atinja um processo justo, Humberto Theodoro Júnior e Dierle Nunes sustentam que deve existir uma colaboração entre os sujeitos processuais, com fomento do debate processual, de modo que o contraditório não seja apenas a garantia da bilateralidade da audiência, mas garantia da real possibilidade de influência na decisão. E continuam:

> "*Por isso, no Estado constitucional e democrático o papel do princípio do contraditório renova suas energias e reconfigura a relação processual entre participantes, para parametrizar um processo justo no qual a participação de todos os sujeitos processuais seja equilibrada com intuito de uma construção da decisão de forma justa.*"[36]

---

[33] GONÇALVES Aroldo Plínio. *Técnica processual e teoria do processo*. 2 ed. Belo Horizonte:Del Rey, 2012, p.96.

[34] FAZZALARI, Elio. *Instituições de direito processual*. Trad. Elaine Nassif. Campinas: Bookseller, 2006. p. 118-119.

[35] DIDIER JR., Fredie. *Curso de direito processual civil*, 6ª ed.Salvador: JusPodium, 2013. v. 1, p. 59.

[36] THEODORO JÚNIOR, Humberto; NUNES, Dierle Coelho; *O antagonismo da jurisprudência do Supremo Tribunal Federal com o princípio do contraditório*

A participação na formação das decisões judiciais está diretamente relacionada com a democratização da sociedade, na medida em que, como destaca Canotilho, "*democratizar a democracia através da participação significa, em termos gerais, intensificar a optimização da participação directa e activa de homens e mulheres (CRP, art. 109.º) no processo de decisão.*". A função de defesa e a função de não discriminação dos direitos fundamentais impõem que o Estado não só respeite, mas também trate de forma igual todas as pessoas do povo. Para tanto, é necessário que sejam assegurados aos litigantes iguais meios e oportunidades de se manifestarem e influírem no teor dos provimentos judiciais. Ainda de acordo com a função de defesa dos direitos fundamentais, sob a perspectiva da sua competência negativa, não pode o Estado interferir, ou mesmo criar normas, que afetem a esfera jurídica individual sem que tenha sido propiciado o direito ao contraditório. Canotilho afirma que: "*Os direitos fundamentais cumprem a função de* ***direitos de defesa*** *dos cidadãos sob uma dupla perspectiva: (1) constituem, num plano jurídico-objectivo, normas de competência negativa para os poderes públicos, proibindo fundamentalmente as ingerências destes na esfera jurídica individual.*" [37]

Pelo contraditório, as partes têm a dialogicidade necessária para a defesa dos interesses postos em disputa. Segundo Fabrício Simão da Cunha Araújo: "*O espaço de diálogo criado pelo processo decorre de uma estrutura metodológica normativamente construída que, ao mesmo tempo em que viabiliza o embate discursivo-argumentativo das partes, em simétrica paridade, é apta a afastar subjetivismo ou ideologia do agente público decisor, ou o denominado prudente arbítrio do juiz.*"[38]. Processo sem contraditório, para Rosemiro Pereira

e a garantia de fundamentação das decisões. Disponível em: <http://jus.com.br/artigos/22229/o-antagonismo-da-jurisprudencia-do-supremo-tribunal-federal-com-o-principio-do-contraditorio-e-a-garantia-de-fundamentacao-das-decisoes#ixzz2ebUvKU3d>. Acesso em: 11 set. 2013.

37 CANOTILHO, Joaquim José Gomes. *Direito constitucional e teoria da constituição*.7.ed. Coimbra: Almedina, 2000, p.301 e 408.

38 ARAÚJO, Fabrício Simão da Cunha; *O processo constitucional como elemento de proteção dos direitos fundamentais no Estado Democrático de Direito*. Revista Brasileira de Direito Processual – RBDPro. Belo Horizonte, ano 20, n.80 out./dez. 2012, p.79.

Leal, "*perderia sua base democrático-jurídico-principiológica e se tornaria um meio procedimental inquisitório em que o arbítrio do julgador seria a medida colonizadora da liberdade das partes.*"[39]

Dentro dessa nova ótica de contraditório substancial, não se pode deixar de falar da necessidade da fundamentação das decisões como uma das três faces deste princípio. A fundamentação das decisões permite o controle, pelas partes, da observância do direito de terem suas alegações e provas levadas em consideração pelo juiz no momento de decidir. Humberto Theodoro Júnior e Dierle Nunes afirmam que:

> "*Dessa forma o contraditório tem três faces importantes, quais sejam: a) ter informações durante todo o processo sobre as atividades dos sujeitos processuais; b) ter possibilidade de manifestação sobre todas as questões de fato ou de direito e, c) o direito de ter suas considerações, alegações e provas consideradas pelo juiz no momento de proferir decisão.*" [40]

De acordo com André Cordeiro Leal: "*mais do que garantia de participação das partes em simétrica paridade, portanto, o contraditório deve efetivamente ser entrelaçado com o princípio (requisito) da fundamentação das decisões de forma a gerar bases argumentativas acerca dos fatos e do direito debatido para a motivação das decisões.*"[41]

Para Ronaldo Brêtas de Carvalho Dias, a decisão jurisdicional: "*deverá ser o resultado lógico da atividade procedimental desenvolvida em torno das questões discutidas e dos argumentos produzidos em contraditório pelas partes em todas as fases do processo*". Segundo referido autor:

---

39 LEAL, Rosemiro Pereira. *Teoria geral do processo. Primeiros estudos.* 11ª ed. Rio de Janeiro: Forense, 2012, p.99.

40 THEODORO JÚNIOR, Humberto; NUNES, Dierle Coelho; *O antagonismo da jurisprudência do Supremo Tribunal Federal com o princípio do contraditório e a garantia de fundamentação das decisões.* Disponível em: <http://jus.com.br/artigos/22229/o-antagonismo-da-jurisprudencia-do-supremo-tribunal-federal-com-o-principio-do-contraditorio-e-a-garantia-de-fundamentacao-das-decisoes#ixzz2ebUvKU3d>. Acesso em: 11 set. 2013.

41 LEAL, André Cordeiro. *O contraditório e a fundamentação das decisões no direito processual democrático.* Belo Horizonte: Mandamentos. 2002, p. 105.

> "*as razões de justificação (argumentos) das partes, envolvendo as razões da discussão (questões), produzidas em contraditório, constituirão base para as razões da decisão, e aí encontramos a essência do dever de fundamentação, permitindo a geração de um pronunciamento decisório participado e democrático.*" [42]

Como já foi escrito, "é *o devido processo legal, como co-extensão procedimental do devido processo constitucional, que vai estabelecer o espaço discursivo legitimador da decisão a ser neste preparado por todos os integrantes de sua estrutura procedimental.*"[43]. Percebe-se daí uma conexão entre o princípio do contraditório e a obrigação de efetivamente motivar as decisões jurisdicionais. Portanto, é necessária a exposição dos fundamentos sobre as razões trazidas durante o debate processual, sob pena de falta de técnica e frontal violação do princípio do contraditório e da obrigatoriedade de motivação das decisões. A fundamentação dos pronunciamentos jurisdicionais decisórios possui duas finalidades, que são a proteção constitucional dirigida às partes, e o controle da atividade jurisdicional exercida pela sociedade. No primeiro aspecto, a motivação propicia que as partes se certifiquem que o juiz realmente analisou e levou em consideração suas razões e provas no momento de decidir. De nada adiantaria a garantia de se ter conhecimento dos atos processuais, de se manifestar e de produzir provas, se na ocasião da decisão elas não fossem sequer levadas em consideração pelo juiz. As partes tem o direito de saber o motivo do acolhimento ou não de suas razões e pedidos a fim de examinarem a adequabilidade e correção das regras e princípios aplicados ao caso *sub judice*. Dentro dessa ótica, Humberto Theodoro Júnior e Dierle Nunes afirmam que fundamental "*para que seja atendida a exigência de fundamentação das decisões é que o juiz manifeste-se sobre todos os pontos argumentados no processo e não apenas nos argumentos que apoiaram a tese vencedora ou que serviram de suporte ao con-*

---

42 BRÊTAS, Ronaldo de Carvalho Dias. *Processo Constitucional e Estado Democrático de Direito*. 2ª ed.Belo Horizonte: Del Rey, 2012, p. 134-136.

43 LEAL, Rosemiro Pereira. *Teoria processual da decisão jurídica*. São Paulo: Landy, 2002, p. 104.

vencimento do juiz."[44]. Nesse particular, acompanhamos a posição da doutrina professada por Fredie Didier Jr., segundo o qual:

> "*Aí, pois, está o cerne da questão: para acolher o pedido do autor, o juiz não precisará analisar todos os fundamentos da sua demanda, mas necessariamente precisa analisar todos os fundamentos da defesa do réu; já para negar o pedido do autor, o juiz não precisa analisar todos os fundamentos da defesa, mas precisa analisar todos os fundamentos da demanda.*" [45]

Com efeito, mesmo que o pedido do autor esteja embasado em mais de um fundamento, não será necessário que o julgador aprecie todos quando acolher o pedido, na medida em que já lhe foi concedido os efeitos desejados. Deve, nesta hipótese, apreciar todas as teses defensivas. O mesmo pode ser dito em relação à defesa, uma vez que para julgar improcedente o pedido, não será preciso a análise de todos os argumentos invocados pelo réu, mas apenas aqueles em que o convencimento foi baseado. É preciso, no entanto, que rejeite todas as alegações do autor. Se o juiz não apreciar todas as teses apresentadas pela parte sucumbente estará afrontando a garantia do contraditório e a obrigatoriedade de fundamentação racional das decisões. Dentro desse aspecto, a fundamentação serviria para demonstrar o acerto dos argumentos trazidos e aptos a embasar o convencimento do julgador.

Nesse particular, o Projeto de Lei 8.046/2010, que cria o novo Código de Processo Civil, acompanha este entendimento doutrinário, na medida em que o art. 476, parágrafo único, estabelece que não se considera fundamentada a decisão, sentença ou acórdão que se limita a indicação à reprodução, à paráfrase de ato normativo; empregue conceitos jurídicos indeterminados sem explicar o motivo concreto de sua incidência ao caso; invoque motivos que se prestariam a justificar qualquer decisão; não enfrentar todos argumentos deduzidos no pro-

---

44 THEODORO JÚNIOR, Humberto; NUNES, Dierle Coelho; *O antagonismo da jurisprudência do Supremo Tribunal Federal com o princípio do contraditório e a garantia de fundamentação das decisões.* Disponível em: <http://jus.com.br/artigos/22229/o-antagonismo-da-jurisprudencia-do-supremo-tribunal-federal-com-o-principio-do-contraditorio-e-a-garantia-de-fundamentacao-das-decisoes#ixzz2ebUvKU3d>. Acesso em: 11 set. 2013.

45 DIDIER JR., Fredie, BRAGA, Paula Sarno; OLIVEIRA; Rafael Alexandria de. *Curso de direito processual civil.* 8.ed. Salvador: JusPodium, 2013. v. 2, p.355.

cesso capazes de, em tese, infirmar a conclusão adotada pelo julgador. E ainda o artigo 477 do Projeto de Lei 8.046/2010, é no sentido de que fundamentando-se a sentença em regras que contiverem conceitos jurídicos indeterminados, cláusulas gerais ou princípios jurídicos, o juiz deve expor, analiticamente, o sentido em que as normas foram compreendidas.

Lado outro, a técnica processual exige, no ato de decidir, que o juiz apresente critérios objetivos, visíveis, além de definidos e delimitados pelo ordenamento jurídico. O julgador deve estar vinculado a elementos não subjetivos de modo que os litigantes possam contar com a mesma segurança "*quer estejam diante de um juiz dotado de inteligência, cultura e sensibilidade invulgares, quer estejam diante de um juiz que não tenha sido agraciado com os mesmos predicados.*"[46]. Com efeito, "*as decisões judiciais não devem ser tomadas a partir de critérios pessoais, isto é, a partir da consciência psicologista.*"[47] Sobre o assunto, Aroldo Plínio Gonçalves leciona que:

> "*O mais alto grau de racionalidade atingido pelos ordenamentos jurídicos contemporâneos, que se seguiu à conquista das garantias constitucionais, importa na superação do critério de aplicação da justiça do tipo salomônico, inspirada apenas na sabedoria, no equilíbrio e nas qualidades individuais do julgador.*" [48]

Por sua vez, a fundamentação das decisões, juntamente com a publicidade, assume também a função de controle extraprocessual da atividade do juiz, na medida em que permite às demais pessoas do povo o conhecimento do que foi decidido. Com base neste pensamento, a fundamentação seria também método de averiguação da imparcialidade e legalidade das decisões. Dentro dessa ótica, Alexandre Freitas Câmara afirma que se trata de "*garantia de controle externo da atividade do juiz, o que é exercido pelo povo, em verdadeiro controle difuso da atividade judiciária, a fim de se permitir a verificação*

---

46 GONÇALVES Aroldo Plínio.*Técnica processual e teoria do processo.* 2 ed. Belo Horizonte: Del Rey, 2012, p.38.

47 STRECK, Lenio Luiz. *O que é isto - decido conforme minha conciência?* Porto Alegre: Livraria do advogado, 2013, p.117.

48 GONÇALVES Aroldo Plínio.*Técnica processual e teoria do processo.* 2 ed. Belo Horizonte: Del Rey, 2012, p.38.

da exatidão e legalidade da decisão." A motivação é uma exigência do Estado Democrático de Direito e decorre da necessidade de legitimação do exercício do poder.[49] Nessa perspectiva, as decisões somente se legitimam por meio do processo, devendo os juízes dirigir o processo e decidir em observância a uma técnica baseada no devido processo constitucional. Dentro deste pensamento, Virgílio Afonso da Silva afirma que o "*papel do judiciário é fundamental na constitucionalização do direito.*"[50] Para José Alfredo de Oliveira Baracho, o "*processo constitucional não é apenas um direito instrumental, mas uma metodologia de garantia dos direitos fundamentais. Suas instituições estruturais (jurisdição, ação e processo) remetem-nos à efetivação dos direitos essenciais.*"[51] Por isto, devem ser observados os direitos e garantias fundamentais das partes, notadamente ao direito de amplo acesso à jurisdição, ao contraditório, à ampla defesa, nela compreendido o direito a defesa técnica promovida por advogado ou defensor público, e a fundamentação racional das decisões, com base no ordenamento jurídico vigente.[52] Portanto, a justificação racional desenvolvida dentro da decisão, e após a observância dos princípios e regras estabelecida pelo devido processo constitucional, preservará os direitos e garantias fundamentais, contribuindo para a afirmação, fortalecimento e crescimento do Estado Democrático de Direito.

10.5.1 Técnica de fundamentação.

Com base nas ideias expostas, algumas regras básicas podem ser trazidas na tentativa de sistematizar o conteúdo necessário da fundamentação.

O primeiro aspecto a ser observado diz respeito à apresentação física do trabalho. Deve-se observar a correta formatação, nele incluídos

---

49 CÂMARA, Alexandre Freitas. *Lições de direito processual civil,* 8.ed. Rio de Janeiro: Lumen Juris, 2002. v.1, p.428-429.

50 SILVA, Virgílio Afonso da. *A constitucionalização do direito. Os direitos fundamentais nas relações entre particulares.* São Paulo: Malheiros, 2011, p. 44.

51 BARACHO, José Alfredo de Oliveira. *Direito processual constitucional: aspectos contemporâneos.* Belo Horizonte: Fórum, 2008, p.47 e 48.

52 SOARES, Carlos Henrique; BRÊTAS, Ronaldo de Carvalho Dias. *Manual elementar de processo civil.* 2. ed.:Belo Horizonte: Del Rey, 2013, p. 103.

o mesmo tamanho e tipo de letras, espaçamento uniforme dos caracteres e parágrafos. Trata-se da estética do trabalho apresentado, que contribui para a confortável leitura das razões e comandos nele contidos, bem como para a melhor compreensão do tema.

Tendo em vista que as decisões devem ser claras, deve-se empregar linguagem simples, utilizando-se o vernáculo e terminologia técnica, de modo a não gerar interpretações ambíguas e equivocadas. Entre a tentativa de demonstrar erudição e a tentativa de ser claro, deve-se preferir este último. Devem ser evitados períodos muito longos, já que eles são prejudiciais à capacidade de acompanhamento do raciocínio e compreensão do leitor. A frase curta e concisa, além de tornar o texto mais claro, também tem a vantagem de diminuir o risco de problemas com conjunções, vírgulas e concordâncias. A construção de períodos curtos contribui para a objetividade do texto. Assim, apesar de ser possível escrever com períodos longos, a fluência do texto está na construção de períodos nem muito curtos nem muito longos. Deve-se buscar a uniformidade do tempo verbal em todo o texto das decisões. Além disso, os recursos de pontuação precisam ser usados de forma judiciosa, evitando os abusos de caráter estilístico. Para a obtenção de precisão do texto é necessária à utilização das mesmas palavras, para expressar ideias repetidas no texto, evitando o emprego de sinonímia com propósito meramente estilístico, evitando-se também o emprego de expressão ou palavra que confira duplo sentido ao texto. Também deve ser indicado expressamente o dispositivo objeto de remissão, em vez de usar as expressões "anteriores, seguintes ou equivalentes".

As decisões devem ser estruturadas observando-se a teoria dos capítulos da sentença já abordada neste estudo. Para tanto, é imprescindível que o juiz explicite e delimite corretamente as questões que serão objeto de apreciação, dividindo os pronunciamentos jurisdicionais em tópicos. A observância desta divisão é útil para a melhor compreensão do que está sendo decidido, bem como para organização da fundamentação.

Estabelecidas as questões, o juiz deve delimitar os fatos jurídicos, as provas aptas a gerar a convicção da existência dos fatos alegados, além das normas aplicáveis à espécie para, posteriormente, subsumir os fatos às normas. De acordo com Joseli Lima Magalhães, citando Eduardo Culture, "*subsunção nada mais é que o encadeamento ou enlace lógico de uma situação particular, específica e concreta, com a previsão abstrata, genérica e hipotética realizada de antemão pelo legislador*"[53]. Recomenda-se a referência ao número das folhas em que as provas foram produzidas.

As partes têm o direito de obter uma decisão com base no ordenamento jurídico vigente, em razão da norma contida no artigo 5º, II, da Constituição da República. Isto porque o Brasil adotou o sistema jurídico romano-germânico, também conhecido por *civil law*, segundo o qual as normas jurídicas devem "*constituir a base fundamental dos Códigos, os quais fornecem as soluções jurídicas para os casos concretos*", "*tratando-se, pois, de um sistema fundado essencialmente no direito codificado*".[54] Também em razão dos preceitos contidos no art. 5º, II, da Constituição da República, e da adoção do sistema jurídico da *civil law*, as citações doutrinárias e jurisprudenciais devem ser utilizadas de maneira comedida, e apenas para embasar, elucidar ou ajudar a interpretar alguma norma, conceito ou instituto jurídico, e nunca para, sozinhos, fundamentarem a decisão. "*As citações devem ser muito bem selecionadas para que possam ser bastantes, ainda que poucas.*"[55]

As questões podem ser preliminares, prejudiciais de mérito, ou de mérito. O tecnicamente correto é que todas as preliminares sejam apreciadas antes de se iniciar a fase instrutória, conforme o art. 331, § 2º, do Código de Processo Civil. Todavia, caso não seja observada tal regra, deve-se decidir, antes do mérito, as questões processuais pendentes, observando-se, na falta de disposição legal expressa, a ordem prevista no art. 301 do CPC.

No caso de sentenças e acórdãos, antes de o julgador prosseguir na análise do mérito, deve ser anunciado que estão presentes os pres-

---

53 MAGALHÃES, Joseli Lima. *Técnica normativa estrutural das decisões jurisdicionais no Estado Democrático de Direito*. Revista Brasileira de Direito Processual – RBDPro. Belo Horizonte, ano 18, n.71 jul./set. 2010, p.121.

54 SOARES, Carlos Henrique; BRÊTAS, Ronaldo de Carvalho Dias. *Manual elementar de processo civil*. 2. ed.: Belo Horizonte: Del Rey, 2013, p. 95.

55 JORGE NETO, Nagibe de Melo. *Sentença cível teoria e prática*, 4. ed. Salvador: Jus Podium. 2013, p. 161.

supostos processuais e as condições da ação, além de inexistirem irregularidades a serem sanadas.[56]. Em seguida, serão apreciadas as prejudiciais de mérito, para somente então se avançar na análise da pretensão. O objeto do processo judicial reside na pretensão deduzida em juízo, e representada pelo pedido e delimitada pela causa de pedir. Deste modo, é sobre a pretensão que se desenvolverão todas as atividades dos sujeitos do processo. Julgar o mérito é conceder ou negar a tutela jurisdicional pedida pelo autor em sua petição inicial.[57] Caso sejam apresentadas diversas teses para o acolhimento ou rejeição da pretensão, todas elas, caso impugnadas, se tornarão questões e serão potencialmente objeto de apreciação pelo julgador, conforme exposto no tópico anterior.

10.6 DISPOSITIVO OU CONCLUSÃO.

"Dispositivo da sentença, ou, simplesmente dispositivo, conclusão ou decisão é a parte final da sentença, 'em que o juiz resolverá as questões, que as partes lhe submeterem.'"[58] É a parte final da decisão, onde o juiz expressa o comando estatal a ser aplicado ao caso concreto. É na conclusão que a decisão judicial estará presente, sendo nesse elemento que o ato imperativo do Estado se manifesta. O dispositivo deve anunciar, de forma clara e precisa, a ordem estatal, permitindo que as partes tomem ciência, precisamente, daquilo que lhes foi garantido ou imposto. Trata-se de um elemento fundamental das decisões, e não somente das sentenças e dos acórdãos, razão pela qual a sua ausência acarreta a inexistência do próprio ato. Sobre o tema Fredie Didier Jr., citando José Carlos Barbosa Moreira, afirma que: "*sem esse comando, a decisão é inexistente.*"[59] O Projeto de Lei 8.046/2010 (novo Código de Processo Civil), não traz inovações sig-

---

[56] Em sentido contrário Nagibe de Melo Jorge Neto. *Sentença cível teoria e prática*, 4. ed. Salvador: Jus Podium, 2013, p. 149.

[57] DINAMARCO, Cândido Rangel. *Capítulos de Sentença*.São Paulo: Malheiros, 2013, p.52.

[58] SANTOS, Moacyr Amaral. *Primeiras linhas de direito processual civil,* 9. ed. São Paulo: Saraiva, 1988, p.19.

[59] DIDIER JR., Fredie, BRAGA, Paula Sarno; OLIVEIRA; Rafael Alexandria de. *Curso de direito processual civil.* 8.ed. Salvador: JusPodium, 2013. v. 2, p.334.

nificativas neste particular, restringindo-se a exigir que na ação relativa à obrigação de pagar quantia certa, ainda que for formulado pedido genérico, a sentença definirá desde logo a extensão da obrigação, o índice de correção monetária, a taxa de juros e o termo inicial de ambos.

10.6.1 Técnica de redação do dispositivo.

O dispositivo, nas sentenças e acórdãos, compõe-se pelo menos de três partes, normalmente divididas em parágrafos, podendo também vir em tópicos dentro do mesmo parágrafo.[60]. Na primeira parte, o prolator da decisão decide as questões de fato e de direito que lhe foram submetidas. Para tanto, deverá fazer constar o resultado da apreciação dos pontos controvertidos e as normas utilizadas para tanto. Na hipótese dos pedidos serem julgados improcedentes, basta constar a expressão: "julgo improcedentes os pedidos". No caso dos acórdãos, o Tribunal, ou Turma Recursal, deverá dizer se confirma ou não a decisão de primeiro grau de jurisdição, e, neste último caso, o que está modificando.

Nos casos de procedência parcial, ou total, o juiz deverá dizer expressamente quais pedidos está acolhendo, detalhando o comando estatal a ser obedecido. Para tanto, deverá utilizar-se da preposição "para", ou outra expressão que lhe faça as vezes. Portanto, logo após o "julgo procedente o pedido", ou "parcialmente procedente o pedido", será colocada a preposição "para", minudenciando-se, assim, a ordem judicial. Quando forem formulados diversos pedidos, conforme ressaltado no item que trata dos capítulos da sentença, a melhor técnica de organização indica que para cada pedido julgado procedente deverá ser aberto um parágrafo, podendo ser feita a divisão através de letras, números, ou outra forma de separação dos tópicos. Em se tratando de decisões condenatórias, deverão ser estabelecidos também critérios de correção monetária e juros, bem como a data a partir da qual deverão incidir. A segunda parte do dispositivo se refere à distribuição dos ônus de sucumbência. A terceira e última parte obrigatória diz respeito à determinação de publicação, registro e intimação, além

---

60 JORGE NETO, Nagibe de Melo. *Sentença cível teoria e prática,* 4. ed. Salvador: Jus Podium, 2013, p. 259.

da datação e assinatura. Outros elementos também poderão aparecer, como, por exemplo, a apreciação de tutela antecipada, aplicação de multa por litigância de má-fé, expedição de ofícios, liberação de caução, remessa dos autos para o Tribunal em virtude da observância do duplo grau de jurisdição obrigatório.

10.7 CONCLUSÕES

As observações feitas neste breve estudo demonstram a necessidade de adequação dos atos emanados do judiciário à uma rigorosa obediência da técnica e aos ditames constitucionais, notadamente o devido processo constitucional e os princípios regentes do Estado Democrático de Direito. O papel do juiz, nesta senda, é fundamental na aplicação, proteção e concretização do Estado Democrático de Direito.

A fundamentação técnica das decisões constitui direito individual e serve para demonstrar as razões do convencimento do julgador, possibilitando um controle pelas partes e por toda a sociedade. A grande questão envolvendo os pronunciamentos judiciais se refere à incompleta explicitação da técnica de elaboração das decisões, existindo, no Código de Processo Civil, apenas algumas regras sobre o assunto, diversamente do que ocorre com os atos emanados da função legislativa, que tem na Lei Complementar nº. 95 maior regulamentação.

No entanto, o primordial para a validade das decisões é a sua prolação em observância aos ditames do devido processo constitucional. Para tanto, os atos jurisdicionais decisórios devem ser precedidos de um procedimento realizado em contraditório, observando-se também um amplo acesso à jurisdição, a ampla defesa, nela compreendida o direito ao advogado ou defensor público, a isonomia, o juiz natural e a fundamentação racional das decisões.

10.8 REFERÊNCIAS BIBLIOGRÁFICAS

ARAÚJO, Fabrício Simão da Cunha; *O processo constitucional como elemento de proteção dos direitos fundamentais no Estado Democrático de Direito*. Revista Brasileira de Direito Processual – RBDPro. Belo Horizonte, ano 20, n.80 out./dez. 2012.

BARACHO, José Alfredo de Oliveira. *Direito processual constitucional: aspectos contemporâneos*. Belo Horizonte: Fórum, 2008.

BEDAQUE, José Roberto dos Santos. *Efetividade do processo e técnica processual*. 3.ed. São Paulo: Malheiros, 2010.

BRÊTAS, Ronaldo de Carvalho Dias. *Processo Constitucional e Estado Democrático de Direito*.2ª ed.Belo Horizonte: Del Rey, 2012.

CÂMARA, Alexandre Freitas. *Lições de direito processual civil*, 8.ed. Rio de Janeiro: Lumen Juris, 2002. v. 1.

CANOTILHO, Joaquim José Gomes. *Direito constitucional e teoria da constituição*. 7. ed. Coimbra: Almedina, 2000.

SILVA, José Afonso da. *Curso de direito constitucional positivo*.21. ed. São Paulo: Malheiros, 2002.

SILVA, Virgílio Afonso da. *A constitucionalização do direito. Os direitos fundamentais nas relações entre particulares*. São Paulo: Malheiros, 2011.

DIDIER, Jr. Fredie, *Curso de direito processual civil*. 6.ed. Salvador: JusPodium, 2006.v.1.

DIDIER, Jr. Fredie, BRAGA Paula Sarno; OLIVEIRA Rafael Alexandria de. *Curso de direito processual civil*. 8. ed. Salvador: JusPodium, 2013. v. 2.

DINAMARCO, Cândido Rangel. *Capítulos de sentença*. 5. ed. São Paulo: Malheiros, 2013.

FAZZALARI, Elio. *Instituições de direito processual*. Trad. Elaine Nassif. Campinas: Bookseller, 2006.

GONÇALVES, Aroldo Plínio. *Técnica processual e teoria do processo*. 2. ed. Belo Horizonte: Del Rey, 2012.

JORGE NETO, Nagibe de Melo. *Sentença cível: teoria e prática*, 4.ed. Salvador: Jus Podium, 2013.

LEAL, André Cordeiro. *O contraditório e a fundamentação das decisões no direito processual democrático*. Belo Horizonte: Mandamentos. 2002.

LEAL, Rosemiro Pereira. *Teoria geral do processo: primeiros estudos*. 11. ed. Rio de Janeiro: Forense, 2012.

LEAL, Rosemiro Pereira. *Teoria processual da decisão jurídica*. São Paulo: Landy, 2002.

MAGALHÃES, Joseli Lima. *Técnica normativa estrutural das decisões jurisdicionais no Estado Democrático de Direito*. Revista Brasileira de Direito Processual – RBDPro. Belo Horizonte, ano 18, n.71 jul./set.2010, p. 113/127.

SANTOS, Moacyr Amaral. *Primeiras linhas de direito processual civil*, 9. ed. São Paulo: Saraiva,1988.

SOARES, Carlos Henrique; BRÊTAS, Ronaldo de Carvalho Dias. *Manual elementar de processo civil*. 2.ed. Belo Horizonte: Del Rey, 2013.

STRECK, Lenio Luiz. *O que é isto - decido conforme minha conciência?* Porto Alegre: Livraria do advogado, 2013.

STRECK, Lenio Luiz; ABBOUD Georges. *O que é isto - o precedente judicial e as súmulas vinculantes*. Porto Alegre: Livraria do Advogado, 2013.

THEODORO JÚNIOR, Humberto; NUNES, Dierle Coelho; *O antagonismo da jurisprudência do Supremo Tribunal Federal com o princípio do contraditório e a garantia de fundamentação das decisões*. Disponível em:<http://jus.com.br/artigos/22229/o-antagonismo-da-jurisprudencia-do-supremo-tribunal-federal-com-o-principio-do-contraditorio-e-a-garantia-de-fundamentacao-das-decisoes#ixzz2ebUvKU3d>. Acesso em: 11 set. 2013.

Impresso em Novembro de 2014